Darwin und Gott

Ulrich Lüke / Jürgen Schnakenberg /
Georg Souvignier (Hrsg.)

Darwin und Gott

Das Verhältnis von Evolution und Religion

Wissenschaftliche Buchgesellschaft

Einbandgestaltung: Peter Lohse, Büttelborn

Die Deutsche Bibliothek verzeichnet diese Publikation
in der Deutschen Nationalbibliografie;
detaillierte bibliografische Daten sind im Internet über
http://dnb.ddb.de abrufbar.

Gedruckt auf säurefreiem und alterungsbeständigem Papier
Printed in Germany

Besuchen Sie uns im Internet: www.wbg-darmstadt.de

ISBN 3-534-17535-2

Inhalt

Einführung

Religion und Evolution: Koproduktiv? Kontraproduktiv? Unproduktiv?

Diese drei Fragen, ob nämlich das Verhältnis zwischen Religion und Evolution, gemeint war hier die biotische Evolution, koproduktiv, kontraproduktiv oder unproduktiv sei, waren sieben Wissenschaftlern gestellt worden, die zu einem Symposium der Stiftung Theologie und Natur Anfang Oktober 2002 in die Bischöfliche Akademie Aachen eingeladen worden waren. Die Ergebnisse des Symposiums werden nun in diesem Band der Öffentlichkeit vorgestellt. Die sieben Autoren vertreten sieben Disziplinen, die teils miteinander verwandt, teils aber auch sehr unterschiedlich erscheinen: Philosophie, Neurobiologie, Soziobiologie, Evolutions-Psychologie, katholische und evangelische Theologie und Religionswissenschaft. Mit den drei Fragen nach der Qualität des Verhältnisses zwischen Religion und Evolution sollte erreicht werden, dass die sieben Wissenschaftler jeweils aus der Sicht ihrer Disziplin dasselbe Thema diskutieren und schließlich auch jeweils zu einer Antwort kommen.

Zu der Option *koproduktiv* war gefragt worden, ob möglicherweise Religion als Ergebnis der kulturellen Evolution nur die Fortsetzung der biotischen Evolution darstellt, möglicherweise mit veränderten Regeln und Selektionskriterien. In einer solchen Rolle erwiese sich Religion als fremdnützig für eine Optimierung, derer sie sich gar nicht bewusst wäre und deren Kriterien in ihren Texten und Ritualen auch gar nicht sichtbar würden. Religion, und mit ihr dann auch das gesamte Spektrum der menschlichen Kultur wären in dieser Sicht naturbedingte Phänomene, nicht etwa Leistungen des Menschen und auch nicht für ihn oder um seinetwillen erschaffen.

Die geradewegs entgegengesetzte Position umschreibt die Option *kontraproduktiv*. Hier wird Religion als Opposition zur biotischen Evolution verstanden, als Außerkraftsetzung der Regeln, mit der die biotische Evolution fortschreitet, insbesondere ihres Prinzips der Selektion des am besten Angepassten. Es gibt ja durchaus eine theologische Tradition dieser Option von Religion. Sie ist motiviert durch die Tatsache, dass nahezu alle Religionen in irgendeiner Weise das Gebot der Liebe kennen, oder auch das Tötungsverbot, die sich beide dem scheinbaren Opportunismus im Prinzip der Selektion des am besten Angepassten entgegenstellen lassen: Religion in der Rolle des Anti-Selektionismus oder gar Schöpfungslehre als Sachalternative zur Evolutionstheorie?

Die dritte Option, *unproduktiv*, steht völlig außerhalb der Polarität von koproduktiv und kontraproduktiv. In ihrer Sicht gehören Religion einerseits und biotische Evolution andererseits, vielleicht sogar noch weitergehend Gott und Natur, zwei getrennten Welten an, zwischen denen es keine wechselseitigen Beziehungen gibt. Dabei dürfte die Vorstellung der berührungslosen Koexistenz der beiden Welten von Religion und Evolution noch eine vergleichsweise milde Version dieser Option sein. Sie wird vermutlich von der überwiegenden Zahl der praktizierenden Christen gepflegt, auch der Naturwissenschaftler unter ihnen, nach dem dem Physiker Michael Faraday zugeschriebenen Vorbild, der sein Labor sorgfältig hinter sich verschlossen haben soll, bevor er die Betkammer betrat und umgekehrt. Die aggressivere und wohl immer noch populärere Version dieser Option erlaubt noch nicht einmal eine Koexistenz, sondern meint, dass sie sich gegenseitig ausschließen, wobei vermutet wird, dass die seit der Aufklärung voranschreitende technisch-naturwissenschaftliche Entwicklung die Welt der Religion durch die Welt der Naturwissenschaften schließlich vollständig ersetzen wird.

Keiner der sieben Autoren dieses Bandes kommt zur Antwort *kontraproduktiv* oder *unproduktiv*, jedoch wird die Antwort *koproduktiv* auf sehr verschiedene Weise erreicht, manchmal sehr direkt und geradlinig, manchmal sehr behutsam und unter mancherlei Vorbedingungen. Der aufmerksame Leser wird auch feststellen, dass doch mancher Gedanke, manches Motiv aus den anderen beiden Optionen in die Texte eingeht, auch wenn das Votum schließlich *koproduktiv* lautet. Allerdings ist bemerkenswert, dass auch die Option *kontraproduktiv* nicht gewählt wurde. Das ist ein weiterer Hinweis darauf, dass Theologen und Naturwissenschaftler mehr und mehr ihre Fragen und ihre Antworten in derselben Welt des Denkens versuchen und sich dabei verständigen und gegenseitig anregen. Dieser Entwicklung will der vorliegende Band zur Thematik Religion und Evolution dienen.

Um in einer gemeinsamen Welt Fragen zu stellen und Antworten zu suchen, müssen Grenzen überschritten werden. Die Option *koproduktiv* schließt dann konsequenterweise die Voraussetzung ein, dass solche Grenzen nicht etwa in der Sache selbst begründet sind, denn dann könnte es keine Koproduktivität geben, sondern vielmehr ein Ergebnis der Wissenschaftsgeschichte sind, die schließlich die „beiden Welten" der Naturwissenschaft und Technik einerseits und der Kulturwissenschaften andererseits (nach C.P. Snow vor über 50 Jahren) hat entstehen lassen. Die Grenzüberschreitung zwischen den beiden Welten scheint jedoch asymmetrisch zu sein: es sind die Naturwissenschaften, die sich Schritt für Schritt traditionelle Gegenstände der Kulturwissenschaften wenn nicht aneignen, so doch mitbeanspruchen. Beispiele dafür sind etwa die evolutionären Theorien von Erkenntnis und Ethik, in denen die kognitiven Fähigkeiten des Menschen und sein Sozialverhalten auf deren Selektion in der biotischen Evolution zurückgeführt werden. Zu nennen sind in diesem Zusammenhang auch die jüngsten Diskussionen, in denen die Hirnforschung anhand ihrer Ergebnisse den philosophischen Begriff des freien Willens in Frage stellt. Und seit langem schon befasst sich die Soziobiologie mit dem Phänomen des altruistischen Verhaltens und sucht dessen Wurzeln in Selektionen der Evolution. Und nunmehr wird – bereits seit wenigstens einem Jahrzehnt – eben auch religiöses Verhalten mit den Mitteln der Soziobiologie untersucht.

Grenzüberschreitungen in umgekehrter Richtung, also von den Kulturwissenschaften in die Naturwissenschaften, sind eher die Ausnahme, und sie zielen auch nicht auf traditionelle Gegenstände der Naturwissenschaften, sondern, wie etwa in der Philosophie, auf ihre Voraussetzungen, Methoden oder den Geltungsbereich ihrer Aussagen, oder, wie in der Umweltethik, auf die Folgen ihrer Anwendungen. Wäre es abwegig, den Naturwissenschaftlern usurpatorische Absichten zu unterstellen? Für die Grenzüberschreitungen aus den Naturwissenschaften hinaus gibt es andere Motive, zu denen die Entwicklung des Begriffs des „Gegenstandes" naturwissenschaftlicher Forschung gehört. Der Bereich dieser Gegenstände ist offen. Im Selbstverständnis der Naturwissenschaften zählt alles dazu, über das sich mit naturwissenschaftlichen Methoden, also mit dem reproduzierbaren Experiment, Aussagen machen lassen. Dabei bleibt zunächst offen, ob diese Aussagen über den betreffenden Gegenstand als wesentlich erachtet werden. Für die Verhaltensbiologie, zu der ja auch die Soziobiologie gehört, ist das aber anerkanntermaßen seit mehr als hundert Jahren der Fall, zumindest beim Verhalten von Tieren. Für die Frage, ob die Verhaltensbiologie auch Aussagen über das Verhalten des Menschen machen kann, haben die Naturwissenschaftler einen sehr einfachen Test: wenn die entsprechenden Verhaltens-Experimente übereinstimmende Ergebnisse haben, also reproduzierbar sind, dann sind solche Aussagen offenbar möglich. Im Fall des religiösen Verhaltens von Menschen fragt die Soziobiologie, ob es reproduzierbare Beobachtungen dazu gibt. Falls das zutrifft, ist es eine Sache des interdisziplinären Gesprächs mit Theologen, Religionswissenschaftlern und Philosophen, zu entscheiden, ob die soziobiologischen Aussagen Bedeutung für die Religiosität des Menschen haben, oder ob sie vielleicht nur marginale Anmerkungen sind. Der vorliegende Band will dieses Gespräch befördern. Der Zeitpunkt dafür mag noch sehr früh sein, denn für die nächsten Jahre steht zu erwarten, dass die Soziobiologie ihre Aussagen über religiöses Verhalten noch erheblich erweitern und präzisieren kann. Aber ist der methodisch unumgängliche Reduktionismus der Soziobiologie schon unstatthaft oder doch ein hilfreicher neuer Zugang?

Dieses ist der Hintergrund und die Motivation für den Versuch, den die Soziobiologen *Eckart Voland* und *Caspar Söling* in ihrem Beitrag zu diesem Band unternehmen, nämlich zumindest den Anfang einer Evolution des religiösen Verhaltens des Menschen logisch an die biotische Evolution zu knüpfen. Es ist wie alle naturwissenschaftliche Forschung ein Versuch, indem mit einer Vermutung begonnen wird, einer Arbeitshypothese, die sich dann den empirischen Befunden aus reproduzierbaren Beobachtungen zu stellen hat und auf diese Weise falsifizierbar wird. Besteht die Hypothese diese Befragung, dann wird sie schließlich akzeptiert, natürlich nur so lange, wie sie nicht durch neuere Befunde zumindest verändert, möglicherweise aber auch widerlegt wird.

Die Hypothese von der Entstehung religiösen Verhaltens aus der biotischen Evolution schließt die Annahme ein, *dass* religiöses Verhalten überhaupt als Verhalten im Sinne der Verhaltensbiologie fassbar ist. Voland und Söling versuchen das, indem sie Elemente religiösen Verhaltens, nämlich Mystik, Mythen, Ethik und Rituale mit Verhaltensweisen verknüpfen, die aus der Verhaltensbiologie bekannt sind. Bei diesem Versuch handelt es sich also um eine Extrapolation der biotischen Evolution in eine hypothetische religiöse Evolution. Bewährt sich die Hypothese, dann wäre zumindest der Anfang einer religiösen Evolution logisch auf die Prinzipien der biotischen Evolution zurückgeführt.

Eines dieser Prinzipien ist die Selektion eines Merkmals, in diesem Zusammenhang also eines Merkmals religiösen Verhaltens durch eine verbesserte Anpassung an die Umgebung. Dabei schließt Umgebung auch die soziale Umgebung in einer Sippe, einer Gruppe oder in einem größeren Verband ein. Es gibt neben diesem Modell der sogenannten *natürlichen Selektion* aber auch noch die Vorstellung einer *sexuellen Selektion*, d.h. einer Auswahl durch die Partnerwahl. Letztere hat eine gesicherte große Bedeutung in der biotischen Evolution. Der Evolutionspsychologe *Harald Euler* argumentiert in seinem Beitrag, dass die sexuelle Selektion gerade für die Anfänge einer sich daran anschließenden hypothetischen religiösen Evolution eine möglicherweise größere Bedeutung als die natürliche Selektion haben könnte.

Dass der Versuch einer Extrapolation aus der biotischen Evolution in die Entwicklung des religiösen Verhaltens, allgemeiner noch in die kulturelle Evolution hinein zu einer Fülle von Problemen führt, bedarf kaum einer weiteren Erläuterung oder Begründung. Der Philosoph *Günther Pöltner* wendet sich in seinem Beitrag diesen Problemen zu und zeigt auf, welche Missverständnisse, wenn nicht sogar Unverständnisse aus ihnen hervorgehen können. Das zu wissen und zu beachten, ist eine wesentliche Voraussetzung für ein sinnvolles und ertragreiches interdisziplinäres Gespräch über "Religion und Evolution". Aber noch vor dem Zustandekommen eines Gesprächs muss schon der Ansatz einer einseitigen Grenzüberschreitung bzw. einer Extrapolation aus den Naturwissenschaften in die Welt der Religionen kritisch diskutiert werden. So fragt Pöltner, ob nicht bereits die notwendige methodische Einengung, die die Naturwissenschaften bei ihren Gegenständen betreiben müssen, um sie einem reproduzierbaren Experiment überhaupt zugänglich zu machen, dazu führt, dass naturwissenschaftliche Aussagen über religiöses Verhalten dessen wesentlichen Kern gar nicht mehr treffen könnten. Pöltner fragt weiter, ob denn nicht auch umgekehrt religiöses Verhalten relevant für das Betreiben von Naturwissenschaft sein könnte, stellt also die Einseitigkeit der Grenzüberschreitung in Frage.

Ein Beispiel für ein mögliches gegenseitiges Unverständnis, das in diesem Band allerdings eine zentrale Rolle spielt, ist die Frage der *Definition*, also dessen, was denn unter religiösem Verhalten zu verstehen sei. Naturwissenschaftler arbeiten mit Definitionen nach dem Vorbild der mathematischen Mengenlehre: es werden Merkmale aufgezählt, die etwas zu einem Element der betreffenden Menge machen. So ist auch die in diesem Band gelegentlich zitierte Definition des Soziobiologen Volker Sommer für religiöses Verhalten zu verstehen: ein Verhalten, das mit der Vorstellung „höherer" (übernatürlicher) Wesen verbunden ist. Kulturwissenschaftler empfinden eine solche Definition eher als eine Karikatur, wie Pöltner schreibt, von religiösem Verhalten. Sie vermissen eine möglichst erschöpfende Beschreibung des Gegenstandes, über den gearbeitet und diskutiert werden soll. Hier zeigt sich ein sehr tiefgehender Unterschied in der Denk- und Arbeitsweise zwischen Natur- und Kulturwissenschaftlern. Naturwissenschaftler nähern sich einer Themenstellung, indem sie von sehr allgemeinen und zunächst unspezifischen Aussagen kommen und diese erst im weiteren Verlauf des Arbeitens auf spezifischere Ziele einengen. Kulturwissenschaftler gehen eher den umgekehrten Weg, im Fall der Thematik dieses Bandes also von der Vorstellung einer voll entwickelten Religion ausgehend zu den Randformen bis hin zu quasi-religiösem Verhalten oder zu "Ersatz-Religionen".

Das Problem der Übertragbarkeit naturwissenschaftlicher Methoden und Denkweisen auf religiöses Verhalten von Menschen diskutiert in diesem Band auch der Religionswissenschaftler *Wolfgang Gantke*. Er kommt zu einem eher skeptischen Urteil über einen solchen Versuch und gibt dafür eine ganze Reihe von begründenden Überlegungen an, z. B. die in seiner Sicht mangelnde ganzheitliche Interpretation der Welt durch die Naturwissenschaften oder deren Weigerung, bei der Erklärung von religiösem Verhalten auf Gott oder auf das Heilige zurückzugreifen. Gantke kommt aber dennoch wie die anderen Autoren auf die Frage nach dem Verhältnis zwischen Religion und Evolution zur Antwort „koproduktiv", indem er das gestellte Thema variiert und darstellt, dass Evolution ein wesentliches Element innerhalb des religiösen Verhaltens ist, und das insbesondere an den asiatischen Religionen erläutert.

Wie sollen nun die christlichen Theologen unter den Autoren dieses Bandes auf die naturwissenschaftliche Hypothese von der Evolution des religiösen Verhaltens antworten? Sehr ausführlich tut das der evangelische Theologe *Matthias Kroeger* in seinem Beitrag, der sich sowohl betont kooperativ an die Seite der Naturwissenschaftler wendet und dann aber auch noch die innertheologische Reflexion der Konsequenzen aus einer solchen, nach Kroegers Überzeugung zwingenden Kooperativität in Gang setzt. Einer der entscheidenden Sätze dieses Beitrags sagt, dass es kein Jenseits der biotischen Evolution gebe, sondern dass religiöses Verhalten mitten in der biotisch-kulturellen Evolution des Menschen zu verankern sei. Kroeger nimmt also die Hypothese von Voland und Söling uneingeschränkt koproduktiv auf, sieht damit jedoch nur den naturgeschichtlichen Ursprung religiösen Verhaltens dargestellt. Seine eigene Sphäre und seine eigene Kraft entfalte es erst in der sich an die biotische Evolution anschließenden kulturellen Evolution. So verstanden, schreibt Kroeger weiter, könnten die naturwissenschaftliche und die religiös-theologische Wahrnehmung sehr produktiv miteinander koexistieren.

Bei Kroeger wird also außer der biotischen Evolution nun auch die kulturelle Evolution ins Spiel gebracht, die als eine der Teil-Evolutionen unserer Welt gesehen werden muss, und damit die Frage nach dem Verhältnis dieser Teil-Evolutionen untereinander aufgeworfen. So sehr sich die Dynamiken und die Regeln der einzelnen Teil-Evolutionen auch voneinander unterscheiden, so sehr wäre es irreführend, sie in ihrem Ablauf strikt voneinander zu trennen. Die Evolutionen des Kosmos, der chemischen Elemente, der Galaxien, der Sterne und ihrer Planeten und schließlich der Erde und ihrer physischen und klimatischen Gegebenheiten hängen ganz offensichtlich schon aus rein physikalischen Gründen sehr eng miteinander zusammen. Eng verwoben ist auch der Anfang der biotischen Evolution mit jener der physischen und klimatischen Gegebenheiten der Erde. Sie verlaufen gleichzeitig, was z.B. durch die Entstehung der sauerstoffhaltigen Erdatmosphäre durch die pflanzliche Fotosynthese deutlich wird. Ähnlich dürfte es sich mit dem Verhältnis zwischen biotischer und kultureller Evolution verhalten. Hier sei als Beispiel die Entwicklung von gesprochener Sprache genannt, die nur dadurch zum Motor der kulturellen Evolution werden konnte, dass sich anatomische Voraussetzungen für das Sprechen und neuronale Voraussetzungen für das Verstehen akustischer Sinneseindrücke entwickelten, und diese Entwicklung dürfte durch kulturelle Selektionsvorteile des Sprechen-Könnens vorangetrieben worden sein. Auch bei der Entfaltung des religiösen Verhaltens in der kulturellen Evolution darf man annehmen, dass sich dort eine sehr enge Wechselwirkung zwischen biotischen und kulturellen Faktoren abgespielt hat.

An dieser Stelle erhält nun der Beitrag des Neurophysiologen *Wolfgang Walkowiak* seine Bedeutung. Er beginnt mit einer kurzen Einführung in die neurophysiologische Struktur und Funktion des menschlichen Gehirns und wendet sich dann der für diesen Band entscheidenden Frage zu: welche geistige Freiheit hat der Mensch noch angesichts seiner durch die biotische Evolution geformten Genstruktur, die den Bauplan und die Abläufe in seinem Gehirn vielleicht schon weitestgehend festlegt? Hat die von Kroeger angenommene kulturelle Evolution des religiösen Verhaltens überhaupt noch Platz? In Walkowiaks Beitrag erhält der Leser darauf eine sehr entschiedene, nämlich positive Antwort. Der Bauplan des Gehirns ist viel zu kompliziert, um ausschließlich durch Gene determiniert werden zu können. Der Aufbau neuronaler Strukturen und Verbindungen hängt massiv von der Individualerfahrung eines Menschen ab, und die ist nun ebenso massiv geprägt von der Kultur, in der er aufwächst und lebt. Erhält im Lichte dieser neurophysiologischen Erläuterungen nun auch die derzeitige Diskussion über die Freiheit des menschlichen Willens eine Wende? Ist es so, dass die zu einer Handlung eines Menschen verlaufenden Wege in seinem Inneren determiniert sind? Schließt die implizite Determination alles ein, was dieser Mensch zuvor mit sich selbst und mit seiner kulturellen Umgebung erfahren hat?

Die von dem evangelischen Theologen Kroeger begonnene Denklinie setzt sich nun bei dem katholischen Theologen *Ulrich Lüke* fort und kulminiert in seinem Beitrag in der für viele Leser wohl entscheidenden Frage, ob denn Religion sich in dem Zweck erschöpfe, für den sie ursprünglich aus der biotischen Evolution hervorgegangen sein mag. Lüke, selbst auch Biologe, erweist den Modellen der Soziobiologie für die Evolution religiösen Verhaltens volle Anerkennung. Er weist auf die paläologischen und biologischen Befunde zu dieser Evolution hin, zeigt auf, dass der biblische Schöpfungsbericht keinesfalls gegen die soziobiologischen Hypothesen ins Feld geführt werden kann, und stellt schließlich dar, dass die christliche Religion mit ihren eschatologisch-apokalyptischen Vorstellungen die naturwissenschaftlich-kulturelle Evolution, die letztlich zu der Thematik dieses Bandes geführt hat, außerordentlich gefördert hat. Dies alles, so warnt Lüke sehr eindringlich, dürfe jedoch nicht zu der „Nichts-Anderes-Alserei" verleiten, die religiöses Verhalten ausschließlich auf seine ursprüngliche biologische Funktionalität reduziert und damit den Unterschied zwischen Genesis und Geltung übersieht. Ob dem Glauben an das Heilige oder an Gott eine transzendente oder transzendent-immanente Wirklichkeit entspricht, können die naturwissenschaftlichen Befunde und Überlegungen nach Lükes Beurteilung weder positiv noch negativ beantworten.

Der vorliegende Band gibt eine Momentaufnahme einer interdisziplinären Entwicklung, die vermutlich noch am Anfang steht und die in nächster

Zukunft durch das Zusammenwirken einer Vielzahl von Disziplinen aus beiden Teilen der beiden Welten von Natur- und Kulturwissenschaften noch sehr spannende und überraschende Beiträge und Einsichten hervorbringen wird. Das zeigte sich bereits am Ende des Symposiums, aus dem dieser Band hervorgegangen ist: die Autoren stellten fest, dass man eigentlich erst nach der interdisziplinären Diskussion in der Lage sei, die eigene Sicht zugleich zu schärfen und zu erweitern. Das sei nun dem Leser überlassen, der hier viele Anstöße, seien es die eigenen Vorstellungen befördernde oder hinterfragende, finden wird.

Aus der Sicht der Philosophie:

Voraussetzungen eines gelingenden interdisziplinären Gesprächs zum Verhältnis von Religion und Evolution.

VON GÜNTHER PÖLTNER

Das Arbeitsthema des Symposions nennt „Religion“ sowie „Evolution“ und bringt diese beiden Größen in Gestalt dreier Fragen in Verbindung, die unter verschiedenen wissenschaftlichen Gesichtspunkten, d.i. in Form eines interdisziplinären Gesprächs erörtert werden sollen. Gefragt soll werden, ob sich Religion und Evolution koproduktiv, kontraproduktiv oder unproduktiv zueinander verhalten. In diesem Gespräch hat auch ein philosophischer Beitrag eine nicht unwichtige Aufgabe. Philosophen sind keineswegs die Besserwisser, sondern nach Sokrates die wissenden Nicht-Wisser, d.h. diejenigen, die weiterfragen. Sie fragen nicht einfach, sondern fragen immer zugleich, ob man rechtens so fragen kann, wie gefragt wird, und sie fragen nach ermöglichenden Gründen des Fragens. Philosophische Fragen zielen immer nach zwei Richtungen: Einmal nach vorne, auf die Sache zu, und gleichzeitig zurück auf die unreflektiert mitgebrachten Leitvorstellungen, Begriffe und Vormeinungen, die jede Fragestellung bereits mitbestimmen. Philosophieren bewegt sich in dem Rhythmus von Vor-Frage und Rück-Frage, was die Aufgabe impliziert, das Fragen-können zum Thema des Nachdenkens zu machen.

Zu den Bedingungen eines gelingenden interdisziplinären Gesprächs gehört es, sich über dessen *Schwierigkeiten und Möglichkeiten* Rechenschaft zu geben und sich über die jeweils in ihm verhandelte *Fragestellung und ihre Implikate* Klarheit zu verschaffen. Die folgenden Überlegungen verstehen sich als Beitrag in diese Richtung.

I. Schwierigkeit und Möglichkeit eines interdisziplinären Gesprächs

(1) Wie jedes *echte* Gespräch steht auch ein interdisziplinäres Gespräch im Zeichen einer gemeinsamen Wahrheitsfindung. Menschen sprechen miteinander, um herauszufinden, wie es sich mit einer Sache wirklich verhält. Dazu gehört u.a. die Bereitschaft, Erkenntnisideale zu suspendieren und sich jeweils zu fragen, was das heißt – wissen. „Ein Ideal der Genauigkeit ist nicht vorgesehen“.[1] Ein echtes Gespräch lebt von Frage und Gegen-

[1] L. Wittgenstein, Philosophische Untersuchungen, No. 88.

frage. In ihm wird nicht einfach Wissen ausgetauscht, sondern das zu Wissende gesucht. Das macht seinen Ernst aus. Die miteinander Sprechenden sind nicht einander Belehrende, sondern *miteinander Fragende*, die *unter dem Anspruch von Wahrheit* stehen und ‚der Wahrheit die Ehre' geben sollen.

(2) Die Schwierigkeit eines interdisziplinären Gesprächs liegt zweifellos darin, dass an ihm Vertreter verschiedener Disziplinen teilnehmen, die wohl in ihrer eigenen, nicht aber in derjenigen des Partners Sachkompetenz besitzen und vor entsprechenden Sprachproblemen stehen. Von daher gesehen scheint das Ziel eines interdisziplinären Gesprächs in der Behebung dieser Inkompetenzen durch gegenseitige Information zu liegen. Wenngleich die Wichtigkeit eines Informationsaustausches auf der Hand liegt, kann es in einem interdisziplinären Gespräch trotzdem nicht bloß um gegenseitige Belehrung gehen. Abgesehen davon, dass mit ihr enorme Verstehensschwierigkeiten verbunden sind. Wie soll denn ein Jurist auf Anhieb den Biologen verstehen und umgekehrt? Oder der Psychologe den Theologen? Selbst wenn solch eine Belehrung gelingen sollte, so wäre – diese Fiktion einmal angenommen – aus jedem der Teilnehmer im besten Fall ein Multi-Fachmann geworden. Auf diese Art wären höchstens Belehrungen überflüssig geworden, aber noch kein interdisziplinäres Gespräch in Gang gebracht, sondern dessen Austragungsort in die Person des Multi-Fachmanns verlegt. Es wäre ja noch immer die Frage offen, wie sich die verschiedenen wissenschaftlichen Ergebnisse zueinander verhalten, und welche *Bedeutung* sie füreinander besitzen. Es geht hier – worauf nicht eindringlich genug hinzuweisen ist – um eine *wechselwendige Relevanz* und nicht bloß um eine einseitige z.B. der Naturwissenschaften für Religion oder Theologie. Deshalb sollten in sprachkritischer Sensibilität Formulierungen vermieden werden, die solch eine bloß einseitige Relevanz suggerieren. So wenn etwa wie selbstverständlich die Vereinbarkeit theologischer Aussagen mit naturwissenschaftlichen Erkenntnissen moniert wird, ohne sich den beiden kritischen Vorfragen auszusetzen, (a) mit welchem Recht die Naturwissenschaften für sich den Anspruch erheben, die Richtschnur für die Vereinbarkeit zu sein, und (b), was hier ‚Vereinbarkeit' heißen kann.[2]

[2] Im Gespräch zwischen Naturwissenschaftlern und Theologen taucht z.B. immer wieder die Frage nach der Vereinbarkeit der biblischen und theologischen Rede vom Schöpfergott mit den Erkenntnissen der physikalischen Kosmologie auf – wobei fraglos unterstellt wird, die Frage nach dem Schöpfergott sei im Grunde die kosmologische Frage nach dem Beginn des Weltalls – nur eben in mythische Rede eingekleidet. Dabei wird die Theologie (in psychologisch verständlicher Umkehr des Galilei-Syndroms) vor den Richterstuhl der Naturwissenschaften zitiert – und (wie nicht anders zu erwarten) verurteilt. Für ein interdisziplinäres Gespräch wäre es förderlicher, würde *vor* allen Vereinbarkeitsforderungen der vulgäre Vorbegriff von

(3) Die Ermittlung der Relevanz eines wissenschaftlichen Ergebnisses macht das Nachdenken über die Art und Weise seiner Gewinnung notwendig. Die wissenschaftlichen Resultate entsprechen jeweils einer bestimmten Fragestellung und sind nur verständlich, wenn die Frage verstanden ist, auf die sie die Antwort sind. Das Resultat allein sagt noch nichts über seine Relevanz aus, sondern erst die *Reflexion auf die Methode*, der es sich verdankt (Methode – METHODOS, Weg zu etwas). Nun ist es eines, in der Weise einer Fachwissenschaft vorzugehen, ein anderes ist es, über dieses Vorgehen und seine Voraussetzungen nachzudenken. Die Reflexion auf eine Fachwissenschaft ist keine fachwissenschaftliche mehr – sie unterliegt anderen sachlichen Anforderungen, solchen, die traditionellerweise als philosophisch bezeichnet werden. Gewiss: Für das Erzielen physikalischer Ergebnisse ist es nicht erforderlich zu fragen, was die Physik als Wissenschaft ist, wohl aber dann, wenn es darum geht, die Wissenschaften miteinander ins Gespräch zu bringen. Dass jeder Fachwissenschaftler, einfach deshalb, weil er *Mensch* ist, zu solch einer Reflexion *im Prinzip* befähigt ist – die faktische Durchführung mag höchst unterschiedlich ausfallen –, weist auf eine die Fachdisziplin überschreitende, und so gesehen interdisziplinäre Kompetenz eines jeden Teilnehmers und damit auf die Möglichkeit und ein unverzichtbares Thema eines interdisziplinären Gesprächs hin. Zu seinem *Thema* gehört, was *zwischen* den Disziplinen (inter disciplinas) liegt. Dieses Zwischen unterscheidet die Wissenschaften und eint sie zugleich. Geeint sind sie darin, dass sie alle auf etwas Vorgegebenes angewiesen sind, unterschieden sind sie, wie sie diese Vorgaben in den Blick nehmen und woraufhin sie diese untersuchen.

II. Die Wissenschaften im Verhältnis zu ihren Vorgaben[3]

(1) Das Erste ist nur scheinbar trivial: Jede Wissenschaft ist auf eine Reihe von *Vorgaben* angewiesen. Längst bevor wir Wissenschaft treiben, bewegen wir uns in einem nach vielen Hinsichten differenzierten Selbst- und Weltverständnis. *Vor* aller Naturwissenschaft sind wir z.B. damit vertraut, was leben heißt – wir selbst sind es ja, die miteinander leben; den Zugang dazu eröffnet uns nicht erst die Biologie –, verstehen wir irgendwie, was das heißt ‚werden', ‚entstehen und vergehen', ‚anfangen und enden', ‚sein und nicht sein'. Wäre z.B. einem Physiker nicht schon *vor* aller physikalischen

Schöpfung in Frage gestellt (Schöpfung als Machwerk, das den Schluss auf einen intelligenten Macher nahe legt, dessen Existenz freilich empirisch nicht belegbar ist, bzw. dessen Annahme weder bewiesen noch widerlegt werden kann).

[3] Vgl. Pöltner, Evolutionäre Vernunft, Stuttgart 1993, S. 186 ff.

Fragestellung irgendwie bekannt, was die Zeit ist, nie könnte er sich dem Problem der physikalischen Zeitmessung zuwenden. Er wüsste gar nicht, was da zu messen wäre. Und wäre dem Kosmologen nicht schon *vor* aller kosmologischen Fragestellung irgendwie bekannt, was Werden heißt, nie könnte er nach Beginn und Entwicklung des Weltalls fragen. Jede Wissenschaft erhebt sich aus einer Welt der Kenntnis, jede hat die lebensweltliche Erfahrung voraus- und zugrunde liegen – eine Erfahrungswelt, die sich aus verschiedenen Quellen speist und mit mannigfachen Interpretamenten philosophischer, religiöser, künstlerischer und populärwissenschaftlicher Art durchsetzt ist.

(2) In der lebensweltlichen Erfahrung ist uns alles – wir selbst also eingeschlossen – in *konkret-ganzheitlicher Weise.* d.i. als *Gesamtphänomen* vorgegeben. Wir hören nicht Schallwellen, sondern wir hören z.B. Leute sich unterhalten – und wenn uns jemand in einer uns fremden Sprache anspricht, haben wir es nicht mit einem Chaos von Sinneseindrücken zu tun, sondern wir nehmen etwas für uns Unverständliches wahr. Wir sehen nicht Lichtwellen, sondern einen verwilderten, d.h. von niemandem mehr betreuten Weingarten. Zudem haben wir es niemals mit bloßen Einzeldingen, sondern darin immer auch mit dem jeweiligen *Bereich* zu tun, dem sie angehören. Wir nehmen auch nicht sinn-nackte Fakten, sondern jeweils etwas *als etwas,* etwas *als* so oder so *Bedeutsames* wahr – als etwas Beglückendes, Abstoßendes, Sinnloses. Darin ist uns immer auch die Art und Weise des *Gegebenseins* selbst – wenngleich zumeist auf eine unreflektierte Weise – präsent, z.B. dies, dass wir sehen, hören, fragen. Weiters ist uns Menschen eine *ungegenständliche* Dimension, die *Welt,* eröffnet, die es uns erlaubt, das Begrenzte als Begrenztes zu erfassen, und uns selbst zu relativieren, und schließlich sind wir von der Dimension des *Unbedingten* bestimmt, der Quelle menschlicher Ehrfurcht. Diese Strukturmomente – von denen hier nur einige genannt worden sind – machen die Existenz des Menschen aus und sind im Blick zu behalten, wenn z.B. nach der Herkunft des Menschen gefragt wird. Denn zuerst müssen wir wissen, was und wer wir Menschen sind, erst dann können wir sinnvoll fragen, wie der Mensch geworden ist.

(3) Für ein interdisziplinäres Gespräch, in dem auch Religion eingebunden ist, sind zwei Tatsachen von Bedeutung. (a) Einmal dies, dass die Dimension des Humanum, dasjenige, was uns *als Menschen* betrifft, in der *lebensweltlichen Erfahrung* zugänglich ist – und nur in ihr. Wer und was wir Menschen *als Menschen* sind – nicht, was wir als physikalische Körper oder als Exemplare einer biologischen Spezies sind, Bestimmungen, an denen wir natürlich auch teilhaben –, das kündigt sich in dieser aller fachwissenschaftlichen Erforschung und allem philosophischen Nachdenken voraus- und zugrundeliegenden Erfahrung an – und nur in ihr. Sie ist der Boden, auf dem wir leben und sterben, in ihr ist uns das Geheimnis unseres

eigenen Anfangs und unseres eigenen Todes präsent – eine Dimension unseres Daseins, von der auf ihre Weise auch Religion spricht. (b) Zweitens ist die Tatsache bedeutsam, dass die lebensweltliche Erfahrung zwar methodisch, nie aber wirklich aufgehoben werden kann. (Der Physiker kann zwar etwas Gesprochenes zu Schallwellen vergegenständlichen, er hört aber nicht Schallwellen, sondern seinen Kollegen sprechen, wenn er sich mit ihm über Schallwellen unterhält.) Wissenschaften können von uns betrieben werden, aber der Einzelne muss sie nicht betreiben. Hingegen ist die lebensweltliche Erfahrung *unhintergehbar,* weil wir sie nicht nicht machen können. Deshalb besitzt sie mit ihren Implikaten, die eigens zu reflektieren sind, bei der menschlichen Selbsterkenntnis den Vorrang und bildet den gemeinsamen Bezugspunkt eines interdisziplinären Gesprächs.

(4) Freilich: In unserer lebenspraktischen Erfahrung ist uns alles nur irgendwie vertraut, alles nur *be*kannt, aber nicht schon *er*kannt. Wir haben es zwar jeweils mit Gesamtphänomenen, aber eben bloß in der Weise der Bekanntheit, nicht mit ihnen in voller Ausdrücklichkeit *als Gesamtphänomenen* zu tun. Das *Ge*kannte ist nicht schon das *Er*kannte. Das Vorgegebene im vollen Ausmaß seiner Vorgegebenheit ist nicht schon dasjenige, was offen zu Tage liegt, sondern im Gegenteil dasjenige, was sich für gewöhnlich verbirgt. Es zeigt sich, indem es sich darin entzieht. Eben deshalb können und müssen wir fragen. In der Art und Weise nun, wie gefragt und in welcher Hinsicht und Absicht das Vorgegebene befragt wird, unterscheiden sich die Wissenschaften, zu denen nicht nur die Fachwissenschaften, sondern auch Philosophie und Theologie gehören. Zum Gegebenen gehört auch dessen Gegebensein für uns. Daher wird nach dem Gesamtphänomen *als solchem* erst dann gefragt, wenn der Unterschied von Gegebenem und Gegebensein realisiert wird, das Gegebensein in den Blick kommt und nach dessen Ermöglichungsgründen gefragt wird.

III. Eigentümlichkeiten einer fachwissenschaftlichen Fragestellung

Fachwissenschaftliches Fragen ist u.a. dadurch charakterisiert, dass es die Vorgegebenheit seines Gegenstandes fraglos voraussetzt und sich *nicht* um das Gesamtphänomen *als solches* bemüht, sondern es bei dem irgendwie Bekannten belässt, dieses unter einer *partiell-abstrakten Fragehinsicht* befragt und im Licht einiger seiner Momente untersucht. Am Anfang der Fachwissenschaft steht eine Abstraktion im Zeichen eines eingeschränkten Erkenntnisziels. Dieses ist im Fall der Naturwissenschaft die *Beherrschung* der Natur. Die Naturwissenschaft verfährt nach dem berühmten Motto Galileis: Alles messen, was messbar ist, und versuchen messbar zu machen, was es noch nicht ist. Deshalb ist für den *naturwissenschaftlichen* Erfahrungsbegriff Quantifizierbarkeit, Reproduzierbarkeit und Prognostizierbarkeit charakteristisch. Dieser deckt sich ersichtlicherweise nicht mehr mit dem vollen Begriff menschlicher Erfahrung, sondern ist eine von vornherein *methodisch verkürzte* Erfahrung. Die Farbe *als Farbe* entschwindet in dem Augenblick, wo sie im Zuge eines Messverfahrens in Schwingungszahlen zerlegt wird. „Das Verhältnis der Philosophie zur sogenannten positiven Wissenschaft lässt sich auf die Formel bringen: Philosophie stellt diejenigen Fragen, die nicht gestellt zu haben die Erfolgsbedingung des wissenschaftlichen Verfahrens war. Damit ist also behauptet, dass Wissenschaft ihren Erfolg unter anderem dem Verzicht auf das Stellen gewisser Fragen verdankt".[4] Die Naturwissenschaft hat es *von vornherein* mit einem ihrer Fragehinsicht und -absicht entsprechenden *thematisch reduzierten Gegenstand* – sie hat es mit faktischen Bedingungen ihres Ausgangsphänomens zu tun. Diese bewusste Ausblendung einer Reihe von Dimensionen des Vorgegebenen macht eine Naturwissenschaft überhaupt erst möglich.

Das *Objekt* der Naturwissenschaft liegt nicht einfach fertig vor, sondern ist das *Resultat einer methodischen Reduktion.* Durch sie wird *von vornherein* festgelegt, was an der vorgegebenen Natur zum wissenschaftlichen Gegenstand werden kann und was nicht, was als wissenschaftliche Erfahrung (= Experiment) und was als wissenschaftliches Wissen gelten kann und was nicht, und wie dieses zu begründen ist. Die Reduktion steht am Anfang der Naturwissenschaft, ist also nicht der erste Schritt innerhalb naturwissenschaftlicher Forschung, sondern liegt der gesamten Schrittfolge als deren Ermöglichung zugrunde. Sie ist keine naturwissenschaftliche Hypothese, sondern der ermöglichende Grund jeder Hypothesenbildung. Diese G*egenstand-konstitutierende Reduktion* ist demnach zu unterscheiden von der *inner-naturwissenschaftlichen* Reduktion im Sinne der Rückführung eines physikalischen Phänomens auf bekannte Naturgesetze. Es wäre ein gravierendes Missverständnis zu meinen, der Hinweis auf den *methodischen* Reduktionismus sei ein an die Adresse der Naturwissenschaften gerichteter Vorwurf. Ein solcher würde ja die positive Ermöglichung naturwissenschaftlichen Fragens widersinnigerweise in einen zu behebenden Mangel verdrehen und die Naturwissenschaften auf dem Weg ihrer Selbstaufgabe verbessern wollen.

Die bewusste Selbstbindung an die einschränkende Fragehinsicht und an einen dementsprechend eingeschränkten Wissensbegriff macht das *Methodische* der Fachwissenschaft aus. Diese ist in erster Linie nicht deshalb

[4] C. F. v. Weizsäcker, Deutlichkeit, München 1978, S. 167. Zu diesen bewusst nicht gestellten Fragen gehören z.B. Vernunft, Wissenschaft, Freiheit, Sittlichkeit. Das bewusste Absehen von diesen Fragen konstituiert den wissenschaftlichen Gegenstand. Die Wissenschaft namens ‚Physik' ist kein physikalischer Gegenstand.

methodisch, weil sie gewisse Regeln der Gewinnung und Prüfung ihrer Ergebnisse befolgt, sondern umgekehrt, weil sie methodisch ist, kann sie Regeln der Gewinnung und Prüfung ihrer Ergebnisse ausbilden. Die Wissenschaftlichkeit der modernen empirischen Fachwissenschaft liegt im *Vorrang der Methode* vor dem Erfahrungsinhalt. Nicht das Seiende bestimmt die Art seines Wissens, sondern umgekehrt legt ein eingeschränkter Wissensbegriff fest, was als seiend zu gelten hat. Das hat Nietzsche im Auge, wenn es bei ihm heißt: „Nicht der Sieg der Wissenschaft ist das, was unser 19. Jahrhundert auszeichnet, sondern der Sieg der wissenschaftlichen Methode über die Wissenschaft".[5] Für die Naturwissenschaft besitzt die lebensweltliche Erfahrung *als Erfahrung keine* Relevanz. Das muss beachtet werden, wenn die Naturwissenschaften als Erfahrungswissenschaften bezeichnet werden. ‚Erfahrung' meint hier gerade nicht die Erfahrung in ihrer vollen Bandbreite und nicht als Gesamtphänomen, sondern immer nur die *methodisch verkürzte* Erfahrung, das *Experiment.*

IV. Gesichtspunkte für ein interdisziplinäres Gespräch

(1) ‚Wissenschaftlich' ist nicht gleichbedeutend mit ‚fachwissenschaftlich' oder gar ‚naturwissenschaftlich'. Die naturwissenschaftliche Rationalität ist nicht die einzige Form von Rationalität und sie kann auch nicht die maßgebliche Form von Vernünftigkeit sein – das schon deshalb nicht, weil sich bereits die Rationalität eines interdisziplinären Gesprächs nicht mehr mit ihr deckt. Und die naturwissenschaftliche Realität ist weder die einzige noch die einzig maßgebliche, sondern die von der naturwissenschaftlichen *Methode zugelassene* Realität. Entsprechendes gilt von der Fachsprache.

Die Fachsprache der modernen Naturwissenschaft ist präzis. Aber sie ist deswegen nicht die genauere Fassung der Sprache unserer mitmenschlichen Lebenspraxis oder der künstlerischen oder religiösen Sprache. Wenn die Rede von einem herbstlich verfärbten Laubwald ersetzt wird durch die Angabe von Schwingungszahlen, so ist diese physikalische Aussage keineswegs die genauere Fassung der ersteren. Sie macht das Gesehene in seinem Wahrgenommensein nicht begreiflich, wir wissen jetzt keineswegs genauer, was das ist: Sehen. Vielmehr werden wir über die realen Bedingungen informiert, ohne welche das Sehen als menschlicher Vollzug nicht stattfinden kann.

(2) Was von allem Anfang an methodisch ausgeklammert ist, kann innerhalb des methodischen Vorgehens prinzipiell nicht mehr vorkommen – auch nicht in Form der Rekonstruktion einer Entstehungsgeschichte. Was

[5] Aus dem Nachlass der Achtzigerjahre, WW (Schlechta) III/814.

naturwissenschaftlich erklärt wird, ist allemal etwas methodisch Reduziertes. Es gilt, sich vor einem *ontologischen Kurzschluss* zu hüten, d.h. das methodisch reduktiv gewonnene Ergebnis nicht als Erklärung des Gesamtphänomens misszuverstehen. Naturwissenschaft ist Bedingungsforschung, die aus methodischen Gründen nicht mehr den Weg zurück zum vorgegebenen Ausgangsphänomen beschreiten kann. Vernunft, Wissenschaft, Freiheit, Sittlichkeit, das Heilige, Göttliche, Gott, Religion sind *als solche* keine naturwissenschaftlichen Themen. Darüber kann und will ja auch der Naturwissenschaftler – wenn er sich recht versteht – *als Naturwissenschaftler* nichts aussagen. Er kann und soll sich allerdings *als Mensch* sehr wohl darüber Gedanken machen – dann aber unterliegen seine Aussagen nicht naturwissenschaftlichen, sondern anders gelagerten Kriterien, die sehr wohl wissenschaftlicher, wenngleich nicht fachwissenschaftlicher Art sind.

Der Unterschied zwischen naturwissenschaftlichen Aussagen und Aussagen eines Naturwissenschaftlers wird zwar oft hervorgehoben,[6] jedoch weniger oft durchgehalten. Fällt z.B. Gott *nicht* in den Gesichtskreis der Naturwissenschaften – was ja bloß Folge ihres methodischen Reduktionismus ist –, dann gibt es trivialerweise auch keine *naturwissenschaftlichen* Überlegungen zur Gottesfrage und keine *naturwissenschaftliche Sicht* aus der zum Gottesproblem Stellung bezogen werden kann. Die Behauptung, die Rede von Gott dem Schöpfer sei ‚aus naturwissenschaftlicher Sicht' nicht haltbar, ist *keine naturwissenschaftliche* Aussage, sondern die Aussage eines Naturwissenschaftlers, der meint, den biblischen Schöpfungsgedanken ablehnen zu müssen, und sich dabei fälschlicherweise auf naturwissenschaftliche Gründe beruft. Der Zusatz ‚aus naturwissenschaftlicher Sicht' ist irreführend, weil es nicht naturwissenschaftliche, sondern in Wahrheit anders gelagerte Gründe sind, die hinter der Ablehnung stehen. Die diesbezüglichen Fragen sind klarerweise ebenfalls nicht naturwissenschaftlicher Art, sondern Thema eines Gesprächs inter disciplinas.

Die wissenschaftliche Bemühung um die volle Gegebenheit der Dinge ist Sache von Philosophie und Theologie. Fragen nach Gesamtphänomenen *als solchen* und ihren ermöglichenden Gründen sind zwar nicht fachwissenschaftlicher Art, aber deshalb nicht Angelegenheit ‚bloßer Spekulation', oder ‚weicher', ‚nebuloser' Rederei. An solch eine Bewertung (z.B. ‚harte' gegen ‚weiche' Wissenschaft) ist die Gegenfrage nach der Legitimität ihres Kriteriums zu stellen. Schließlich ist die Frage ‚Was ist Naturwissenschaft?' keine naturwissenschaftliche Frage! Auch hier wäre größere Sprachsensibi-

[6] So z.B. in dem Beitrag von H. Stieve, Über biologische Wurzeln religiösen Verhaltens, in: S.M. Daecke / J. Schnakenberg (Hg.), Gottesglaube – ein Selektionsvorteil? Gütersloh 2000, S. 42 – 65. „Es ist wichtig, zwischen Aussagen der Naturwissenschaft und Meinungen von Naturwissenschaftlern zu unterscheiden“ (S. 44).

lität wünschenswert. Die immer noch anzutreffende Gegenüberstellung von Naturwissenschaft und Theologie (meist zusätzlich auch Philosophie) im Sinne eines diesseitigen Bereichs von objektiv gesichertem Wissen und eines jenseitigen Bereichs subjektiv beliebiger Vorstellungen (eben ‚bloßer Spekulation') ist Ausdruck eines für ein interdisziplinäres Gespräch kontraproduktiven Szientismus.

(3) Der Erfolg ist keine Rechtfertigung der naturwissenschaftlichen Methode. Denn das Resultat kann nichts darüber aussagen, was von vornherein hat ausgeblendet werden müssen, damit es zu ihm hat kommen können, und welchen Stellenwert das Ausgeblendete besitzt. „Wir fühlen, dass selbst, wenn alle *möglichen* wissenschaftlichen (= fachwissenschaftlichen G.P.) Fragen beantwortet sind, unsere Lebensprobleme noch gar nicht berührt sind".[7]

Die genannten Gesichtspunkte wären zu berücksichtigen, wenn gefragt wird, ob sich Religion und Evolution koproduktiv, kontraproduktiv oder unproduktiv verhalten.

V. Koproduktivität – Kontraproduktivität – Unproduktivität von Religion und Evolution. Implikate einer Fragestellung

V. 1. Koproduktivität

Im Einladungsschreiben[8] an die Teilnehmer wurde das erste Thema mit der Frage umrissen, ob Religion eine „Kultur-Veranstaltung" ist, die (möglicherweise unbewusst) die „Fortsetzung des Evolutions-Prozesses mit anderen Mitteln befördert" und in „(un)durchschaubarer Fremdnützigkeit koproduktiv zur Evolution" ist, anders formuliert, ob Religionen „nur die nützlichen Sklaven für den evolutionären Gesamtprozess" sind, bzw. der „religiöse Mensch", „nolens volens" „ein evolutionärer Nützling" ist.

Diese Fragestellung enthält mehrere Teilfragen. (1) Die erste bezieht sich auf den Vorbegriff von Religion als einer Veranstaltung der *menschlichen Kultur*. Zur menschlichen Kultur zählen wir für gewöhnlich Phänomene wie Kunst und Wissenschaft, Institutionen der Freiheitsverwirklichung von der familiären Einheit angefangen bis hin zum Staat. Kulturleistungen sind

[7] L. Wittgenstein, Tractatus logico-philosophicus, 6.52.

[8] Es versteht sich von selbst, dass ein Einladungsschreiben bei aller Zielvorgabe bewusst ‚offen' formuliert sein muss. Der Rückgriff auf einige seiner Passagen dient einzig der eigenen Selbstverständigung und will die Formulierungen keineswegs pressen. Es sei ausdrücklich auf die aufgeschlossene Atmosphäre hingewiesen, in der das interdisziplinäre Gespräch, dessen Referate in leicht veränderter Form in diesem Band vereinigt sind, stattgefunden hat.

menschliche Produktionen. Mit Recht wird zwar gesagt, Religion sei eine typisch menschliche Erscheinung, aber die Frage lautet, ob sie ein *bloß menschliches* Produkt ist. Was heißt es pünktlich und genau, Religiosität sei ein Ergebnis der Evolution, oder der Evolution des Lebens, oder der Menschwerdung? Wenn Religion, wie etwa die biblische, etwas mit *Gott* zu tun hat, ist Gott ein Produkt der Evolution? Religion taucht zwar erst mit dem Menschen auf, aber ist sie deshalb rein menschlichen Ursprungs? Liegt die Rede von Gott oder dem Heiligen auf derselben Ebene wie die vom gläsernen Berg? Ist das Göttliche, ist Gott eine menschliche Erfindung? Verhält sich der Mensch in der Religion bloß zu sich selbst, ohne um diese Selbstprojektion zu wissen?

Hier kann weder der Hinweis auf das Wechselspiel von Genen und Kultur noch eine Erklärung der Entstehung von Religion weiterhelfen – z.B. Religion als Bewältigungsstrategie der Furcht vor Naturerscheinungen –, weil sich Wesensfragen nicht mittels der Rekonstruktion einer Genesis beantworten lassen. Die gegenteilige Meinung unterliegt dem genealogischen Fehlschluss, der von Entstehungsbedingungen auf das Entstandene schließt. Und ebenso wenig wäre es mit dem Rekurs auf angeborene Eigenschaften des Menschen, auf denen Religion fußt, getan. Denn dass ohne intakte physiologische Voraussetzungen keine Kulturleistungen erbracht werden können, liegt auf der Hand, aber diese lassen sich nicht aus jenen kausal herleiten.

(2) Es wird nach der *Nützlichkeit* von Religion im Rahmen des evolutiven Gesamtprozesses gefragt. Man kann natürlich so fragen, wie man auch fragen kann, ob Dankbarkeit nützlich ist, oder ob eine Mozartsonate für die Steigerung der Milchproduktion oder für die Beruhigung eines heranwachsenden Kindes im Mutterleib nützlich ist. So hat man z.B. die Nützlichkeit der Religion in der Beförderung des Stammeszusammenhalts, in der besseren Fortpflanzung von Religionsangehörigen erblickt und gefragt, inwieweit die Dysfunktionalität von Religion mit der Auflösung von Stammesgesellschaften in der modernen Industriegesellschaft zusammenhängt.[9] Man muss

[9] „Brachten Religionen für Stammesgesellschaften Selektionsvorteile, und tun sie das noch heute? Das ist denkbar. Eine gemeinsame Religion kann Gruppenfestigung, soziale Verlässlichkeit und Handlungsverbundenheit begünstigen – Verhaltensweisen, die im Konkurrenzkampf mit anderen Gruppen vorteilhaft sind. Außerdem kann sie die Befolgung von moralischen Regeln festigen, was das harmonische Zusammenleben in der Gruppe und Familie begünstigt" (Stieve, a.a.O. 42). Neben diesen Wirkungen wird noch aufgezählt: „Religion fördert Aggression gegen Gruppenfremde. Sie liefert Motivation, Vorwand oder Entschuldigung für Fremdenhass, Hexenmord, Judenmord, und sie ermöglicht Manipulation und Unterdrückung von Menschen" /Stieve, a.a.O. 43) Und „Religion lenkt von irdischen nahe liegenden

sich aber (gerade in einem interdisziplinären Gespräch) darüber im klaren sein, dass der Nützlichkeitsaspekt (a) höchstens eine *Folge* betreffen kann, und (b) mit der Nützlichkeit (oder Schädlichkeit) von Religion noch nicht diese selbst erklärt wäre. Religion würde sich mit Recht gegen eine Festlegung auf Nützlichkeit zur Wehr setzen. Wer allerdings auf der Nützlichkeit als oberstem Beurteilungsaspekt besteht, muss sich über die Konsequenzen solch einer Haltung klar sein. Wird nämlich der Nützlichkeitsaspekt absolut gesetzt, erklärt man nicht nur das Selbstverständnis von Religion für irrelevant, sondern begibt sich auch der Möglichkeit einer gemeinsamen Wahrheitsfindung. Denn alles, was gesagt würde (z.B. auch die Feststellung, es sei etwas unnütz), könnte immer nur nützlich oder unnütz, nicht aber zutreffend oder unzutreffend sein. ‚Nützlich' ist nicht die adäquate Übersetzung von ‚wahr', sondern die funktionalistische Uminterpretation des Wahrheitsbegriffs und damit dessen Auflösung.[10]

Ähnliches wäre im Blick auf die Vorentscheidungen zu sagen, die hinter einer soziobiologischen Interpretation von Religion stehen. Nach ihr bezieht sich der der Religion zugestandene Selektionsvorteil auf den Reproduktionserfolg der Gene. Religion ist vorteilhaft, weil sie einen Maximierungseffekt erzielt: Sie befördert die größtmögliche Dauer der größtmöglichen Zahl genetischer Information. Indem dieser Zweck zum Selbstzweck wird, wird nolens volens das Überleben zum Sinn des Lebens erhoben, wobei die Frage unbeantwortet bleibt, wieso Gene sein sollen.

(3) Unter ‚Evolution' wird ein „Gesamtprozess" verstanden, ein Prozess, der mit dem ‚Urknall' – oder womit auch immer – begonnen hat, von den Faktoren Mutation und Selektion gesteuert wird und zu unserem gegenwärtigen Weltzustand geführt hat.

Die Frage, ob die Religion diesen Gesamtprozess – sei es bewusst oder unbewusst, willentlich oder unwillentlich – befördert, bewegt sich im Horizont einer *Mittel-Zweck-Relation*, setzt ein *Ziel* der Gesamtevolution voraus und wirft damit ein *Methodenproblem* auf. (1) So etwas wie ein Ziel setzt erstens die Hinordnung einer Entwicklung von einem Anfangszustand auf einen Endzustand voraus, in dem sie zur Vollendung kommt. Nicht jedes Ende einer Entwicklung ist auch schon deren Ziel (etwas kann enden, ohne sein Ziel erreicht zu haben), sondern nur dasjenige, in dem sie in Form einer bestimmten Endgestalt zu ihrem Abschluss kommt. Nicht die Entwicklung definiert das Ziel – anderenfalls sinken Ziele zu Funktionen des Werdens

Aufgaben ab, indem sie z.B. das Lebensziel auf ein Dasein nach dem Tode lenkt." (Stieve, a.a.O. 44).

[10] Wird der Selektionsvorteil zum umfassenden Erklärungsinstrument, trifft das auch für die Theorie des Selektionsvorteils zu. Sie zu besitzen heißt dann, einen Selektionsvorteil zu besitzen.

herab und können beliebig festgelegt werden –, sondern umgekehrt bestimmt das Ziel eine Entwicklung – anderenfalls bleibt es bei einem richtungslosen Prozess. (2) Die Angabe eines Zieles setzt zweitens die Begrenzung und die Überschaubarkeit eines Prozesses voraus. Liegt hier nicht ein prinzipiell unüberwindbares Hindernis für die Ermittlung eines Zieles von so etwas wie einer ‚Gesamtevolution'? Extrapolationen im Ausgang von bekannten Naturgesetzen können höchstens ein *Ende* (was immer das heißen mag), nicht aber ein *Ziel* der Evolution konstruieren. Es könnte höchstens gefragt werden, ob Religion das Ende der Evolution verlangsame oder beschleunige – jetzt einmal abgesehen von dem Problem der Verabschiedung von Religion auf dem Wege ihrer funktionalistischen Umdeutung.[11] Jede Rede von einem Evolutionsziel muss sich der Gegenfrage stellen, mit welchem Recht sie Teilprozesse aufs Ganze überträgt, das sie nicht überschauen kann.

Von Nützlichkeit kann nur im Hinblick auf ein *vorausgesetztes Ziel* gesprochen werden, anderenfalls fehlt der Maßstab, um Vorgänge als nützlich oder unnütz charakterisieren zu können. Es könnte immer nur gesagt werden, dass es sie gibt. Nur wenn es ein Ziel der Gesamtevolution gibt, kann sinnvollerweise gefragt werden, ob Religion für dieses nützlich sei oder nicht. Gibt es so ein Ziel nicht, ist Religion weder das eine noch das andere. Über diese *Vorentscheidung* muss zuerst Klarheit herrschen, bevor man sich auf die Suche nach einer Antwort begibt.

Die Frage einer nützlichen Koproduktivität von Religion und Evolution ließe sich höchstens unter der idealistischen Voraussetzung von so etwas wie einer List der Vernunft Hegelscher Provenienz oder im Kontext einer Geschichts-Theologie sinnvoll stellen. Nach Hegel kommt in der Geschichte des endlichen Geistes der absolute Geist auch dort zu sich selbst, wo der endliche Geist anderes intendieren sollte. Im Zusammenhang einer Geschichts-Theologie könnte etwa gesagt werden, Gott führe in seinem geschichtsmächtigen Handeln die Geschichte der Menschen letztlich in uns unbegreiflicher Weise ins Heil. Im zweiten Fall dürfte allerdings nicht mehr von Fremdnützlichkeit einer Religion geredet werden.

Erblickt man in der evolutionären Nützlichkeit das *eigentlich Religiöse,* erklärt man Religion zur Illusion und zum falschen Bewusstsein. Religion wäre eine Selbst-Täuschung, weil sie in Wahrheit etwas anderes wäre als sie von sich selbst sagt. Religionen verstehen sich ja nicht funktionalistisch. Das größte und erste Gebot: „Du sollst den Herrn deinen Gott lieben mit deinem ganzen Herzen und deiner ganzen Seele und mit deiner ganzen

[11] Zur Debatte steht die Gesamtevolution. Bei einem Teilziel innerhalb der Gesamtevolution wäre die Sachlage zwar anders, ohne dass sich etwas an der funktionalistischen Verabschiedung von Religion ändern würde.

Vernunft“ (Mt 22, 37) ist keine versteckte Anweisung zur Maximierung der inclusive fitness des Gen-Pools. Die Festlegung auf (un)durchschaute Fremdnützigkeit wäre eine Form von negativer Religionskritik und damit eine Form von Aufklärung, die für sich die Wahrheit über die Religion beansprucht. Das provoziert naturgemäß die Gegenfrage nach dem Wahrheitsgehalt der Aufklärung. Dieses Problem lässt sich wie gesagt mit den Mitteln einer naturwissenschaftlichen Evolutionstheorie nicht mehr angehen.

Zieht man sich hingegen auf den funktionalistischen Aspekt von Religion zurück, indem man sich seiner Begrenztheit und Relativität bewusst bleibt, bekundet man ehrlicherweise, noch nichts über Religion *als Religion* gesagt zu haben. Denn die Erklärung einer Funktion sagt noch nichts über Wesen und Unwesen einer Religion – genauso wie die Steigerung der Milchproduktion durch eine Mozartsonate noch nichts über sie als Musik aussagt.

Wäre Religion nichts anderes als ein evolutionärer Nützling – was müsste man daraus praktisch folgern? Wer von der Richtigkeit dieser These überzeugt wäre, müsste alles daran setzen, um eine Aufklärung von Religion zu verhindern. Denn mit der Aufklärung ginge man das Risiko einer möglichen Obstruktion des Evolutionszieles durch die nun ‚wissend‘ gewordene Religion ein. Allerdings stünde man dann vor dem Problem, wie ein Evolutionsprodukt (der Mensch) gegenüber dem Evolutionsprozess innerlich unabhängig sein kann – anderenfalls bestünde keine Obstruktionsmöglichkeit –, und vor der Frage, wieso man überhaupt den Endzweck der Evolution verfolgen soll. Ein per definitionem *faktisch* ablaufender Evolutionsprozess enthält weder einen moralischen Grundsatz noch Handlungsnormen. Würde man auf der These beharren, der Endzweck der Evolution setze sich ohnehin durch, depotenzierte man die eigene These ebenfalls zu einem faktischen Evolutionsprodukt, das keinerlei Vorrang vor anderen Produkten (z.B. gegenteiligen Thesen) hätte – ohne den performativen Widerstreit durchschaut zu haben, in dem man sich dabei verfangen hat.

V. 2. Kontraproduktivität

Bei der Kontraproduktivität geht es um die Frage, ob Religion „das Gegenteil einer solchen Fortsetzung“ des Evolutions-Prozesses nur mit anderen Mitteln, „nämlich die Außerkraftsetzung“ dieses Prozesses sei, und ob „Religion um der Menschlichkeit willen also kontraproduktiv zur Evolution“ sei.

Wenn unter ‚Außerkraftsetzen‘ das Eingreifen in die natürliche Evolution bis hin zur Selbstausrottung oder Selbstmanipulation des Menschen gemeint ist, fragt es sich, warum hier speziell *Religion* angesprochen wird.

Ein Eingriff in das Naturgeschehen ist ja kein spezifisch religiöser, sondern einfach ein menschlicher Vollzug, der – wie auch das Nicht-Eingreifen – in bestimmten Fällen höchstens *religiös motiviert* sein könnte. Dann wäre immer noch ein nicht religiös motiviertes Eingreifen oder Nicht-Eingreifen denkbar, so dass das spezifisch Religiöse eines Eingriffs in das Evolutionsgeschehen verloren gegangen wäre.

Wird gefragt, ob Religion um der *Menschlichkeit willen* kontraproduktiv zur Evolution ist, wird ein im Grunde unmenschlich verlaufender Evolutionsprozess vorausgesetzt – anderenfalls geht die Rede von einer ‚Kontraproduktivität' ins Leere. Ein naturwissenschaftlich verstandener Evolutionsprozess ist aber weder menschlich noch unmenschlich, sondern ein bloß faktischer Prozess. Menschlich oder unmenschlich können nur menschliche Handlungen oder Haltungen sein, nicht aber ein kosmischer Prozess. Die Natur ist weder ein Handlungssubjekt noch moralisches Vorbild für Handlungen. So gesehen müsste man eine Kontraproduktivität von Religion verneinen, aber nicht deshalb, weil sie koproduktiv wäre, sondern weil die Voraussetzungen der Fragestellung zurückzuweisen wären.

Bejaht man eine Kontraproduktivität von Religion gegenüber der natürlichen Evolution, so setzt das wie gesagt eine bei aller Evolutionsgebundenheit *innere* Evolutions*unabhängigkeit* des Menschen voraus – ein Problem, dem gegenüber eine sich als Naturwissenschaft verstehende Evolutionstheorie, wenn sie sich methodisch ernst nimmt, Enthaltung üben wird. Das führt zur dritten Frage.

V. 3. Unproduktivität

Hier soll geklärt werden, ob Religion und Evolution „einander indifferent" gegenüber stehen und „zu einer wechselseitigen Beziehung eher unproduktiv" sind. Der Ausdruck ‚Evolution' meint hier offensichtlich ‚Evolutions*theorie*', weil ja gefragt wird, ob sich beide „hinsichtlich Objekt, Methode und Fachsprache" gegeneinander abwiegeln oder nicht. Unter Evolutionstheorie kann zweierlei verstanden werden: einmal eine *naturwissenschaftliche*, näherhin biologische *Theorie der Evolution* (Evolutionsbiologie), dann aber auch eine weltanschauliche Position im Sinne eines methodenvergessenen *Evolutionismus.* Dieser totalisiert das biologische Evolutionsparadigma und erhebt das Grundschema von Mutation und Selektion zum Grundprinzip einer Gesamtdeutung der Wirklichkeit. Im Hinblick auf das Verhältnis von Religion und Evolutionsheorie wäre folgendes zu bedenken.

(1) Eine naturwissenschaftliche Evolutionstheorie versucht eine Entstehungsgeschichte zu rekonstruieren. Es ist dies freilich die Rekonstruktion

der Geschichte *ihres* Gegenstandes. Dieser ihr Gegenstand ist aber von allem Anfang an nicht mehr identisch mit unseren mitmenschlichen Erfahrungen, sondern eine von vornherein thematisch verkürzte Entität.[12] Eine naturwissenschaftlich rekonstruierte Entstehungsgeschichte steht insgesamt unter dem Vorzeichen der methodischen Reduktion. Das macht ihre Stärke aus, markiert aber auch gleichzeitig die Grenze ihres Erklärungswerts. Die Art und Weise, wie das Ausgangsphänomen in den Blick genommen wird, entscheidet nämlich auch über die Richtung der Herkunftsfrage. Ein sich recht verstehender Naturwissenschaftler wird sich bewusst bleiben, dass der wahre Anfang der Naturwissenschaft nicht der Urknall, sondern die gegenwärtig erfahrbare Wirklichkeit ist, die zum Zweck einer einem speziellen Erkenntnisinteresse dienenden Erklärung, zu der auch die Rekonstruktion ihres Beginns gehört, methodisch reduziert worden ist. *Vor* allen Versuchen, etwas durch Rückführung auf etwas anderes zu erklären, muss über zweierlei Klarheit herrschen. Zum einen darüber, was alles zum explanandum gehört. Anderenfalls betrifft die Erklärung nur Teilmomente der Sache, nicht aber diese selbst in ihrer vollen Gegebenheit. Zum anderen darüber, woher Begriffe wie ‚werden', ‚entstehen', ‚vergehen', ‚anfangen' stammen und was genau unter ihnen verstanden wird – Vorbegriffe, ohne die keine Herkunftsfrage auskommt.

(2) Ein Theologe z.B. wird sich gerne sagen lassen, dass es in naturwissenschaftlicher Sicht ‚biologische Wurzeln' von Religion gibt, allerdings darauf hinweisen, dass damit noch nichts über den Wirklichkeitsgehalt von Religion gesagt ist, und er wird keineswegs bestreiten, dass Religion „eine positive Bedeutung für das Sozialleben" besitzt und „Gruppenfestigung, soziale Verlässlichkeit und Handlungsverbundenheit" begünstigt[13] und Religion selbstverständlich ethische Prinzipien enthält. Er wird aber gleichzeitig darauf bestehen, (1) dass Religion sich nicht auf Ethik reduzieren lässt, und sie ihre ethische Funktion nur so lange erfüllen kann, als sie nicht durch diese definiert ist, (2) dass jede funktionalistische Interpretation Religion austauschbar macht (ihre Funktion kann von etwas anderem ebenso erfüllt werden), (3) dass die Folgen von etwas nicht dessen Entstehungsgründe sind und dass mit der Behauptung, die Funktion eines von Unbedingtheit bestimmten Phänomens sei dessen Ursprung, die Unbedingtheit wegerklärt wird, und (4) dass Religion als eine Form existenzieller Gesamtdeutung der Wirklichkeit sich von ihren Entstehungsbedingungen nicht

[12] Siehe weiter oben Abschnitt II und III.
[13] Stieve, a.a.O. S. 42.

ableiten lässt – was übrigens auch für die naturwissenschaftliche Evolutionstheorie selbst ebenso gilt.[14]

(3) Eine Verhältnisbestimmung von Religion und (naturwissenschaftlicher) Evolutionstheorie kommt nicht an der Kernfrage nach dem religiösen Vorverständnis vorbei. Welcher Vorbegriff von Religion leitet die Erklärungsversuche von Religion? Woher stammt er und wie weist er sich aus? Welche Merkmale werden angesichts des Materialreichtums, den die Religionswissenschaften zu bieten haben, in den Begriff aufgenommen? Ist überhaupt so etwas wie eine gemeinsame Definition von Religion möglich? Ist z.B. der mittelalterliche Hexenwahn oder die Inquisition ein Konstituens des christlichen Glaubens? Ist Religion durch die Beziehung zu einem ‚höheren Wesen' definiert?

Für ein interdisziplinäres Gespräch genügt es *nicht*, mit irgendeiner Vorstellung von Religion zu operieren und sich bei dem Gedanken zu beruhigen, diese Vorstellung genüge für alles weitere. Für den evolutionären Anthropologen Sommer z.B. „genügt es vollkommen, dass Religion etwas mit dem Glauben an Übernatürliches zu tun hat, an eine ‚Anderswelt', die vom Hier und Jetzt verschieden ist und gern als Heimstatt göttlicher Wesen begriffen wird".[15] Mit solch einer an der Grenze der Karikatur sich bewegenden Vorstellung ist es deshalb nicht getan, weil je nach dem Vorbegriff von Religion ihre Erklärung ausfällt. Gilt sie von vornherein als Fiktion[16] mit nützlichen Nebeneffekten, bildet eben dieser Begriffsinhalt den Gegenstand der Erklärung.[17] Dann geht es nur mehr darum, die Entstehungsgründe

[14] Wer nämlich überzeugt ist, eine naturwissenschaftliche Betrachtung von Religion trage Wesentliches zu ihrem Verständnis bei, darf die eigene Naturwissenschaft davon nicht ausnehmen und muss sich auch von einer naturwissenschaftlichen Betrachtung der Naturwissenschaft, z.B. von einer soziobiologischen Betrachtung der Soziobiologie den eigentlichen Aufschluss über sie versprechen.

[15] V. Sommer, Vom Ursprung der Religion im Konfliktfeld der Geschlechter, in: S. M. Daecke / J. Schnakenberg (Hg.), Gottesglaube – ein Selektionsvorteil? Gütersloh 2000, S. 66 – 81, hier S. 66.

[16] „Für die Evolutionsbiologie ist es hingegen kein Problem, dass die Objekte der Religiosität – übernatürliche Wesen – gemäß ihren Axiomen nichts als Fiktionen sind" (Sommer, a.a.O. S. 66). Dazu, dass natürlich auch dieser Satz kein evolutionsbiologischer Satz, sondern die Vormeinung eines Evolutionsbiologen ist, über die es unabhängig von aller Evolutionsbiologie zu diskutieren gälte, siehe weiter oben Abschnitt IV.

[17] Stieve meint, „eine mögliche naturwissenschaftliche Erklärung für religiöses Verhalten" zeige, „dass man religiöses Verhalten auch ohne die Annahme, dass Gott existiert, erklären kann" (a.a.O. 45). Statt ‚für religiöses Verhalten' müsste es genauer heißen: ‚für das, was der Naturwissenschaftler unter religiösem Verhalten verstanden wissen will'.

einer Fiktion im Wissen zu eruieren, dass Einbildungen großen Einfluss auf menschliches Verhalten haben.

Naturwissenschaftliche Disziplinen mögen zwar nachweisen, dass religiöses Verhalten eine anthropologische Konstante von entsprechender Resistenz ist, aber damit ist noch nichts gewonnen, weil die *hermeneutischen Voraussetzungen* naturwissenschaftlicher Erklärungen ungeklärt bleiben. In einem *interdisziplinären* Gespräch über religiöses Verhalten muss die Frage gestellt werden, wozu sich der Mensch *in Wahrheit* verhält, wenn er sich *religiös* verhält. Preist er z.B. *Gott* – oder preist er, in Selbsttäuschung verfangen, eine dem menschlichen Schutz- und Trostbedürfnis entgegenkommende Fiktion, deren Möglichkeit mit ihm selbst entstanden ist? *Diese* Frage lässt sich nicht im Rückgriff auf breites empirisches Material der Paläologie beantworten, weil dieses Material Gegenstand einer Deutung ist, und der Gegenstand nichts über die Tragfähigkeit der hermeneutischen Prinzipien aussagen kann, die seiner Deutung zugrunde liegen. Der paläologische Anthropologe interpretiert seine Funde z.B. *als* Zeugnisse *religiösen* Verhaltens und nicht eines anderen, d.h. er bringt Unterscheidungsgesichtspunkte mit, die ihm eine entsprechende Zuordnung erlauben. Was allerdings religiöses Verhalten ist, das sagen ihm nicht die Funde, sondern sein eigenes Vorverständnis von Religion, mit dem er an die Interpretation des Fundmaterials herangeht. Die entscheidende Rückfrage nach der sachlichen Angemessenheit dieses Vorverständnisses lässt sich mit den Mitteln einer Fachwissenschaft – ob anthropologische Paläologie, Archäologie, Psychologie oder Soziobiologie – weder stellen noch beantworten. Eine der Schwierigkeiten eines interdisziplinären Gesprächs liegt darin, dass man den Unterschied von naturwissenschaftlicher Erklärung und ihren hermeneutischen Voraussetzungen nicht sieht und fälschlicherweise meint, Fragen des Vorverständnisses im Rückgriff auf fachwissenschaftliches Wissen klären zu können.[18] Diese Schwierigkeit potenziert sich im Falle des *religi-*

[18] Ähnliches ist auch zur Unterscheidung von Religion als Bewusstseinsphänomen und Verhaltensphänomen zu sagen. So will sich Stieve (a.a.O. S. 47) auf „naturwissenschaftlich beobachtbares religiöses Verhalten von Menschen“ beschränken in der Überlegung, der „für uns wesentliche Aspekt der Religion ist einer des Bewusstseins, also ein Bereich, der der Naturwissenschaft nicht zugänglich ist“ (a.a.O. S. 47). Dagegen ist einzuwenden, dass auch menschliches *Verhalten* – ob religiös oder nicht – der Naturwissenschaft *nicht* zugänglich ist. Menschliches Verhalten ist *wesenhaft* sich selbst verstehendes Verhalten, Verhalten, das sich nicht bloß zu etwas, sondern darin zu sich selbst verhält (ich verhalte mich zu mir selbst, wenn ich mich zu etwas verhalte). Menschliches Verhalten beobachten heißt, einen sich verhaltenden *Mitmenschen* beobachten. *Dieses* Beobachten ist eine spezielle Form *mitmenschlichen Verhaltens*, zu dessen konstitutiven Strukturmomenten das Selbstverständnis und das Verstehen mitmenschlichen Seins gehören. Diese Strukturmomente

ösen Vorverständnisses. Denn dieses ist existenziell verwurzelt. Es in Frage stellen zu lassen heißt deshalb bereit sein, sich selbst in Frage stellen zu lassen.

(4) Das führt zur letzten, bewusst offen gelassenen Frage: Wie kann uns überhaupt Religion *als Religion* zugänglich werden? Welche Voraussetzungen kommen hier ins Spiel? „Was immer Religion sonst sein mag, ist sie doch sicher ... eine Praxis, ein ‚Weg'".[19] Das provoziert die Frage: Wie wird uns eine Lebenspraxis zugänglich, wie können wir sie verstehen? Gewiss: Religion hat auch „eine lehrhafte Komponente, die eine theoretische Aneignung bzw. Auseinandersetzung provozieren kann", aber diese steht allemal „im Dienst des effektiv gegangenen Weges"[20]. Das würde bedeuten, dass jede theoretische Auseinandersetzung mit Religion immer eine praktische Stellungnahme zu bestimmten religiösen Ansprüchen impliziert. Jede Einstellung – auch die neutral distanzierende – ist eine „lebensmäßige Haltung".[21] Die besondere Schwierigkeit einer auch interdisziplinären Auseinandersetzung mit Religion, die einzugestehen wäre, liegt in der Tatsache,

werden jedoch beim *naturwissenschaftlichen* Beobachten methodisch ausgeklammert, wodurch in dem Beobachteten genau das zum Verschwinden gebracht wird, worauf man sich zu beziehen glaubt – das *Verhalten.* (Der Behaviorismus aller Spielarten lebt von seiner Methodenvergessenheit.) „Religiöses Verhalten", so heißt es weiter, „erkennt man an kultischen Handlungen der Hingabe, Verehrung, Unterordnung und Gehorsam gegenüber einer nicht objektiv beobachtbaren ‚höheren' „Autorität" (a.a.O. S. 48 f). So gut diese Beschränkung gemeint sein mag, sie ist hermeneutisch naiv, weil sie die Als-Struktur menschlicher Wahrnehmung nicht beachtet. *Naturwissenschaftlich* beobachtbar sind weder Handlungen noch religiöse Verhaltensweisen, sondern eben Gegenstände der Naturwissenschaft wie z.B. Bewegungen eines Körpers. Der Naturwissenschaftler *interpretiert* diese Körperbewegungen *als* Handlungen oder *als* Verhalten, was er deshalb kann, weil ihm aus seiner außer-naturwissenschaftlichen Lebenspraxis bekannt ist, was Handlungen, Verhaltensweisen, Hingabe, Verehrung sind, und er das bei seiner naturwissenschaftlichen Tätigkeit zwar methodisch ausgeklammert, aber deshalb nicht vergessen hat. Was er als *naturwissenschaftliche Beobachtung* ausgibt, ist in Wahrheit die lebenspraktische *Deutung* naturwissenschaftlicher Daten, d.i. die Zuordnung dieser Daten (z.B. Gehirnfunktionen) zu menschlichen Vollzügen (z.B. Sehen oder Phantasievorstellungen). (Daraus folgt natürlich – im Gegensatz zur Meinung mancher Gehirnforscher – *nicht*, dass menschliche Vollzüge z.B. Gehirnfunktionen sind. Wer es anders meint, verfällt einem ontologischen Kurzschluss.) Es ist hermeneutisch naiv, die ‚Theorie-Geladenheit' einer jeden naturwissenschaftlichen Beobachtung nicht zu sehen.

[19] G. Haeffner: Sinn und Problematik eines philosophischen Verstehens von Religion, in: G. Wieland (Hg.), Religion als Gegenstand der Philosophie, Paderborn u.a. 1997, S. 175 – 196, hier S. 175.

[20] Haeffner, a.a.O. S. 177.

[21] Haeffner, a.a.O. S. 181.

dass jedes Vorverständnis von Religion *geschichtlich* situiert und *existenziell* bedeutsam ist, und jede Auseinandersetzung mit religiösen Phänomenen immer eine mit den eigenen Lebensproblemen ist. Hier heißt es im Grunde: tua res agitur. Freilich: Wer so etwas wie Ehrfurcht überhaupt nicht kennt, dem wird vermutlich Religion unzugänglich bleiben.

VI. Ausblick

Eine naturwissenschaftliche Evolutionstheorie kann die Eigengesetzlichkeit der inneren und äußeren Bedingungen erfahrbarer Phänomene aufdecken und etwa die jetzige Dysfunktionalität von früher funktionalen Verhaltensweisen erklären und so zu deren Korrektur beitragen. Der Beitrag von Philosophie und Theologie könnte darin bestehen, den Menschen im Fachwissenschaftler gegen den Fachwissenschaftler in ihm in Schutz zu nehmen und auf die Ernstnahme der lebenspraktischen Erfahrung und ihrer Implikationen zu drängen. Denn erstens können wir diese Erfahrung *nicht nicht* machen, und zweitens eröffnet sich einzig in ihr, was uns *als Menschen* angeht und verbindet. Um unseres gelebten Selbstverständnisses willen sind wir gehalten, diese Erfahrung auch begrifflich ernstzunehmen – wie sonst sollte ein Gespräch inter disciplinas glücken?

Aus der Sicht der Neurobiologie:

Die Entstehung der Religion in unserem Gehirn

VON WOLFGANG WALKOWIAK

I. Einleitung

Das Thema „Wissenschaft und Religion“ hat Menschen seit jeher bewegt. Dies ist nicht verwunderlich, da doch beide Disziplinen versuchen, die Grundfragen, welche die Menschheit bewegt, zu erklären. Dies hat in der Vergangenheit zu teilweise nicht kompatiblen Positionen geführt, was aufgrund der unterschiedlichen Ansätze nicht verwunderlich ist.

Eine relativ neue Variante dieses Themas lautet „Gehirn und Religion“. Ist doch die Neurowissenschaft aus biologischer Sicht neben der Verhaltensforschung bzw. Soziobiologie und der Evolutionsforschung eine der neuen Leitwissenschaften. Dies hängt u. a. damit zusammen, dass sich Neurowissenschaftler Fragestellungen zu eigen gemacht haben, die lange Zeit ausschließlich in die Domäne der Geisteswissenschaften und Theologie gehörten: Was bestimmt unser Denken und Handeln? Was sind Gefühle und welche Bedeutung haben sie? Gibt es eine absolute Freiheit des menschlichen Willens? Seit kurzem versuchen Neurowissenschaftler nun auch die neurobiologischen Randbedingungen für das Phänomen Religion zu ergründen. Dies ist kein leichtes Unterfangen, da sich zwangsläufig eine Reihe von Problemen ergeben:

- Neuronale Grundlagen zu verstehen, setzt ein intensives Studium der anatomischen Gegebenheiten und physiologischen Zusammenhänge voraus.
- Bisher liegen in der Tat nur sehr wenige experimentelle, fundierte neurobiologische Untersuchungen zu neuronalen Korrelaten der Religion bzw. religiösen Phänomenen vor.
- Religion(en) ist (sind) sehr stark kulturell geformt. Die Neurowissenschaften beschäftigen sich jedoch im Wesentlichen mit den neuronalen Grundlagen des Verhaltens eines Individuums.
- Bei Laien ist die Akzeptanz einer neurobiologischen Sichtweise oft eher gering bzw. löst diese sogar Aversionen aus, da althergebrachte Anschauungen in Frage gestellt werden oder als falsch eingestuft werden. Wie bereits die Darwinsche Evolutionslehre, so werden die Erkenntnisse der Neurowissenschaften zu einem geänderten Selbstverständnis des Menschen führen.

Die aktuelle Hirnforschung postuliert, dass neurobiologische und geistige (psychische) Vorgänge einheitlich erklärbar sind. Das menschliche Gehirn ist das Organ der geistigen Funktionen! Die Welt bewussten Erlebens ist innig mit dem Wirken des Gehirns verflochten (Edelman & Tononi, 2002). Was kann ein Neurobiologe also sagen, wenn er über Religion redet? Eine Annahme, die auch in diesem Beitrag zugrunde gelegt wird, ist die Überlegung, dass ein Zugang nach dem oben Gesagten über die Wahrnehmung und Handlungen eines Individuums bezüglich Religion oder besser Religiosität möglich ist. Hierzu gehören die Religionen übergreifenden Handlungen wie Beten, Meditation etc., und insbesondere die Erfahrung einer übergeordneten Instanz (Geister, Engel, Götter, Gott). In der jüngsten Zeit spielt zudem die Nah-Todeserfahrung (Near Death Experience) eine große Rolle. Erste Überlegungen finden sich ebenfalls zu dem Themenkreis „Moral".

Bevor nun auf die Frage nach den Zusammenhängen zwischen Gehirn und religiösem Erleben eingegangen wird, erscheint es ratsam, zunächst strukturelle Voraussetzungen und wichtige Prinzipien der Arbeitsweise des Gehirns zu klären.

II. Das Gehirn

Das Gehirn des erwachsenen Menschen besteht nach verschiedenen Schätzungen aus ca. 10^9 bis 10^{11} Neuronen. Typischerweise besitzen Neuronen einen Zellkörper mit Zellausläufern: Dendriten dienen der Aufnahme einlaufender Signale, Axone leiten die ausgehenden Signale, d.h. Aktionspotentiale, zu den Zielstrukturen. Diese können wiederum Neuronen oder Effektoren (z.B. Muskeln) sein. Die Signalübertragung erfolgt an besonders differenzierten Endstrukturen, den Synapsen, und erfolgt – je nach Typus – elektrisch oder chemisch. Chemische Synapsen schütten Botenstoffe aus, die Neurotransmitter und/oder Neuromodulatoren. Diese diffundieren über den schmalen synaptischen Spalt zur postsynaptischen Membran der Zielzelle, binden an membranständigen Rezeptoren und lösen entsprechende Reaktionen durch Änderung der Membranleitfähigkeit für bestimmte Ionen oder durch Aktivierung von Stoffwechselschritten aus. Verschieden große Populationen von Neuronen bilden komplexe, anatomisch oder funktional abgrenzbare neuronale Netze, die verschiedenen Aufgaben dienen. Solche funktionalen Netze können mehr oder weniger starr sein oder zeitlich begrenzt angelegt werden.

III. Sensorische Systeme

Lange Zeit glaubte man, die Sinnesorgane seien für das Gehirn das Fenster zur Umwelt. Durch sie würden Informationen, die außerhalb des Organismus existierten, in das Gehirn gelangen und dort in irgendeiner Form abgebildet bzw. repräsentiert und weiterverarbeitet werden. Wesentliche Schritte der Verarbeitung seien linear bzw. hierarchisch organisierte Filterprozesse, die schließlich Aktivität in Detektorneuronen hervorrufen, welche spezifisch für bestimmte Merkmale, z.B. das Gesicht der Großmutter, wären. Solche Neuronen wurden tatsächlich Großmutter-Neuronen (grandmother cells) genannt. Ähnlich einfach stellte man sich die Organisation motorischer Systeme vor. Kommando-Neuronen (pontifical cells) sollten Signale generieren, die über mehr oder weniger komplexe Neuronen-Ketten an motorische Netze geleitet würden und über Motorneuronen die Muskulatur zur Bewegung veranlassen würden. Über Interneuronen sind sensorische und motorische Systeme miteinander verbunden.

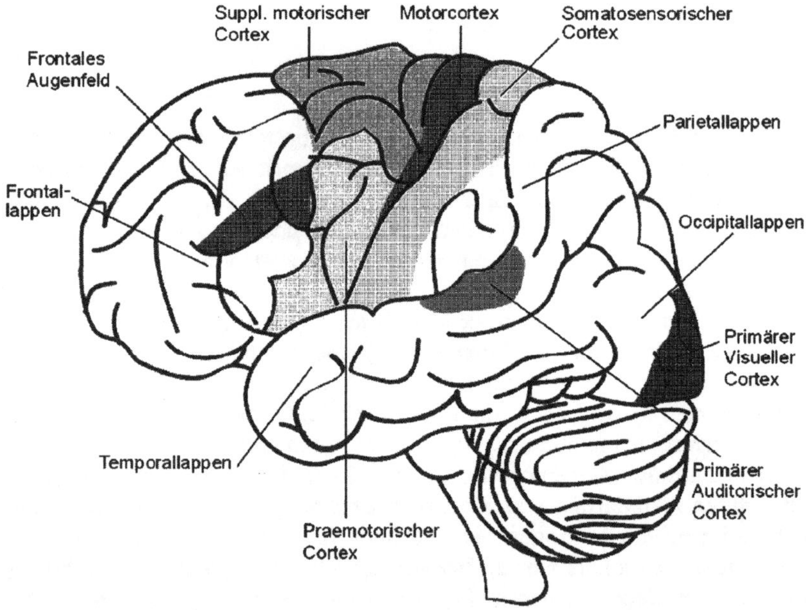

Abbildung 1: Aufsicht auf den linken Cortex des menschlichen Gehirns. Benannt sind die Rindenlappen sowie wichtige sensorische und motorische Areale.

Diese Annahmen haben sich jedoch als zu naiv erwiesen. Um die Verarbeitungsprinzipien des Gehirns zu verstehen, lohnt es sich daher, einige grundlegende Gedanken zu verfolgen: In das Gehirn gelangen Salven von Aktionspotentialen, die bei Reizung der Sinnesorgane ausgelöst werden, egal ob es sich bei den Reizen um Schallwellen, Düfte, Lichtreize oder beispielsweise Schmerzen handelt. Aktionspotentiale sind kleine Ionenströme durch die Zellmembran, die sich längs der Membran ausbreiten. Es gibt keine spezifischen auditorischen, olfaktorischen, visuellen oder nociceptiven Aktionspotentiale, ebenso keine motorischen Aktionspotentiale. Nun stelle man sich vor, dass das Gehirn im Schädel eingebettet ist und – anders als ein Experimentator, welcher sowohl das Gehirn als auch die Umwelt beobachten kann – quasi nur auf die Grenzfläche zu den Sinnesorganen „schaut". Die einlaufenden Signale müssen also vom Gehirn zugeordnet bzw. interpretiert werden. Ein wichtiges Prinzip für die Differenzierung der Sinnesmodalitäten ist das Ortsprinzip, d.h., die einlaufenden Erregungen aus den Sinnesorganen werden in unterschiedlichen Netzwerken bzw. Hirnarealen verarbeitet. Auf die Großhirnrinde (Cortex) bezogen bedeutet dies, dass visuelle Projektionen z.B. in den Hinterhauptslappen (Occipitallappen), auditorische in den Schläfenlappen (Temporallappen) und somatosensorische in den Scheitellappen (Parietallappen) ziehen (Abb. 1). Innerhalb der corticalen Eingangsstationen werden die jeweiligen Sinnesmodalitäten topisch, also ortsbezogen in „Karten" abgebildet. So finden sich retinotope Karten in der Sehbahn, tonotope Karten in der Hörbahn und somatosensorische Karten im Schläfenlappen. Die Verarbeitung neuronaler Erregung erfolgt innerhalb der jeweiligen Systeme sowohl hierarchisch als auch hochgradig parallel und distributiv.

Verdeutlichen lässt sich dies sehr gut am visuellen System. Das Sehsystem konstruiert aus optischen Signalen Informationen über Eigenschaften der Umwelt wie Form und Farbe von Objekten, Helligkeit, Dreidimensionalität und Bewegung. Auf der Basis dieser Informationen analysiert und interpretiert das Gehirn die visuelle Szenerie. Diesen Prozess bezeichnet man als Erkennen bzw. Wiedererkennen.

Aufnehmendes Organ für die Lichtwellen ist das Auge, wobei der Netzhaut (Retina) die Funktion der Umwandlung der elektromagnetischen Schwingungen bzw. Photonen in neuronale Erregung zukommt. Die Retina enthält die eigentlichen Lichtsinneszellen, die Stäbchen und Zapfen, sowie ein nachgeschaltetes neuronales Netzwerk. Letzteres enthält u.a. die Ganglienzellen, welche mit ihren Axonen den Sehnerv bilden, der ins Gehirn zu verschiedenen Kerngebieten zieht, wobei die Projektionen streng ortsspezifisch bzw. retinotop sind. Bezüglich der bewussten Wahrnehmung spielt diejenige Projektion die wichtigste Rolle, welche in spezifische Areale des Cortex (Area V1 und Area V2) in die Hinterhauptsregion projizieren. Diese Projektionen sind hoch geordnet und folgen bestimmten Prinzipien, auf die hier aber nicht eingegangen werden soll. Auf die Areale V1 und V2 folgen weitere Cortexareale, in denen die Verarbeitung der retinalen Eingangssignale in hochspezifischer Weise erfolgt. Bei Affen kennt man etwa 20 solcher Areale, beim Menschen vermutet man eine noch höhere Zahl. Diese Areale bilden zwei parallele Verarbeitungssysteme, von denen das eine von der Hinterhauptsregion in den ventralen Schläfenlappen und das andere in den dorsalen Scheitellappen zieht (Abb.2). Vereinfachend lässt sich folgende funktionale Differenzierung treffen: Im ventralen System sind Objekterkennung und das visuelle Gedächtnis lokalisiert, während das dorsale System für Bewegungssehen und räumliches Sehen zuständig ist. Der dorsale Strang wird daher mit räumlicher Zuordnung aber auch mit der Handlungsplanung assoziiert, während die inhaltliche Zuordnung im ventralen Strang lokalisiert sei.

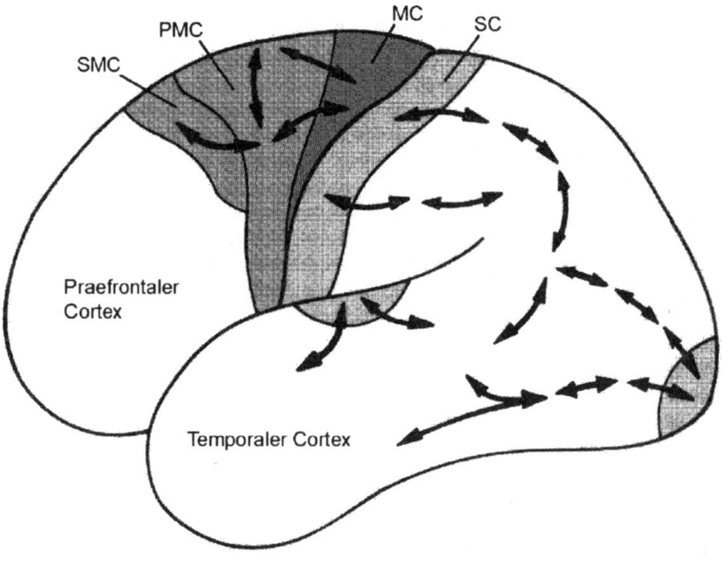

Abbildung 2: Assoziationsbahnen im menschlichen Gehirn: SMC: Supplementärer motorischer Cortex; PMC: Praemotorischer Cortex; MC: Motorcortex; SC: Somatosensorischer Cortex.

Zu den verblüffenden Befunden der Hirnforschung gehört die Tatsache, dass verschiedene Eigenschaften (Merkmale) eines Objekts wie Form, Farbe, Orientierung im Raum oder Bewegung in unterschiedlichen Arealen der Sehbahn bzw. des Cortex verarbeitet werden. Die Funktion der aufsteigenden Sinnessysteme ist es, hoch spezialisierte Merkmalsdetektoren zu etablieren. Merkmalsdetektoren werden dadurch gebildet, dass immer komplexere Eigenschaften durch Neuronenpopulationen in assoziativer Weise kombiniert werden. Solche Neuronenpopulationen mit komplexen Eigenschaften finden sich vor allem im Scheitellappen und im Schläfenlappen. Dennoch bleiben die Repräsentationen von einzelnen Merkmalen räumlich getrennt. Eine solch distributive Repräsentation in räumlich getrennten neuronalen Populationen scheint unserer einheitlichen, bewussten Wahrnehmung zu widersprechen. Dieses Phänomen wird als Bindungsproblem bezeichnet.

Ein weiterer wichtiger Aspekt bezüglich der Verarbeitung eingehender Sinnesreize sollte ebenso erwähnt werden. Die Signale durchlaufen die Sehbahn nämlich nicht nur in aufsteigender Reihenfolge. Vielmehr ist jedes der Kerngebiete reziprok miteinander verbunden, so dass die Aktivität in den Kerngebieten nicht allein von den Sinnesorganen bestimmt wird, sondern auch von der momentanen Aktivität des gesamten beteiligten Netzwerks. Über die Bedeutung dieser absteigenden Bahnen ist sehr wenig bekannt, man nimmt jedoch an, dass neuronale Fokussierung auf bestimmte Objekte der visuellen Szenen oder Aufmerksamkeitssteuerung wichtige Funktionen sind. Im Zusammenhang mit der selektiven Aufmerksamkeit sei auch erwähnt, dass der Organismus selbst über die willkürlichen Augenbewegungen bestimmen kann, welche Teile des visuellen Umfeldes abgetastet werden. Sehen ist also kein passiver, sondern ein hochgradig aktiver Prozess, der vom Gehirn selbst gesteuert wird. Diese Aussagen gelten im Übrigen auch für die anderen Sinnessysteme.

Bisher war die Rede von der Verarbeitung und Repräsentation von Signalen aus der Umwelt. Das Gehirn erhält aber auch zahlreiche Eingänge aus dem eigenen Körper. Diese dienen u.a. der Aufrechterhaltung der Homöostase sowie der Kontrolle der Körperhaltung und der Bewegungen. Wie oben im Zusammenhang mit dem visuellen System ausgeführt, finden sich daher auch Repräsentationen des Körpers im Gehirn. Für die Wahrnehmung des eigenen Körpers und die räumliche und zeitliche Einordnung spielt insbesondere der Scheitellappen eine herausragende Rolle.

In diesem Zusammenhang ist es wichtig darauf hinzuweisen, dass natürlich nicht nur der Cortex an der Verarbeitung sensorischer Eingänge beteiligt ist. Vielmehr umfassen die „Erkennungssysteme“ auch andere Strukturen. Insbesondere erwähnt seien der Thalamus, das Claustrum, die Basalganglien, das Kleinhirn (Cerebellum) und die Projektionssysteme des Hirnstamms. Bei der Bewertung sensorischer Eingänge spielt zudem das Gedächtnissystem eine herausragende Rolle für Generierung der Bedeutung der Signale.

IV. Handlungssteuerung

Aufgabe des Gehirns ist selbstverständlich nicht nur das Erkennen von Sinnesreizen, sondern auch die Umsetzung der Eingänge in sinnvolles bzw. bedeutungsvolles Verhalten. An der Handlungssteuerung sind eine Reihe von Hirnarealen beteiligt, u.a. der Stirnlappen (frontaler und präfrontaler Cortex), welcher Eingänge aus allen anderen Cortexarealen erhält (Abb. 3), die Basalganglien und das Limbische System. All diese Strukturen erhalten Eingänge aus den sensorischen Systemen und stehen zudem über ein komplexes, in sich rückgekoppeltes System miteinander in Verbindung (Abb. 4). Erregende Projektionen aus den sensomotorischen Cortexarealen ziehen zu den Basalganglien, wo sie in der Matrix des Striatum terminieren. Das Striatum selbst entsendet hemmende Faserbahnen zu den Ausgangsstrukturen der Basalganglien, die wiederum reziprok und inhibitorisch miteinander verbunden sind. Über den Thalamus erreicht die Aktivität aus den Basalganglien corticale Areale und zwar den Supplementären Motorcortex, den eigentlichen Motorcortex und den präfrontalen Cortex. Letzterer steht wiederum in enger Verbindung mit dem Striatum. Das Striatum benötigt ein tonisches dopaminerges Signal aus der Substantia nigra pars compacta, um seine Funktionen erfüllen zu können. Wie wichtig dieses Signal ist, erkennt man an der Parkinson-Erkrankung, die u.a. auf einer Degeneration des dopaminergen Systems beruht. Zudem entsendet die Substantia nigra pars compacta ein phasisches dopaminerges Signal, welches im Zusammenhang mit Vorhersagen bei der Handlungsplanung von Bedeutung ist (s.u.). Ein ähnlich kompliziertes Schleifensystem existiert zwischen dem Cortex und dem Limbischen System, welches auch als „Emotionalhirn" bezeichnet wird. Analysiert man die Bahnsysteme genauer, so erkennt man, dass die Verschaltungen sowohl der Selektion erwünschter Handlungen als der Unterdrückung verworfener Handlungsalternativen dienen.

Informationen, die aus dem Cortex in die Basalganglien bzw. das Limbische System gelangen, werden einer zentralen Bewertung und Selektion unterzogen. Dabei kommt es darauf an, ob diese bekannt oder neu sind. Bei einem bekannten Ereignis muss wiederum entschieden werden, ob es bedeutsam ist oder nicht, ob es eingeordnet werden kann oder nicht. Für neue Erfahrungen ist ausschlaggebend, ob ein Ereignis in einen bekannten Kontext gestellt werden kann oder ob keine Gedächtnisinhalte vorliegen, die für eine Assoziation herangezogen werden können. Je nachdem wie dieser Bewertungsprozess ausfällt, werden bestimmte Handlungen ausgeführt, gleichzeitig müssen Handlungsalternativen inhibiert werden. Unter diesem Aspekt betrachtet macht das verschachtelte Schleifensystem zwischen dem Cortex und den Basalganglien bzw. dem Limbischen System Sinn.

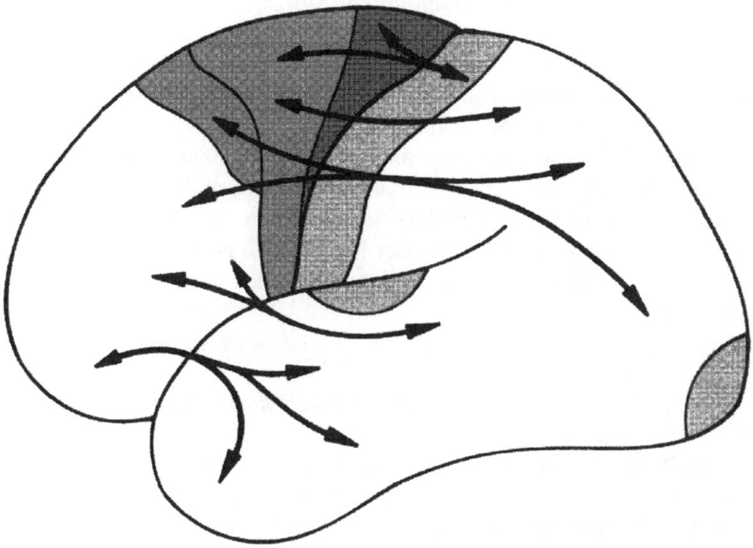

Abbildung 3: Verbindungen des präfrontalen Cortex mit den übrigen Cortexarealen

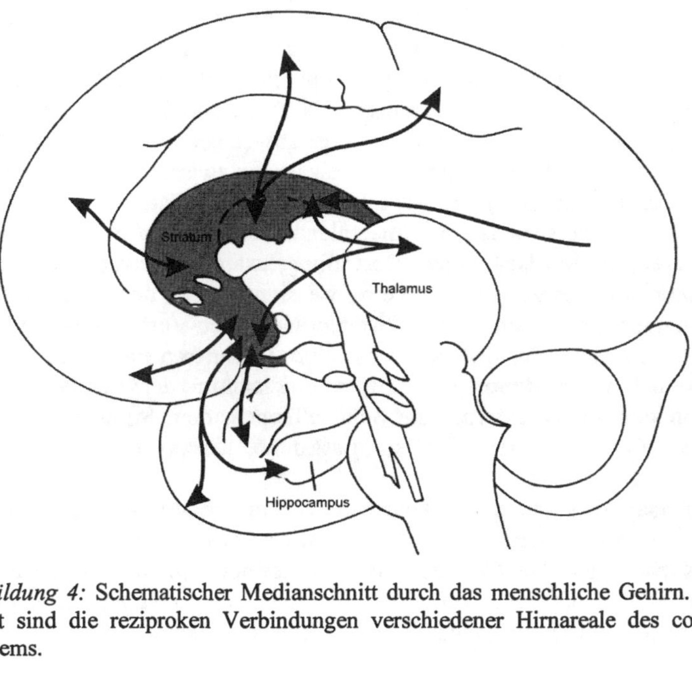

Abbildung 4: Schematischer Medianschnitt durch das menschliche Gehirn. Dargestellt sind die reziproken Verbindungen verschiedener Hirnareale des corticalen Systems.

V. Modulierende Systeme

Neben den oben beschriebenen spezifischen, überschwellig „treibenden" Eingängen, die Neuronen oder neuronale Populationen erhalten, existieren weitere Eingänge. Diese sind modulatorischer Natur und stammen z.T. von neuronalen Systemen mit diffusen axonalen Projektionen. Hierzu gehören das dopaminerge System, das serotoninerge System und das noradrenerge System. Auch körpereigene Opiate sind in diesem Zusammenhang zu erwähnen. Diese Transmitter oder besser Neuromodulatoren stellen eher den Arbeitsbereich der Neuronen ein, als dass sie an der spezifischen Verarbeitung Anteil haben.

VI. Erkennen und Gedächtnis

Das Gedächtnis ist absolut essentiell für das Erkennen bzw. Wiedererkennen von Objekten sowie Situation und für Steuerung des Verhaltens. Wie fließen Gedächtnisinhalte in motorische Prozesse ein? Um dies zu erkennen, ist ein Exkurs über die Mechanismen der Handlungssteuerung hilfreich.

Assoziatives Lernen erlaubt die Vorhersage von bedeutungsvollen Ereignissen (z.B. Belohnung oder Bestrafung, Verhaltensreaktionen, externen Stimuli, internem Status). Erneutes Lernen tritt dann auf, wenn das tatsächliche Ereignis nicht mit dem erwarteten übereinstimmt, es entsteht ein Vorhersage-Fehler (Schultz und Dickinson 2000). Folgen des Handelns, deren Stärke oder Häufigkeit von der Vorhersage abweichen, verändern Verhalten solange in einer Richtung, welche die Diskrepanz zwischen Vorhersage und Folgen reduziert, bis der Vorhersage-Fehler gleich null ist.

Neuronen in verschiedenen Hirnarealen scheinen die Vorhersage-Fehler zu codieren, die mit Belohnung, Bestrafung, externen Reizen und Verhaltensreaktionen in Bezug stehen. Teilweise signalisieren dopaminerge Neuronen, noradrenerge Neuronen und weitere Neuronen Vorhersage-Fehler als globale Verstärker oder diffuse Lernsignale. In anderen Fällen werden die Fehlersignale von bestimmten Neuronen im Kleinhirn, der Vierhügelregion, den frontalen Augenfeldern, dem Scheitellappen, dem Striatum und dem visuellen System codiert, wo sie bestimmte Gruppen von Neuronen beeinflussen.

Vorhersage-Fehler können dazu genutzt werden, Verhaltensprogramme zu selektieren oder synaptische Veränderungen zu induzieren, die mit Lernen assoziiert sind. Die Codierung des Vorhersage-Fehlers könnte ein fundamentaler Mechanismus sein, der auch der Verarbeitung sensorischer Eingänge und der kurzfristigen Verhaltenskontrolle dient.

Im Zusammenhang mit der Handlungsplanung und der Entscheidungsfindung spielen Emotionen eine viel stärkere Rolle, als man bisher angenommen hatte (Damasio 1997). Patienten mit Defekten in bestimmten Bereichen des limbischen Systems und des präfrontalen Cortex sind nämlich deutlich gehandicapt, wenn sie ihr Handeln vorausplanen sollen. Damasio hat aufbauend auf seinen Befunden an diesem Patientenkollektiv folgende Annahmen entwickelt: Ereignisse, seien es externe Signale oder interne Zustände, werden einem Bewertungsprozess, wie er oben beschrieben ist, unterzogen. Dabei wird nicht nur das motorische System aktiviert, also eine Handlung ausgeführt, sondern Information gelangt auch in das vegetative Nervensystem und zum endokrinen System. Hierüber werden z.B. bei unangenehmen Ereignissen die Erhöhung der Atem- oder Pulsfrequenz, Schweißsekretion und Verbesserung der peripheren Durchblutung ausgelöst. Über diese Reaktionen erhält das Gehirn Informationen über die Afferenzen, die zum somatosensorischen Cortex ziehen. Dies löst im Falle des erstmaligen Auftretens primäre Gefühle aus, die natürlich im Gedächtnis gespeichert werden können. Daher kann die Erinnerung an Erlebtes oder die gedächtnisbasierte gedankliche Analyse zu den gleichen Emotionen führen wie die ursprüngliche Situation. Damasio nennt diesen Zustand sekundäre Gefühle. Ist diese Schleife gestört, so kommt es zu den erwähnten Störungen. Nach Damasio basiert der Entscheidungsprozess also nicht nur auf logischen Operationen, die vom Cortex durchgeführt werden, sondern bezieht die Emotionen mit ein. Körper und Geist bilden auf diese Weise eine untrennbare Einheit.

VII. Wie generiert das Gehirn Bedeutung, wie erlangt das Gehirn seine Regeln?

Psychophysische Beobachtungen sowie elektrophysiologische Daten demonstrieren eindrucksvoll, dass kognitive Leistungen auf unbewussten oder vorbewussten Verarbeitungsschritten aufbauen und zudem hochgradig erfahrungsabhängig sind. Dies bedeutet wiederum, dass eine Reihe von Faktoren die Wahrnehmung beeinflusst. Im Wesentlichen handelt es sich um drei Triebkräfte, die es zu beachten gilt: die Evolution, ontogenetische Prozesse und die Individualerfahrung, d.h. Lernen, welches in Form des Gedächtnisses abgelegt ist.

Um diese Prozesse besser verstehen zu können, ist das Studium der neuronalen Entwicklungsprozesse unabdingbar. Die Bildung des Zentralnervensystems ist durch verschiedene Schritte gekennzeichnet. Nach der Befruchtung der Eizelle, dem Durchschreiten der ersten Entwicklungsstadien, kommt es zur Anlage eines Zentralnervensystems. Seine Zellen differenzieren sich in Gliazellen und Nervenzellen. Inwieweit ist die Bildung des Zentralnervensystems durch die genetische Ausstattung eines Organismus jedoch determiniert?

Im Genom ist die Information gespeichert, die eine bestimmte Art im Laufe der Evolution auf molekularer Ebene fixiert hat. Es sollte bedacht werden, dass Evolution im Gegensatz zur allgemeinen Auffassung nicht nur adaptiv, d.h., angepasst an die Umweltbedingungen abläuft, sondern weitere Einflüsse eine Rolle spielen. Hierzu gehören intrinsische Randbedingungen, die z.B. die Ontogenese eines Organismus festlegen, ohne dass die Umwelt einen Einfluss hat, oder große Katastrophen in der Umwelt, welche unselektiv ganze Artenspektren auslöschen.

Gene legen nicht die endgültige Struktur von Organismen fest, schließlich produzieren sie „nur" Eiweißmoleküle, d.h. Enzyme und Strukturproteine. Diese stellen wichtige Bausteine auch für das Nervensystem dar. Die Gene bestimmen die Ausstattung eines Organismus mit Sinnesorganen und die zentralnervösen Strukturen, der Bauplan des Gehirns ist aber viel zu kompliziert, um ausschließlich durch die Gene determiniert werden zu können. Welchen Anteil die Gene und welchen Anteil andere Faktoren haben, ist zurzeit noch sehr umstritten. Unzweifelhaft spielen epigenetische Prozesse (aktivitätsabhängige und selbstorganisierende Prozesse) eine wesentliche Rolle beim Aufbau und bei der endgültigen Strukturierung des Nervensystems.

Die Ontogenese des Nervensystems lässt sich in verschiedene, aufeinander aufbauende Schritte gliedern.

1) Zellproliferation: Aus neuronalen Stammzellen werden zunächst unzählige Neuronen durch Zellteilung gebildet.
2) Zellmigration: Die zunächst noch undifferenzierten Neuronen wandern vom Ort der Bildung zu den Orten ihrer Bestimmung. Hierbei spielen neuronale Zelloberflächenmoleküle eine äußerst wichtige Rolle, die nach einem bestimmten Zeitplan gebildet werden.
3) Zellaggregation: Sobald die jungen Neuronen an ihrem Bestimmungsort angekommen sind, lagern sie sich mit anderen Neuronen zusammen und bilden massive Zellhaufen.
4) Zelldifferenzierung: Erst hier beginnen die Neuronen, ihre Zellausläufer, die Dendriten und Axone, zu differenzieren.
5) Bildung von Verbindungen: Auch die Axone wandern entlang an Strukturen (z.B. anderen Axonen), die durch Oberflächenmoleküle markiert sind. An der Spitze der Axone bilden sich so genannte Wachstumskegel, die wie die Amöben durch suchende Bewegungen ihren Pfad finden und das Axon „hinter sich herziehen".

6) Synaptische Anpassung: Stoßen die Axone auf irgendwie passende Zielzellen, so bilden sie nach der Zielort-Identifikation mit ihnen Synapsen aus.
7) Zelltod und ähnliche Phänomene: Die Zahl der Zellen und die Zahl der Synapsen übertrifft beim embryonalen Organismus die des adulten bei weitem. Durch aktivitätsabhängige Prozesse werden Neuronen und auch Synapsen modifiziert und stabilisiert. Andere Strukturen, welche nicht aktiviert werden, sterben ab. In manchen Hirnarealen werden im Rahmen dieses selektiven Zelltodes 40-60 % der Neuronen wieder abgebaut.
8) Formierung topologischer Karten. Diese Prozesse führen dazu, dass in vielen Systemen hoch geordnete neuronale Karten entstehen, in denen sensorische Eingänge, aber auch motorische Ausgänge, ortspezifisch abgebildet werden.

Auf eine Reihe dieser Schritte haben Faktoren Einfluss, die von vielen Unwägbarkeiten abhängen. So können sich beispielsweise Stresshormone, die in hoher Konzentration im Blut der Mutter zirkulieren und die Blut-Placenta-Schranke passieren, negativ auf die Zahl der Neuronen und Synapsen in bestimmten Hirngebieten auswirken. Geräusche aus der Umwelt gelangen zwar stark gedämpft in den Uterus, können sich aber z.B. dennoch auf die entwickelnde Hörbahn auswirken.

Auch mit der Geburt sind solche plastischen Hirnprozesse längst noch nicht abgeschlossen. Die Stabilisierung bzw. der Aufbau neuronaler Strukturen und Verbindungen hängt nun massiv von der Individualerfahrung eines Organismus ab. Sehr gut untersucht ist der Einfluss von visueller Erfahrung auf die Stabilisierung binokularer Neuronen im Cortex der Katze. Verschließt man temporär ein Auge einer jungen Katze, so können binokulare Neuronen, die für das Tiefensehen eine essentielle Bedeutung haben, nicht mehr gebildet werden, wenn das Auge innerhalb eines bestimmten Zeitfensters nicht wieder geöffnet wird. Dieses Zeitfenster beträgt bei der Katze einige Wochen, beim Menschen etwa 7-8 Jahre. Ähnliches gilt für die Repräsentation der Finger im somatosensorischen Cortex.

Erregungsabhängige Konkurrenz und Kooperativität sind dabei wesentliche Organisationsprinzipen. Diese Befunde belegen, wie wichtig in frühen Entwicklungsstadien einerseits Umwelteinflüsse und andererseits eigene motorische Aktivität ist, um eine entsprechende Reifung des Gehirns zu erreichen bzw. eine Deprivation zu vermeiden.

Neben diesen strukturellen Veränderungen finden permanent Modifikationen der synaptischen Funktionen in Abhängigkeit von den einlaufenden Erregungen bzw. den Aktivitäten in den neuronalen Verbänden statt. Neuronale Aktivität, sei sie sensorischer oder motorischer Natur, führt zu einer spezifischen Veränderung der synaptischen Wechselwirkungen zwischen den Neuronen aller an der Verarbeitung der jeweiligen Modalität beteiligten Hirngebiete. Dies hat quasi die Bildung einer „Gedächtnisspur" zur Folge. Man könnte auch sagen, dass die inhaltlichen Gedächtniseinheiten z.T. mit den sensorischen oder motorischen Repräsentationen übereinstimmen. Sich Erinnern an zurückliegende Ereignisse beruht auf der Fähigkeit, diese Gedächtnisspuren wieder zu aktivieren. Eine Reaktivierung muss nicht vollständig sein, da das Gehirn dazu neigt, fehlende Muster zu ergänzen. Die Funktion des Lernens liegt also darin, Ereignisse in einen erlernten Kontext der momentanen Situation und der individuellen Historie des Wahrnehmenden zu stellen. Das Gehirn verarbeitet nicht Information, sondern *erarbeitet* Information, wie Varela (1990) es einmal gesagt hat, es wird also Bedeutung *erzeugt*.

VIII. Zelluläre Mechanismen der ontogenetischen Plastizität und des Lernens

Nach der heute herrschenden Auffassung beruhen ontogenetische Plastizität (z.T.) und Lernen auf aktivitätsabhängigen Veränderungen der neuronalen Strukturen oder der Verstärkung oder der Abschwächung synaptischer Interaktionen. Damit hat sich ein „Paradigmenwechsel" bezüglich des Bildes vollzogen, das wir uns vom Gedächtnis machen. Lernen wird nicht durch die Bildung und Speicherung von Biomolekülen, RNA oder Proteinen, geleistet. Grundvoraussetzung für das Lernen ist die erstaunliche Wandlungsfähigkeit des Gehirns. Diese Plastizität betrifft sowohl ontogenetische Phänomene als auch Lernprozesse. Beide Prozesse lassen sich nicht exakt voneinander trennen, was einleuchtet, wenn man die zugrunde liegenden neuronalen Phänomene näher beleuchtet, beide führen nämlich zu einer Änderung der funktionellen Architektur des Gehirns, welche zukünftige Aktivitätsprozesse modifiziert.

Eine Hypothese, die der Suche nach den molekularen und zellulären Grundlagen des Lernens und des langfristigen Gedächtnisses zugrunde liegt, wurde bereits vor über 50 Jahren formuliert: Hebb (1949) postulierte, dass die Stärke der synaptischen Übertragung durch die gleichzeitige Aktivierung eines präsynaptischen und eines postsynaptischen Neurons dauerhaft erhöht würde. Später wurde die Annahme soweit erweitert, dass die assoziativen synaptischen Veränderungen durch das Verhältnis zwischen einem spezifischen Level der postsynaptischen Depolarisation und der präsynaptischen Aktivität bestimmt werden. So führt starke Depolarisation zu einer Zunahme (Potenzierung) und schwache Depolarisation zu einer Abnahme (Depression) der synaptischen Übertragung (Sejnowski 1977).

IX. Bewusstsein

Eines der schwierigsten Probleme der Neurowissenschaften ist die Erklärung der Entstehung von Bewusstsein. Schließlich nehmen wir nicht die Salven von Aktionspotentialen wahr, sondern erleben z.B. Farben als ‚rot', ‚blau' etc.. Schmerzen werden bewusst als eigene Modalität wahrgenommen, usw. Auch erfahren wir die Welt als Einheit und teilen Objekte nicht in Form, Kontrast, Farbe oder Bewegung auf. Ebenso empfinden wir uns selbst normalerweise als Einheit, als „Ich".

Bewusstseinszustände manifestieren sich als sensorische Empfindungen, Vorstellungen, Gedanken, innere Dialoge, emotionale Regungen und das Empfinden von Vertrautheit, Selbst und Wollen. Roth (2001) weist auf die Notwendigkeit hin, nicht von *dem* Bewusstsein zu sprechen, sondern von verschiedenen Bewusstseinszuständen. So unterscheidet er:

- die Wahrnehmung von Vorgängen in der Umwelt und im eigenen Körper
- mentale Zustände (Denken, Vorstellen, Erinnern)
- Emotionen, Affekte, Bedürfniszustände
- Erleben der eigenen Identität und Kontinuität
- „Meinigkeit" des eigenen Körpers
- Autorschaft und Kontrolle der eigenen Handlungen und mentalen Akte
- Verortung des Selbst und des Körpers in Raum und Zeit
- Realitätscharakter von Erlebtem und Unterscheidung zwischen Realität und Vorstellung.

Roth versteht Bewusstsein als eine besondere Form von Informationsverarbeitung, die dann eingeschaltet wird, wenn das Gehirn mit Problemen konfrontiert wird, für die es noch keine Routinen ausgebildet hat (ansonsten könnte es die Probleme unbewusst oder nur mit begleitendem Bewusstsein lösen). Edelman und Tononi (2002) weisen darauf hin, dass bewusstes Erleben durch bestimmte allgemeine und fundamentale Eigenschaften charakterisiert ist. Zwei dieser Eigenschaften bestehen darin, dass bewusstes Erleben zum einen unteilbar, ein integriertes Ganzes (Bewusstseinszustände lassen sich nicht in verschiedene Untereinheiten unterteilen), und gleichzeitig hoch differenziert ist (man kann Milliarden verschiedener Bewusstseinszustände innehaben).

Auch wenn die Neurowissenschaften noch weit davon entfernt sind, die neuronalen Grundlagen des Bewusstseins verstanden zu haben, so schält sich allmählich eine mehr oder weniger einheitliche Hypothese über neuronale Korrelate des Bewusstseins heraus (siehe Crick und Koch (2003), Edelman & Tononi (2002), Metzinger (2001), Roth (2001)):

Bewusstsein ist im Laufe der Evolution im Tierreich durch natürliche Selektion entstanden. Es ist an bestimmte biologische Strukturen geknüpft und fußt auf dynamischen Abläufen, die durch eine bestimmte Morphologie möglich werden. Bewusstes Erleben ist mit der – innerhalb eines einige hundert Millisekunden dauernden Zeitfensters – synchronen neuronalen Aktivität vieler, über ganz verschiedene Gehirnregionen verteilter Neuronengruppen assoziiert. Um bewusstes Erleben zu ermöglichen, muss eine große Zahl von reziprok miteinander verbundenen Neuronen sehr rasch über einen Prozess miteinander interagieren, den Edelman und Tononi (2002) als „reentry“ bezeichnen.

X. Neuronale Korrelate der Wahrnehmung mystischer und/oder religiöser Phänomene

Neurowissenschaftliche Ansätze zur Erklärung religiöser Aspekte konzentrieren sich auf einige wenige Phänomene, die auch in Kombinationen auftreten können. Dies sind:

- Nah-Todeserfahrungen (Near Death Experiences, NDE's)
- Paranormale Phänomene (z.B. akustische oder visuelle Halluzinationen), die während spontaner Hirnfehlfunktionen (beispielsweise Temporallappen-Epilepsie, Schizophrenie) aber auch bei Gesunden auftreten können
- Veränderung der subjektiven Zeitempfindung
- Wahrnehmung von Wesen in unmittelbarer Nähe
- Außerkörperliche Erlebnisse (Out-of-body experiences, OBE's)
- Religiöse Träumereien.

Nah-Todeserfahrungen oder Sterbeerfahrungen treten in der Regel bei extremen, lebensbedrohlichen Situationen (Unfällen, schweren Erkrankungen, Operationen, Geburtskomplikationen) auf. Die betroffenen Personen berichten häufig über identische Erlebnisse, von denen hier nur einige aufgeführt werden sollen (Schröter-Kunhardt 1999):

- Es stellt sich ein Gefühl der Leichtigkeit und des Glücks ein.
- Der Betroffene hat ein Gefühl, als ob er aus seinem eigenen Körper heraustritt und sich selbst und die Situation von außen beobachtet (OBE's). Schmerzen verschwinden.
- Die Menschen beschreiben einen Eintritt in einen Tunnel, an dessen Ende ein weißes Licht strahlt.
- Sie nehmen eine paradiesische Landschaft war.
- Es können Begegnungen mit Verstorbenen, religiösen Figuren oder Lichtwesen vorkommen.
- Die subjektive Zeitwahrnehmung ist stark modifiziert, es kann ein „Lebensfilm ablaufen“.

Interessanterweise berichten Piloten und Astronauten ebenfalls das Erleben einiger dieser Phänomene (Lichttunnel, Glücksgefühl), wenn sie auf einer Zentrifuge extrem hohen Beschleunigungen im Rahmen ihres Trainings ausgesetzt werden, die zur Besinnungslosigkeit führen können. Weiterhin kann als gesichert angesehen werden, dass die Phänomene unabhängig vom Alter oder vom kulturellen Hintergrund der Betroffenen auftreten. Dies spricht sehr dafür, dass diese Erscheinungen grundlegende Veränderungen der Hirnaktivität widerspiegeln.

Es liegt natürlich zunächst die Vermutung nahe, dass diese außergewöhnlichen Wahrnehmungen mit einem Sauerstoffmangel, einem Überschuss an Kohlendioxid oder Mangel an Glucose im Gehirn zusammenhängen. Dem ist aber offensichtlich nicht so. Auch bei einer guten Versorgungssituation des Gehirns mit Atemgasen und Nährstoffen können diese Erlebnisse auftreten. Vieles spricht dafür, dass die in Stresssituationen in hohen Konzentrationen ausgeschütteten körpereigenen Opiate zusammen mit den Neuromodulatoren Serotonin und Dopamin sowie dem inhibitorischen Neurotransmitter GABA beteiligt sind. Hinweise für die Richtigkeit dieser Annahmen ergeben sich auch aus Befunden an Drogenkonsumenten. So kann die Einnahme von LSD, welches auf das serotoninerge System wirkt, Elemente von Nah-Todeserfahrungen hervorrufen. Konsum von Kokain, welches die Konzentration von Dopamin im Gehirn erhöht, kann zu Schizophrenie-typischen Halluzinationen, d.h. Stimmwahrnehmung oder Wahnbildern, führen. Die Annahme, dass sehr hohe Konzentrationen von endogenen Opiaten oder Neuromodulatoren beteiligt sind, erscheint sehr plausibel, wenn man folgendes bedenkt: Das Gehirn entsteht – wie oben beschrieben – in einem Prozess der Selbstorganisation. Die funktionalen neuronalen Netzwerke des ausgereiften Gehirns werden auf der Basis der genetischen Information, epigenetischer Prozesse und von Lernprozessen geknüpft. Durch Assoziationen generiert das Gehirn auf Basis der neuronalen Erregungen nach dem Kausalitätsprinzip Bedeutungen, man könnte auch sagen Regeln. Der Feinabstimmung der neuronalen Aktivitäten dienen die genannten Transmitter- bzw. Neuromodulator-Systeme. Ändern sich nun die Randbedingungen dieses fein gewobenen Systems in einer solch massiven Weise, so greifen die etablierten Regeln nicht mehr. Da das Gehirn aber programmiert ist, plausible Zusammenhänge zu konstruieren, konstruiert es eine andere Wirklichkeit als die gewohnte.

Welche Hirnareale tatsächlich an der Generierung der oben geschilderten Phänomene beteiligt sind, ist nach dem heutigen Kenntnisstand nur sehr schwer mit der wünschenswerten Sicherheit zu sagen. Erste Vermutungen stellen den Temporallappen in das Zentrum des Interesses (Persinger 1983). Dies hängt mit Befunden zusammen, dass Patienten mit einer Temporallappen-Epilepsie überdurchschnittlich oft an paranormale Phänomene glauben oder als hyperreligiös geschildert werden. So berichtet eine Patientin mit rechtshemisphärischer Temporallappen-Epilepsie mit typischem strahlenden Lächeln, dass sie gerade Gottes Anwesenheit erfahren habe. Im Lichte der modernen Medizin erscheinen auch Berichte aus der Bibel (Saulus-Paulus-Konversion) oder Schilderungen der mittelalterlichen Mystiker (z.B. Teresa von Avila) mit der Annahme vereinbar, dass außergewöhnliche religiöse Erfahrungen eng mit einer epileptoiden Übererregung des Gehirns zusammenhängen.

Weitere Bestätigung dieser Annahme liefern transcraniale Elektro- oder Magnetstimulationsexperimente (Persinger 2001). Werden der rechte Temporallappen und benachbarte, weiter innen gelegene Areale wie der zum Limbischen System gehörende Hippocampus und die Amygdala auf diese Art von außen gereizt, stellen sich bei einigen Versuchspersonen u.a. Wahrnehmungen von Wesen in der Nähe ein. Wie solche Wesen gesehen werden, hängt offenbar von der Sozialisation (oder Erwartungshaltung) der Versuchsperson ab. Es können Verstorbene sein, aber auch Dämonen, Engel oder andere mit religiösen Vorstellungen assoziierte Wesen. In neuer Zeit nimmt die Wahrnehmung von Aliens zu.

In jüngster Zeit fanden Befunde von Newberg et al. (2001) starke Beachtung. Newberg führte mittels bildgebender Verfahren (SPECT; Single Photon Emmission Computer Tomography) nicht-invasive Stoffwechselmessungen im Gehirn von Versuchspersonen durch, während diese nach der Methode tibetanischer Buddhisten meditierten. Veränderungen der Hirnaktivität umfassten insbesondere den linken Scheitellappen (parietaler Cortex), dessen Aktivität im Vergleich zum rechten parietalen Cortex sank. Dieser Teil des Cortex ist u.a. für die Orientierung in Raum und Zeit zuständig. Newberg interpretiert die Daten folgendermaßen: Die Unterdrückung der sensorischen und kognitiven Eingänge, die während der Meditation auftritt, resultiert in dem Verlust des normalen Raum- und Zeitempfindens. Diese Fähigkeit des Gehirns wird – wie oben beschrieben – auch im Prozess der Selbstorganisation erworben. Eine Veränderung der Aktivität der neuronalen Netze, die in diesem Fall in einem außergewöhnlichen Ungleichgewicht der Erregung zwischen rechtem und linkem parietalen Cortex resultiert, muss also zwangsläufig zu einer geänderten Wahrnehmung des zuvor Bekannten führen.

Newberg führte vergleichbare Experimente auch an christlichen Nonnen durch. Hier war jedoch das Stirnhirn (frontaler Cortex) stärker von den Veränderungen betroffen. Auch Elektroencephalogramm-(EEG-)Messungen deuten auf eine Bedeutung der Frontallappen in diesem Zusammenhang hin. Diese Cortexareale sind Sitz hoch kognitiver Funktionen wie Schlussfolgern, Bewerten und Handlungsplanung. Die Gruppe um Antonio Damasio hat Belege dafür, dass der frontale Cortex das neuronale Korrelat für die

Entwicklung sozialer Kompetenz und Moral umfasst (Anderson et al. 1999).

XI. Schlussfolgerungen

Unser Gehirn ist ein Produkt der Selektion und damit einem langen Prozess der Evolution unterworfen gewesen. Evolution ist als ein historischer Prozess zu verstehen, der dazu führt, dass Organismen in der heutigen Umwelt überlebensfähig sind, was nicht zwangsläufig bedeutet, dass Organismen optimal an die reale Welt angepasst sind. Im Genom sind die „Resultate" der Evolution gespeichert.

Das Gehirn entsteht in einem Prozess der Selbstorganisation, bei dem genetische und epigenetische Mechanismen zum Tragen kommen. Individuelle Erfahrung (Lernen) wirkt modifizierend innerhalb des genetisch vorgegebenen Rahmens. Kulturelle Einflüsse greifen in die Reifungs- und Lernprozesse ein. Das Gehirn arbeitet nach dem Kausalitätsprinzip, d.h. es generiert Bedeutung dadurch, dass es verschiedene Ereignisse assoziiert und in einen plausiblen Zusammenhang stellt.

Die Welt bewussten Erlebens ist innig mit dem Wirken des Gehirns verflochten. Jede Form der Wahrnehmung ist ein Konstrukt unseres Gehirns. Das Gehirn konstruiert unsere Wirklichkeit(en). Kognitive Leistungen und Emotionen sind untrennbar miteinander verbunden.

Spirituelle, mystische oder religiöse Wahrnehmungsphänomene (Außerkörperliche Erlebnisse, Nah-Todeserfahrungen, Wahrnehmung von fremden Wesen etc.) scheinen Gehirn-immanent zu sein. Die Wahrscheinlichkeit ihres Vorkommens nimmt mit dem Auftreten außergewöhnlicher Hirnaktivitäten zu.

Psychologische oder neurobiologische Erklärungsmodelle sind geeignet, neuronale Korrelate mystischen oder religiösen Empfindens zu erklären. Religion als kulturelles Phänomen baut auf diesen biologischen Rand- bzw. Vorbedingungen auf.

Literatur

Anderson, S.W., Bechara, A., Damasio, H., Tranel, D. und Damasio, A.R. (1999) Impairment of social and moral behavior related to early damage in human prefrontal cortex. Nature Neurosci. 2, 1032.1037.

Crick, F. und Koch, C. (2003): A framework for consciousness. Nature Neurosci. 6, 119-126.

Damasio, A.R. (1997): Descartes' Irrtum – Fühlen, Denken und das menschliche Gehirn. München: dtv 30587.

Dudel, J., Menzel, R. und Schmidt, R.F. (1996): Neurowissenschaft – Vom Molekül zur Kognition. Berlin: Springer-Verlag.

Edelman, G.M. (1989): Neural Darwinism. The theory of neural group selection. Oxford University Press.

Edelman, G.M. und Tononi, G. (2002) Gehirn und Geist. Wie aus Materie Bewusstsein entsteht. München: C.H. Beck.

Hebb, D.O. (1949): The organization of behavior. New York: John Wiley.

Lexikon der Neurowissenschaft (2000). Heidelberg: Spektrum Akademischer Verlag.

Metzinger, T. (Hrsg.) (2001): Bewusstsein. Beiträge aus der Gegenwartsphilosophie. Paderborn: Mentis.

Newberg, A., D'Aquili, E. und Rause, V. (2001): Why god won't go away. New York: Ballantine Books.

Persinger, M.A. (1983): Religious and mystical experiences as artefacts of temporal lobe function: a general hypothesis. Perceptual and Motor Skills 57, 1255-1262.

Persinger, M.A. (2001): The neuropsychiatry of paranormal experiences. J. Neuropsychiatry Clin. Neurosci. 13, 515-524.

Roth, G. (1999): Das Gehirn und seine Wirklichkeit. Frankfurt am Main: Suhrkamp STW 1275.

Roth, G. (2001) Fühlen, Denken, Handeln. Wie das Gehirn unser Verhalten steuert. Frankfurt am Main: Surkamp.

Roth, G. und Prinz, W. (Hrsg.) (1996): Kopf-Arbeit. Gehirnfunktionen und kognitive Leistungen. Heidelberg: Spektrum Akademischer Verlag.

Schröter-Kunhardt, M. (1999): Nah-Todeserfahrungen aus psychatrisch-neurologischer Sicht. In: Soeffner, H.G. und Knoblauch, H. (Hrsg.), Todesnähe: Interdisziplinäre Zugänge zu einem außergewöhnlichen Phänomen. Konstanz: Universitätsverlag.

Schultz, W. und Dickinson, A. (2000): Neuronal Coding of prediction errors. Ann Rev. Neurosci. 23, 473-500.

Sejnowski, T.J. (1977): Storing covariance with nonlinearity interacting neurons. Math. Biol., 20, 303-321.

Strube, G. et al. (1996): Wörterbuch der Kognitionswissenschaft. Stuttgart: Klett-Cotta.

Varela, F.J. (1990): Kognitionswissenschaft – Kognitionstechnik. Frankfurt am Main: Suhrkamp STW 882.

Aus der Sicht der Soziobiologie:

Die biologische Basis der Religiosität in Instinkten – Beiträge zu einer evolutionären Religionstheorie

VON ECKART VOLAND UND CASPAR SÖLING

Zusammenfassung

In diesem Beitrag geht es vorrangig um eine Identifikation jener spezifischen evolvierten Datenverarbeitungsmechanismen („Instinkte", „Module", „Darwinische Algorithmen", kognitive „Domänen"), auf denen religiöses Verhalten beruht, und um eine Identifikation der adaptiven Probleme, zu deren Lösung sie evolviert sind. In unserer Sicht sind es vier evolvierte Domänen, aus deren Vernetzungen und Zusammenspiel Religiosität erwächst. *Mystik* beruht auf intuitiven Ontologien und dient der Kontingenzbewältigung und Entscheidungsfindung in einer fluktuierenden und ungewissen Lebenswelt. *Ethik* erhöht die Sozialkompetenz und ermöglicht Kooperationsgewinne in einer Welt persönlicher Nutzenmaximierer. *Mythen* dienen als Identität stiftende soziale Bindemittel der in-group/out-group Differenzierung und *Rituale* schließlich exekutieren das „Handicap-Prinzip" zur Etablierung verlässlicher moralischer Standards innerhalb der Gruppe. Wir vermuten, dass es in der Phylogenese des Homo sapiens sapiens zu einer kognitiven Vernetzung dieser vier ursprünglich getrennten Domänen gekommen ist, in deren Folge Religiosität in ihrer modernen Komplexität in die Welt trat. Damit stellt sich Religiosität als eine evolutionäre Angepasstheit dar mit selektiven Vorteilen bei der Selbsterhaltung durch Kontingenzbewältigung, bei der Lösung des sogenannten „Schwarzfahrerproblems" moralischer Gemeinschaften und in den die Menschheitsgeschichte so stark prägenden Szenarien der Zwischengruppenkonkurrenz.

I. Einleitung

Religiosität gehört zu der biologischen Konstitution des Homo sapiens sapiens. Wenngleich das Alter der menschlichen Religiosität nicht genau bekannt ist, wird ihre Entstehung mit der „symbolischen Revolution" vor circa 60.000 Jahren in Verbindung gebracht (Mithen 1996). Bis heute ist allerdings die Frage ungeklärt, wie dieses in der Naturgeschichte einmalige Merkmal biologisch evolvieren konnte. Warum sind Menschen religiös?

Wie kann ein natürlicher Organismus Fragen nach dem Übernatürlichen stellen? Wie kommt es, dass ein Lebewesen viel Zeit und Energie in Verhaltensweisen investiert, die nicht unmittelbar der Lebenserhaltung oder der Reproduktion dienen? Welchen Selektionsvorteil bietet Religiosität? Handelt es sich um eine biologische Angepasstheit oder ein biologisch funktionsloses Epiphänomen anderer biologischer Merkmale des Menschen? Diesen Fragen soll im folgenden mit Hilfe der Heuristik der evolutionären Psychologie nachgegangen werden (vergleiche ausführlicher hierzu Söling 2002).

Die evolutionäre Psychologie geht (zusammen mit der Kognitionswissenschaft, auf die sie sich immer wieder beruft) davon aus, dass das Gehirn ein informationsverarbeitendes System ist. Die Verarbeitung von Signalen aus der Umwelt und der Innenwelt erfolgt über ein funktionell und morphologisch strukturiertes Netzwerk zahlreicher, funktionell spezialisierter Subsysteme, die Fodor (1983) als „Module", Pinker als „Instinkte" (1997) und Cosmides and Tooby (1992) als „Evolutionäre Algorithmen" bezeichnet haben. Jeder dieser Algorithmen – ob bei Menschen oder Tieren – wurde durch die natürliche Selektion geformt und ist entsprechend genetisch weitgehend fixiert. Deswegen handelt es sich bei ihnen um transkulturelle Universalien, die sich im Laufe der Evolution herausgebildet und optimiert haben, also um artspezifische Angepasstheiten. Auch die Datenverarbeitungsmodule des menschlichen Gehirns sind durch ihr „environment of evolutionary adaptedness (EEA)", ihren vorgeschichtlichen Entstehungskontext geprägt. Wie aber lassen sich diese Evolutionären Algorithmen beim Menschen rekonstruieren?

Für Darwinisch inspirierte Verhaltensforscher ergeben sich grundsätzlich zwei heuristische Perspektiven, biologische Angepasstheiten im menschlichen Verhalten zu studieren. Entweder man geht von einem (vorgeschichtlichen) adaptiven Problem aus und sucht nach psychologischen und ethologischen Mechanismen, die in Anpassung an dieses Problem evolviert sein könnten. Oder aber man sucht nach Erklärungen für die biologische Entstehung von beobachtbaren Verhaltensmerkmalen, etwa indem man adaptive Szenarien rekonstruiert, aus denen sich die biologische Funktionalität des infragestehenden Verhaltens ergibt (Cosmides et al. 1992). Von den beiden vorgeschlagenen Wegen geht diese Arbeit den zweiten und fragt danach, auf welche pleistozäne adaptive Probleme Religiosität die evolvierte Antwort sein könnte.

Religiosität ist eine menschliche Universalie, die Antwortkonzepte auf Kontingenzfragen bietet (Pollack 1995, Scheunpflug im Druck). Sie manifestiert sich vor allem, wenn es zu einem Dialog zwischen vorgegebenen Sinnentwürfen und den individuellen Bedürfnissen der Menschen kommt. Religiosität lässt sich damit in zwei Fragestellungen aufteilen: Erstens in die durch die Kontingenzerfahrung aufgeworfenen Fragen und zweitens in die Beantwortung dieser Fragen durch eine Transzendenzvorstellung (Pollack 1995).

ad 1. Die Durchbrechung des eingespielten Selbst- und Weltverständnisses wird als Kontingenz erfahren. Kontingenz setzt voraus, dass der Mensch die Wirklichkeit nicht mehr als selbstverständlich erlebt. Wenn er die Erfahrung des Überraschenden, Außeralltäglichen, Unerwarteten macht, wenn Gefühle der Angst und der Hoffnung aufbrechen und möglicherweise die Suche nach Verankerung des Kontingenten im Konsistenten einsetzt, kann das Religiosität signalisieren.

ad 2. Auf die durch Kontingenzerfahrungen aufgeworfenen Fragen gibt es zahlreiche Antwortmöglichkeiten. Die spezifisch religiösen Antworten zeichnen sich durch zwei Momente aus: zunächst durch den Akt der Überschreitung der verfügbaren Lebenswelt des Menschen. Danach kann der Mensch nur in dem, was ihm nicht zugänglich ist, Sicherheit finden. Damit trägt dieser Ansatz auch der von den Religionswissenschaftlern eingeforderten und gegen den Funktionalismus eingebrachten Alterität (Andersartigkeit) des Göttlichen Rechnung. Dieses Jenseitige bleibt jedoch zugleich unanschaulich und unerreichbar. Deshalb müssen in jeder Religion die als unerreichbar fungierenden Letztgrößen mit relativ lebensnahen, konkreten, anschaulichen Vorstellungen und Praktiken (wie zum Beispiel Mythen und Ritualen) verbunden werden. Diese Bindung an das empirisch Konkrete unterscheidet die Religion von allen Formen der Philosophie, mit der sie ansonsten viel gemeinsam hat.

Über diese Bestimmung der allgemeinen Religiosität hinaus lässt sich religiöses Verhalten differenziert betrachten, denn es konstituiert sich aus einzelnen, unterschiedlich ausgebildeten und akzentuierten Verhaltensweisen. Nach der Einschätzung der meisten Religionswissenschaftler ist jede verfasste Religion durch vier konstituierende Elemente (Mystik, Mythen, Ethik und Rituale) gekennzeichnet, die ebenfalls universal verbreitet sind. Es liegt daher nahe, die Frage nach der evolutionären Geschichte und Funktion der Religiosität analytisch zu vierteln und zunächst jede der vier Komponenten getrennt zu betrachten.

II. Mystik

II. 1. Das religiöse Phänomen

Individuelle Erfahrungen bilden die zentrale Rolle in jeder Religionsgemeinschaft. Es gibt keine Religion, die nicht auch eine mystische Tradition besitzt. Mystik ist dabei kein Lehrgebäude, sondern ein Erfahrungsweg. Abgeleitet ist der Begriff vom griechischen „myein“, d.h. die Augen schließen. Das Wesentliche der Mystik ist die ganz eigene, innere Erfahrung mit Gott. Äußerlich ist sie durch besondere Verhaltensweisen, wie Anbetung, Meditation, Schweigen oder auch Tanz gekennzeichnet, deren Ziel die besondere innere Erfahrung ist. Sie ermöglichen dem Frommen oft unverhofft und unvermutet Erfahrungen von Evidenz, Klarheit, Sicherheit, Glück. Mystische Versenkung wird in den Formen von Visionen, Audition, Entrückung, Ekstase, körperlicher Un-/Überempfindlichkeit erlebt.

Bei der Betrachtung der übernatürlichen Wesen kommt es häufig zu einer Vermischung von Wissen über unterschiedliche Typen von Entitäten in der realen Welt. Die oft unklaren äußeren Umstände (z.B. Zwielicht, Sonnenuntergang, man denke aber auch an die dunkle, mit Imaginationen aufgeladene Atmosphäre romanischer Kathedralen) überfordern die Fähigkeit der Menschen, ein Ereignis oder einen Gegenstand eindeutig einzuordnen. Die mangelnde Eindeutigkeit ermöglicht erst eine Vermischung von Kategorien und Ontologien, von bekannten Erfahrungen mit unbekannten, unpassenden Vorstellungen.

Diese Vermischung schlägt sich häufig in Darstellungen von Göttern in Menschengestalt nieder (Gladigow 1993). Auch Mischgestalten zwischen Tier und Mensch und androgyne Göttergestalten finden sich vielfach, einschließlich der Fähigkeit zur Metamorphose. Immer wieder lassen sich auch mehrfache „Organe“ finden: Doppel- oder Dreiköpfigkeit, der Besitz von drei Körpern, Vielarmigkeit oder hundert Augen. Wie lassen sich diese Darstellungen und die ihnen zugrunde liegenden Erfahrungen erklären?

II. 2. Der zugrunde liegende Algorithmus

Menschen verfügen über intuitive Ontologien (Boyer 1994). Sie klassifizieren spontan ihre Wahrnehmung und Erfahrung in vorhandene Kategorien. Wie die Experimente von Keil (1989) zeigen, tun sie das auch selbst dann, wenn wichtige Informationen für eine sichere Kategorisierung fehlen. Keil erzählte seinen Versuchspersonen Geschichten über Phantasiewesen, die er Hyraxes oder Throtels bezeichnete und die niemals genauer beschrieben oder definiert wurden. Das einzige, was über Hyraxes gesagt wurde, war zum Beispiel die Information, dass sie gelegentlich schlafen. Oder bei den Throtels, dass sie festgebunden werden müssen. Kindergartenkinder, die weder Throtels noch Hyraxes jemals gesehen haben konnten, neigten dennoch auf der Basis solcher Informationen zu der Vermutung, dass Hyraxis z. B. hungrig sein können oder dass Throtels vielleicht aus Metall bestehen. Andererseits war es für die Kinder undenkbar, dass ein Hyrax aus Metall bestehen könnte. Obwohl keinerlei theoretisches Wissen oder weitere Informationen vorhanden waren, so kommunizierten die Kinder über

Hyraxes und Throtels wie über Lebewesen und Artefakte. Sie schrieben ihnen also einen bestimmten ontologischen Status und damit verbundenen Eigenschaften zu, ohne näheres Wissen über diese Objekte zu haben. Gelman et al. (1994) sprechen in diesem Zusammenhang von einem „essentialist bias".

Die Annahme solcher Eigenschaften und die weiterführenden Ausmalungen sind eine Konsequenz aus der menschlichen Disposition, präzise ontologische Hypothesen hervorzubringen, wann immer dies in einem natürlichen Kontext nützlich erscheint. Hierzu zählen vor allem auch Hypothesen zu den Ursachen von ansonsten unverständlichen Ereignissen, z.B. Naturerscheinungen, persönlichen Katastrophen oder Glücksmomenten. Wie andere Hypothesen auch kann die Mehrheit dieser Annahmen im Lichte der jeweiligen wirklichen Erscheinung korrigiert werden – manche der Hypothesen allerdings nicht. Das öffnet die Tür zu „falschen" Anwendungen natürlicher Ontologien, indem beispielsweise unbelebte Objekte mit belebten verglichen werden (Animismus) oder natürlichen Kräften menschliche Intentionen unterstellt werden (Anthropomorphismus) (Guthrie 1993).

Wenn aber die nicht verstandenen Naturerscheinungen erst einmal eine anthropomorphe Rekonstruktion erfahren haben, ist es nur folgerichtig, diesen übernatürlichen Gottheiten auch eine anthropomorphe Verhaltens- und Sozialtheorie zuzuschreiben. Dass Menschen dazu tendieren, auch mit Bezug auf ihre „nicht-soziale" Umwelt „sozial" zu denken, wird mit dem evolutionären Ursprung der typisch menschlichen Intelligenz in Zusammenhang gebracht (Sommer 1993). Diese entstand ganz offensichtlich unter dem Selektionsdruck sozialer (und nicht etwa ökologischer) Herausforderungen. Als evolvierte Machiavellisten verfügen deshalb Menschen und ansatzweise auch Menschenaffen über eine „theory of mind": Sie sind in der Lage, sich in die Gemütsverfassung von anderen hineinzuversetzen und ihnen Intentionen zuzuschreiben. Dies betrifft auch die Götter. Sie mögen zwar in gewisser Hinsicht außergewöhnlich sein, aber sie sind zugleich Projektionsfläche unserer intuitiven Psychologie. Sie hegen Absichten und empfinden Emotionen, und genau das macht sie trotz transzendenter Entrücktheit weitgehend berechenbar (Boyer 1994, Kirkpatrick 1999, Pinker 1997). Würde es überhaupt keine Übereinstimmung zwischen den übernatürlichen Wesen und dem intuitiven Wissen der Welt geben, dann könnten Menschen sich auch die Welt des Übernatürlichen nicht vorstellen.

II. 3. Der evolutionäre Vorteil

Welcher biologische Vorteil liegt den natürlichen Ontologien zugrunde? Ganz offensichtlich sind diese Taxonomien nicht allein für die Ordnung und

Systematisierung der Umwelt innerhalb des menschlichen Geistes von Bedeutung, sondern sie haben auch unmittelbare Konsequenzen für das menschliche Verhalten. Intuitive Ontologien dienen zur Orientierung im Reich der Wirklichkeit und verhelfen zu schnellen, adäquaten Reaktionen gegenüber den Gegenständen, auf die sie sich beziehen. Sie dienen also der Heuristik und der Entscheidungsfindung des Individuums. Wenn Wahrnehmung nicht eindeutig ist, und intuitive Ontologien Fehlklassifikationen vornehmen, ist es allerdings adaptiv, möglichst riskante Fehler zu vermeiden und stattdessen eher risikoarme Fehler zu tolerieren. So lässt sich erklären, dass unbelebte Objekte eher als lebende gesehen werden als umgekehrt (Guthrie 1993, Kirkpatrick 1999).

Gigerenzer & Todd (1999) gehen davon aus, dass eine Ansammlung von domänenspezifischen, kognitiven Heuristiken der Lösung verschiedener Probleme dienen. Menschliche Rationalität gründet nicht in der Fähigkeit, feste Regeln wie z.B. Logik oder Wahrscheinlichkeitstheorie inhaltsunabhängig auf alle möglichen Probleme anzuwenden. Vielmehr wird die menschliche Rationalität als die Fähigkeit verstanden, einfache und effiziente angeborene Heuristiken problemadäquat auszuwählen und anzuwenden. Menschliches Denken ist demnach nicht an Wahrscheinlichkeitstheorie und Logik, sondern an die Umwelt angepasst. In diesem Kontext haben auch die intuitiven Ontologien ihren Platz.

> „Wenn aber [...] Religiosität und 'mystisches Erkennen' [...] in der Evolution verwurzelt sind, muss sich die Frage aufdrängen, ob etwa auch sie auf die reale Wirklichkeit 'passen'. Wie sollte die Wirklichkeit sowohl Denkstrukturen ausgelesen haben, die ihr entsprechen, als auch solche, die ihr zuwiderlaufen? Wie wäre es zu erklären, dass nicht nur die Kenntnis der Wirklichkeit, sondern auch der 'archaische Irrtum' der Religion während riesiger Zeiträume überlebens- und evolutionsgünstig war ?“

fragt Jacobi (1986:105). Vor dem Hintergrund obiger Überlegungen war „der ‚archaische Irrtum' der Religion“ keineswegs „überlebens- und evolutionsgünstig“, wohl aber der Algorithmus, der ihn hervorgebracht hat und dies auch unter Inkaufnahme gelegentlicher „Fehlleistungen“. Die „Irrtümer“ sind der – nicht besonders hohe – Preis, der zu zahlen ist, wenn die Denkstrukturen, die der Wirklichkeit entsprechen, im Durchschnitt und auf Dauer adaptive Ergebnisse liefern. Sie aufwändig zu verhindern, wäre vermutlich teurer als sie in ihren harmlosen Konsequenzen zu tolerieren. Die bloße Existenz intuitiver Ontologien mit ihren übernatürlichen Kategorien taugt jedenfalls nicht als „biologischer Gottesbeweis“, wie dies die Frage Jacobis suggeriert.

III. Ethik

III. 1. Das religiöse Phänomen

Jede Religion besitzt ein bestimmtes Menschen- und Weltverständnis, das sich in der sozialen Praxis niederschlägt, weshalb Religion und Moral auf das engste miteinander verbunden sind. Neben dem Ritual ist das moralische Verhalten der manifeste Ausdruck einer religiösen Einstellung. Wenngleich sich die Religionen in ihrer jeweiligen Moralbegründung erheblich unterscheiden können, so zeigen sie doch erstaunlich große inhaltliche Parallelen auf, wenn sie ethische Handlungsanweisungen an einzelne Personen erteilen. Diese große Ähnlichkeit der ethischen Grundausrichtung ermöglichte 1993 zum ersten Mal in der Geschichte der Religionen, dem Parlament der Weltreligionen eine gemeinsame Erklärung vorzulegen. 6500 Angehörige zahlreicher Religionen arbeiteten im sogenannten „Projekt Weltethos" aus, welche sittlichen Werte und moralische Grundüberzeugungen den Religionen der Welt trotz aller Verschiedenheiten gemeinsam sind (Küng & Kuschel 1993). Dabei nimmt die sogenannte „Goldene Regel" ('Was du nicht willst, das man dir tu, das füg' auch keinem andren zu.') eine prominente Stellung ein. Sie ist ganz offensichtlich tief in allen ethischen Traditionen der Menschheit verwurzelt und normativer Gehalt der meisten Religionen. Freilich bleibt die „Goldene Regel" oftmals auf eine klar definierte moralische in-group beschränkt (Hartung 1995, Ridley 1996), was zugleich die Konkurrenzfähigkeit nach außen stärkt.

III. 2. Der zugrunde liegende Algorithmus

Bekanntlich sind reziproke Systeme nicht spontan stabil. Reziprozität läuft ständig Gefahr ausgebeutet zu werden, sei es, weil sich aus demografischen Gründen zu selten Gelegenheiten zur Reziprozität ergeben, oder sei es, weil einige Betrüger es geradezu darauf anlegen, zwar die Vorteile des Systems für sich zu nutzen, aber nicht die Kosten dafür zu tragen. In dem gleichen Maße, wie die natürliche Selektion Kooperation belohnt, wird sie deshalb dazu parallel und ganz zwangsläufig die Entwicklung protektiver Mechanismen zum bestmöglichen Schutz gegen Ausbeutung fördern. Deshalb entsteht ein Selektionsdruck im Hinblick auf ein möglichst frühzeitiges und sicheres Erkennen von betrügerischen Regelbrechern. Tatsächlich konnten Cosmides und Tooby (1992) und Gigerenzer und Hug (1992) mit Hilfe der „Wason-selection-tasks" sehr eindrucksvoll nachweisen, dass unser Wahrnehmungs-, Erkenntnis- und Denkapparat ganz speziell dazu eingerichtet ist, soziale Einseitigkeiten aufzuspüren. Menschliche Intelligenz ist primär soziale Intelligenz (Dunbar 1998), und deshalb fällt es uns deutlich leichter, Abweichungen von sozialen Regeln als Regelverletzungen zu erkennen als logisch gleichartige Abweichungen von Regeln, die keinen sozialen Bezug aufweisen. Kurz: Betrüger zu entlarven, gelingt uns leichter, als logisch zu denken, und ein differenziertes sozio-emotionales Gegenseitigkeitsempfinden gehört zu unserer evolvierten psychischen Grundausstattung (Chasiotis 1995).

Grundlage der ethischen Universalien sind demnach kognitive Algorithmen wie der Betrugsdetektor, die für eine entwickelte kooperative Lebensweise zwingend notwendig waren. Ausfluss dieser „social-contract algorithms“, wie sie auch genannt wurden, sind Ideen und Konzepte wie Reziprozität, Fairness, Betrug, Gerechtigkeit, Schuld, „Wir und die anderen“ und andere regulative Ideen menschlicher Moralen, denen gemeinsam ist, dass sie auf Nutzen-Kosten-Repräsentationen der Sozialbeziehungen beruhen.

III. 3. Der evolutionäre Vorteil

Der evolutionäre Vorteil von Moral entsteht in der Regel durch Kooperationsgewinne für alle Beteiligten einer moralischen Gemeinschaft. Kooperatives Verhalten ermöglicht komplexere und effektivere Handlungsmuster und dies sowohl häufig unter Wettbewerbsdruck mit benachbarten moralischen „in-groups“ als auch bei fehlender unmittelbarer Gewinnerwartung. Allerdings führen Kooperationen nur zu einem Erfolg, wenn alle Beteiligten vergleichbare Investitionen, beispielsweise altruistische Vorleistungen, eingehen. Diese Voraussetzung zu gewährleisten und zu kontrollieren, kommt der Moral zu. Freilich darf nicht übersehen werden, dass Moral auch manipulativ und ausbeuterisch eingesetzt werden kann und dann asymmetrische Gewinnverteilungen produziert (Cronk 1994, Ridley 1996).

IV. Mythos

IV. 1. Das religiöse Phänomen

Jede Religion besitzt ihren Mythos. Bei den einen Kulturen wird er schriftlich, bei anderen in Bildern oder in mündlichen Traditionen weitergegeben. Der Mythos gibt in anschaulicher, berichtender Weise Kunde von raum- und zeittranszendenten Begebenheiten. Im Unterschied zur rationalen und begrifflichen Erfassung der Wirklichkeit verfügt der Mythos über eine eigene 'Logik'. Sie liegt in dem aus Elementen der Wirklichkeit aufgebauten

Symbol für das im religiösen Akt gemeinte Unbedingte oder Jenseitige. Der Mythos ist ein weitgehend kohärentes Erfahrungssystem. Es beruht auf Grundvorstellungen, mit denen das Seiende und Wirkliche im allgemeinen aufgenommen, geordnet und gedeutet wird (Hübner 1994). Damit liegt es nahe, religiöse Mythen als sprachliche Entfaltungen religiöser Erfahrungen zu verstehen. Da aber die religiösen Erfahrungen alles normale, eindeutige übersteigen, zeichnen sich Mythen durch mehrschichtige Bedeutungen aus. In diesem Sinne beschreibt der Mythos die typisch menschlichen Irritationen durch die Erfahrung von Kontingentem, von Chaos und Vieldeutigkeit. Gleichzeitig erschließt er diese unfassbaren Erfahrungen der Kommunikation und besetzt sie mit Sinn. Dieser Prozess, der kognitive und emotionale Aspekte hat, ist als grundlegende Funktion der Religion überhaupt anzusehen; in diesem Sinne kann man dem Mythos einen zentralen Stellenwert für die Religion zusprechen (Stolz 1997).

Da jedoch letztlich die Erfahrungswelt der Menschen überall ähnlich ist, lassen sich auch die Mythen nach bestimmten Erfahrungshorizonten typisieren zum Beispiel in Ursprungsmythen (Weltentstehungsmythen, Schöpfungsmythen), anthropologische Mythen (Erschaffung des Menschen, Sterblichkeit, Entbehrungen, Mühsal) oder Mythen mit Legitimationsfunktion für religiöse Feste und Dienst am Heiligen (Bürkle 1998).

IV. 2. Der zugrunde liegende Algorithmus

Für Pinker (1994) bildet Sprache kein kulturelles Artefakt, sondern einen klar umrissenen Teil der biologischen Ausstattung des menschlichen Gehirns, den er "Sprachinstinkt" nennt. Wie aber kommen die Inhalte dessen zustande, was kommuniziert wird? Für Pinker sind sie das Produkt komplexer Interaktionen zwischen einer universalen menschlichen Natur und den Bedingungen, unter denen Menschen leben. Folglich lassen sich in der Sprache Hinweise auf mentale Konzepte finden. Es liegt nahe, diese Perspektive auch auf Mythen zu übertragen. Anstatt einer strukturalistischen Engführung der Mythen auf elementare, biologische Verhaltensweisen (Burkert 1996) oder auf elementare entwicklungspsychologische Erfahrungen (Bischof 1996) wäre es aus der Perspektive des „Sprachinstinkts" also möglich und notwendig, Mythen auf ihre kognitiven Grundlagen hin zu untersuchen. Eine entsprechende, systematische Analyse steht allerdings noch aus. Sie müsste den Kontext umfassen zu folgenden, von Cosmides et al. (1992) vermuteten mentalen Modulen:

1. für Gefahren: Furcht und Vorsicht;
2. für Verunreinigungen: Gefühl des Ekels und die Intuition für Ansteckungsgefahren und Krankheiten;

3. für das Bewusstsein für gegenwärtige Gemütszustände wie Glück und Traurigkeit, Stimmungen der Zufriedenheit und Ruhelosigkeit;
4. ein mentales Archiv für Status und Rang sowie Kriterien der Bewertung;
5. Verwandtschaft;
6. Partnerschaft einschließlich sexueller Anziehung und Liebe sowie Treue und Trennung.

Bereits eine erste ungesicherte Sichtung macht deutlich, dass in der Tat alle diese elementaren Themen in den Religionen zentrale Bedeutung besitzen und sich auf ritueller, ethischer und mythologischer Ebene wiederfinden.

1. Gefahren, Furcht und Vorsicht: Bereits in der Definition von Religiosität als Mittel zur Kontingenzbewältigung klingt die Bedeutung der Religion für den Umgang mit Angst an. Religion absorbiert Angst und Frustrationen und erklärt zugleich die Unvermeidbarkeit von Schmerz. Die zahlreichen Versuche vom Philosophen Kierkegaard (1984) bis zum Biologen Dobzhanzky (1966), Religion als Folge von Zeitvergegenwärtigung und Todeserkenntnis zu erklären, nehmen an der Angst ihren Ausgangspunkt.

2. Reinheit und Unreinheit: Reinigungen gehören zu den elementaren Akten menschlichen Lebens und Zusammenlebens. Nach Douglas (1966) sind Verunreinigungen als Gefährdungen sozialer Ordnungen zu verstehen. Unreinheit wohnt danach Phänomenen ambivalenter und marginaler Natur inne. Als soziale Normen brechende Anomalie symbolisiert Unreinheit den Bereich, der aus dem Komplex geordneter Beziehungen herausfällt. Kein Wunder also, dass rituelle Reinigungen wie zum Beispiel die Taufe beim Kircheneintritt oder die Reinigungen der Hindus im Ganges in allen Religionen verbreitet sind.

3. Ruhelosigkeit und Glück: Eines der häufigsten Augustinus-Zitate handelt von der Ruhelosigkeit: „Unruhig ist mein Herz, bis es ruht in dir." Es stammt aus Augustinus Autobiografie „Bekenntnisse". In ihr geht es jedoch nicht nur um eine Lebensbeschreibung, sondern sie lässt sich auch als Beschreibung der Innenräume der menschlichen Seele (Flasch 1980) verstehen, in denen zu Tage tritt, was alle Menschen bewegt: Rastlosigkeit und Suche nach Glück sind Teil aller Religionen. Ihren äußeren Ausdruck finden sie im Motiv der Wallfahrt, die ebenfalls in allen Weltreligionen verbreitet ist.

4. Status und Rang: Schon der Begriff Hierarchie (gr. hier-archia, Heilige Herrschaft) macht deutlich, wie stark Status und Rang im religiösen Denken verankert sind.

5. Verwandtschaft: Die Elementarität dieses Themas lässt sich an den universal verbreiteten, religiösen Inzestverboten deutlich machen.

6. Partnerschaft: Auch die Bedeutung dieses Themas wird an den universalen religiösen Geboten zur Ehe deutlich.

Der hier vertretene Ansatz erhält weitere Bestätigung durch die bereits diskutierte Idee, nach der intuitive Ontologien in die Religiosität einfließen. Typisch für die Erfahrung des Übernatürlichen ist es, dass sie das intuitive Wissen verletzt. Diese Verletzung müsste sich in den Mythen der Welt niederschlagen. Die bereits diskutierten Definitionen von Mythen zeigen, dass dies so ist. Danach berichtet der Mythos nicht von der rationalen und begrifflichen Erfassung der Wirklichkeit, sondern er beschreibt gerade das, was alles Erkennen und Begreifen übersteigt.

IV. 3. Der evolutionäre Vorteil

In der Primatenevolution hat sich die soziale Fähigkeit, in größeren Sozialverbänden leben zu können, als entscheidender Überlebensvorteil herausgestellt. Der evolutionäre Weg zum Menschen ist diesem Trend zu größeren und komplexeren Sozialsystemen gefolgt. Nachdem sich die frühen Hominiden als die ökologisch dominanten Lebewesen ihres afrikanischen Lebensraums durchgesetzt hatten, war ihr Überleben und ihre Fortpflanzung letztlich nur durch die Konkurrenz mit eigenen Artgenossen gefährdet. Nach allem was wir heute wissen, spielte sich diese innerartliche Konkurrenz zwischen sozialen Gruppen ab. Je größer eine Gruppe war, desto größer war ihr Vorteil in diesem sozio-ökologischen Konkurrenzgeschehen (Alexander 1987).

Um den Vorteil größerer Lebensgemeinschaften nutzbar machen zu können, bedurfte es der Entwicklung eines entsprechenden sozialen Bindemittels. „Grooming" – der soziale Kitt der Affen – wurde wegen des notwendigen Zeitaufwands zunehmend untauglicher und wurde deshalb ersetzt: An seine Stelle trat die Sprache (Dunbar 1996). Sprache bindet, weil sie eine eminent wichtige biologische Funktion erfüllt: Es geht um den Austausch von sozialem Wissen über die Mitmenschen – und dies gegebenenfalls auch ohne persönliche Beobachtung. Dazu sind nicht-menschliche Primaten nicht in der Lage. Sie können zwar ihre dyadischen Sozialbeziehungen über das „grooming" regulieren, stoßen damit aber an Effizienzgrenzen, die Menschen mit der Evolution der Symbolsprache überwunden haben. Wir wissen auch ohne persönlichen Kontakt von den Merkmalen und Eigenschaften unserer Mitmenschen, von ihrer Zuverlässigkeit, ihrer Ehrlichkeit und auch ihren betrügerischen Neigungen, von ihrer Tauglichkeit als Kooperations- oder Ehepartner, ihrem Mut und ihrer Tatkraft, von ihrer sozialen Dominanz und Hilfsbereitschaft – eben überhaupt von ihren sozialen Tendenzen und Charakterzügen. Dabei sitzen wir auch schon mal falschen Gerüchten und Verleumdungen auf. Aber gelegentliche Fehlinformation ist ein Preis, der den Nutzen nicht übersteigt, den wir dadurch erfahren, dass wir uns schneller und effizienter soziales Wissen aneignen können als unsere äffischen Vorfahren.

Wenn Mythen die Erfahrung und Verarbeitung von Kontingenz dokumentieren, dann dienen sie demselben Zweck wie Sprache: Indem sie es jedem Mitglied einer Gruppe ermöglichen, an den Erfahrungen der anderen teilzuhaben, helfen sie bei der Bewältigung dessen, was oftmals unbewältigbar erscheint. Dadurch entsteht Bindung, Gemeinschaftssinn und soziale Identität. Mythen bedienen das Verlangen der Menschen, zu einer solidarischen „in-group" zu gehören und sich von den „out-groups" abzugrenzen.

V. Rituale

V. 1. Das religiöse Phänomen

Religiöse Rituale sind im Wesentlichen nicht allein durch Wiederholungen gekennzeichnet, sondern dadurch, dass Routinen neben einer Zweckbedeutung eine Sinnbedeutung erhalten (Assmann 1992). Es kommt damit zu einer symbolischen Aufladung einer Handlung oder eines Gegenstandes. Sie dienen nicht allein einem utilitaristischen Zweck, sondern werden in andere Kommunikationsstrukturen eingebunden.

Bei aller Unterschiedlichkeit der Kulte lassen sich einzelne Riten typisieren, die vermutlich in allen Religionen vorkommen. Es fällt auf, dass sie eng mit biologischen Vorgängen bzw. entwicklungsphysiologischen Wendepunkten koordiniert sind. Thiel (1984) hat sie folgendermaßen systematisiert:

- Apotropäische Riten vertreiben drohendes Übel und böse Geister.
- Mit Eliminationsriten versuchen Gemeinschaften, etwas Böses von sich abzusondern, etwa Sünden auf einen Sündenbock zu übertragen.
- Reinigungsriten.
- „Rites de Passage" begleiten eine Veränderung des Ortes, des Zustandes, der sozialen Position oder des Alters.

V. 2. Der zugrunde liegende Algorithmus

Rituale dienen dazu, bestimmte Symbole und Handlungen zu verteuern, um zwischen Signalsender und Signalempfängern Verlässlichkeit herzustellen. Sie unterliegen der Funktionslogik des Handicap-Prinzips (Zahavi und Zahavi 1997) und signalisieren neben Stärke und Reichtum einer Gruppe auch das moralische Engagement ihrer Mitglieder (Iannaccone 1994; Irons 2001).

Jeder Besuch auch eines noch so armseligen Dorfes führt die Kostspieligkeit religiöser Rituale vor Augen. In der Regel ist eine Kirche bzw. ein Tempel das größte Haus im Dorf, obwohl sie nur wenige Stunden in der Woche genutzt werden. Dennoch waren und sind oft jahre- wenn nicht sogar jahrzehntelange Opfer notwendig, um diese Gebäude zu errichten. Die Kosten religiöser Rituale liegen jedoch nie allein im finanziellen Bereich. Fast jede Predigt und fast jede Meditation zielt auf den einzelnen Gläubigen ab. Es geht nicht nur darum, Geld in den Opferstock zu legen, sondern vor allem das eigene Leben zu opfern. Besonders die Initiationsrituale in den Naturreligionen, die sich in den sogenannten Hochritualen häufig nur noch in stilisierter Form finden, lassen die Kosten der Aufnahme in eine Religion deutlich werden: Es geht dabei nicht nur um Zeit, die investiert wird, sondern auch um Angst und die Bewältigung von Schmerzen, etwa durch Beschneidung hervorgerufen.

Weil Rituale solidarische Verlässlichkeit und die Übernahme moralischer Verpflichtungen signalisieren, kann man vermuten, dass je kostspieliger die Rituale einer Religion sind, d.h. je mehr Zeit, Ressourcen oder Vitalität sie verbrauchen, desto effizienter sie eine Binnenmoral aufzubauen helfen. Und umgekehrt steht zu erwarten, dass je überlebenswichtiger Kooperation für eine Gruppe ist, desto teurer werden ihre Rituale (Irons 2001).

V. 3. Der evolutionäre Vorteil

Rituale gehen mit der Sprache einher, da sie einen Gruppencode kommunizieren. Religiöse Rituale sind deswegen einzigartig gegenüber der Tierwelt, weil sie Konventionen etablieren. Sie beinhalten nicht bloß die symbolische Repräsentation eines Sozialvertrages, sondern gleichzeitig auch seinen Vollzug. Damit verleihen sie Konventionen Ausdruck und Akzeptanz. Demnach ist das Ritual die grundlegende soziale Handlung. Rappaport (1971) vermutet, dass die Sprache und die sozialen Ordnungen, die auf Sprache beruhen, ohne die Unterstützung des Sakralen nicht hätten entstehen können. Lügen und alternative Bedeutungsmöglichkeiten sind der Sprache inhärent. Wenn es überhaupt verbindliche Worte innerhalb einer Gesellschaft geben soll, dann ist es auch notwendig, sie zu etablieren. „Das Wort aber wird durch die Unveränderlichkeit der Liturgie etabliert. Es ist zudem denkbar, dass das Wort phylogenetisch entstanden ist, als gewisse Ausdrücke der neuentstehenden Sprache der frühen Hominiden aufgenommen und der Unveränderlichkeit bereits existierender nicht-verbaler Rituale, die aus der Tierwelt bekannt waren, untergeordnet wurden." (Rappaport 1979). Weil diejenigen, die Rituale ausüben, hohe Kosten eingehen, enthält ihr gesprochenes Wort ein entsprechendes Gewicht (Knight 1998). Dadurch, dass ein Ritual sichtbar teuer ist, erlangt es seine eigene Authentizität – es kann daher im Prinzip nicht betrügen.

Vor diesem Hintergrund kann nicht überraschen, wenn Iannaccone (1994) einen statistisch signifikanten Zusammenhang beschreibt zwischen dem Grad an Frömmigkeit, den (in den USA aktive) Religionsgemeinschaften von ihren Mitgliedern fordern, und der sozialen Attraktivität dieser Gemeinschaften. Je mehr Zugehörigkeitsbekenntnisse verlangt werden, desto stärker ist der Anspruch, sich vom vorherrschenden „american way of life" abzugrenzen, sei es durch Anforderungen in Kleidungs- und Ernährungsfragen, bei der Gestaltung der Freizeit oder hinsichtlich Sexual- und Erziehungsverhalten. Derartige Kosten sind, wie die Kosten für die Partizipation am Gemeindeleben und den Ritualen, für Nichtgläubige nur schwer aufzubringen, so dass ein Selektionsprozess einsetzt: Während potenzielle „Schwarzfahrer" aussortiert werden, verstärkt sich die moralische Bindung unter den Verbleibenden. Folgerichtig sind strikte Gemeinschaften nach innen und außen besonderes stark.

Dieser Zusammenhang ist historisch verifizierbar. Sosis (2000) hat Daten ausgewertet zu Wachstum und Persistenz ideologisch anspruchsvoller, „sozialutopischer" Gründersiedlungen des 19. Jahrhunderts in Nordamerika. Die Wohlfahrt und Lebensdauer dieser Siedlungen hing davon ab, wie sie das Kooperationsproblem gelöst haben. Bekanntlich siegt in einem Konflikt zwischen dem Allgemeinwohl und dem Individualinteresse mit größerer Wahrscheinlichkeit das Individualinteresse. Das Allmendeproblem, die Verelendung öffentlicher Güter, ist sichtbarer Ausdruck dieses Prinzips. Wenn – wie oben argumentiert – Religionsausübung Kosten einfordert, um die in-group Solidarität verlässlich zu stärken und potenzielle „Schwarzfahrer" fernzuhalten, sollte man erwarten, dass das Schicksal der untersuchten Siedlungen von dem Ausmaß ihrer religiösen Selbstlegitimation abhing. Und genau das war der Fall. Während eher weltlich-sozialistisch motivierte Siedlungen nur kurzen Bestand hatten, überdauerten die religiös fundierten Gemeinschaften deutlich länger. Dies steht im Einklang mit der Interpretation, dass Religiosität, indem sie Kosten einfordert, die Gruppenmoral stärkt.

VI. Diskussion

In unserer Sicht ist Religiosität durch vier Domänen gekennzeichnet, die jeweils ihre eigene Selektionsgeschichte durchlaufen haben (Tabelle 1). Mystik beruht auf intuitiven Ontologien und dient der Kontingenzbewältigung und Entscheidungsfindung in einer fluktuierenden und unsicheren Umwelt. Ethik erhöht die Sozialkompetenz und ermöglicht Kooperationsgewinne. Mythen dienen als Identität stiftende soziale Bindemittel der in-group/out-group Differenzierung und Rituale schließlich exekutieren das Handicap-Prinzip zur Etablierung verlässlicher moralischer Standards innerhalb der Gruppe. Damit lässt sich Religiosität als ein biologisch funktionales Phänomen darstellen. Zu klären bleibt freilich, wie aus einer ursprünglich domänen-spezifischen Psychologie ein solch komplexes Verhaltenssystem wie Religiosität entstehen konnte. Mit Mithen (1996, 1999) vermuten wir, dass es in der Geschichte des homo sapiens sapiens aus noch näher zu bestimmenden Gründen zu einer kognitiven Vernetzung ursprünglich getrennter Domänen gekommen ist. Die Folge war eine zunehmende kognitive Plastizität, die schließlich zu dem geführt hat, was man die „symbolische Revolution" genannt hat.

Die Vernetzung der vier Domänen der Religiosität hat vielfältige Interaktionsmöglichkeiten hervorgebracht. Mythen können die Ontologien des Glaubenssystems reproduzieren oder ethische Überzeugungen transportieren. Rituale können mystische Erfahrungen evozieren und sich ihrerseits inhaltlich aus der Ethik speisen. Damit wurden evolutionär neuartige Potenziale geschaffen und Religiosität konnte in die Welt treten.

	Mystik	**Ethik**
Angepasstheit	Intuitive Ontologien	Sozialkompetenz
Funktion	Kontingenzverarbeitung durch Kategorisierung und Entscheidungsfindung	Kooperationsgewinne ermöglichen
	Mythos	**Ritual**
Angepasstheit	Sprachinstinkt	Handicap-Prinzip
Funktion	soziale Identität und Bindung im Dienst einer in-group/out-group Differenzierung	Betrugbekämpfung angesichts des „Schwarzfahrer-Problems"

Tabelle 1: Übersicht über die vier Domänen der Religiosität und ihrer evolutionären Funktion

Mit der Entstehung der Religiosität aus ihren vier zugrundeliegenden Domänen hat zwar zweifellos eine Komplexitätszunahme menschlichen Verhaltens stattgefunden, nicht aber ein Funktionswandel. Religiosität erfüllt in toto nach wie vor jene vier Funktionen, deretwegen die vier Domänen evolviert sind. Sie leistet auch in modernen Milieus Kontingenzverarbeitung mit wahrscheinlich ganz direkten vorteilhaften Auswirkungen auf Gesundheit und Langlebigkeit (Levin 1994, Sommer 1993). Indem sie Normen etabliert, soziale Bindung und Identität stiftet und nicht zuletzt potenzielle Betrüger fern hält, fördert sie Kooperation nach innen (z.B.

Sosis 2000) und Konkurrenzfähigkeit nach außen (Hartung 1995). Kurz: Religiosität ist eine biologische Angepasstheit.

Welche Konsequenzen ergeben sich aus dieser Erkenntnis? Wenngleich man von einer biologischen Evolution der Religiosität sprechen kann, so haben doch die speziellen Inhalte der einzelnen Religionen ihre eigene Kulturgeschichte. Der Vergleich mit dem Sprachvermögen drängt sich auf: Der „Sprachinstinkt“ ist zwar eine artspezifische Angepasstheit der Menschen, aber um die Muttersprache zu erwerben, müssen über prägungsähnliche Lernvorgänge externe Informationen in die Lernprogramme des Sprachinstinkts einfließen. Damit Religiosität im Lebensvollzug ihre Form bekommt und ihre biologische Funktion erfüllen kann, bedarf es möglicherweise ähnlicher, prägungsähnlicher Lernvorgänge. Das konkret Aufgenommene unterliegt dann freilich wie die Muttersprache dem Zufall der Geburt.

Ferner ist festzuhalten, dass diese Form der Rekonstruktion der Religiosität keinerlei Aussagen über die Existenz Gottes macht. Dem Physiker Schnakenberg (2000) ist Recht zu geben: So wenig die Erkenntnisse von Kopernikus und Galilei theologisches Denken oder gar die Religiosität des Menschen zum Untergang geführt haben, so wenig werden naturwissenschaftliche Modelle vom Ursprung der Religiosität ihr Ende bedeuten. Im Gegenteil: sie werden die Bedeutung der Religiosität in den biologischen, psychologischen und pädagogischen Anthropologien eher stärken und die Aufmerksamkeit ihr gegenüber eher vermehren.

Allerdings machen diese Überlegungen einer evolutionären Religionstheorie nach unserem Dafürhalten auch neue Diskussionen zwischen naturwissenschaftlicher und theologischer Anthropologie notwendig. So wie der wissenschaftliche Erfolg des heliozentrischen Weltbildes die Theologie zwang, ihre Schöpfungslehre und Exegese neu zu überdenken (Dorschner 1998), so wird sich aus der Rekonstruktion der Religiosität durch die evolutionäre Psychologie die Theologie vor die Frage stellen, inwieweit ihre Inhalte biologischen beziehungsweise psychologischen Dynamiken unterliegen. Im Bereich der Religionspsychologie (Reich 2000) werden diese Fragen bereits behandelt, sie müssten nun mit Blick auf eine evolutionäre Perspektive verknüpft werden.

Literatur

Alexander, R. 1987: The Biology of Moral Systems. Hawthorne (Aldine De Gruyter)

Assmann, J. 1992: Das kulturelle Gedächtnis. Schrift, Erinnerung und politische Identität. München (Piper)

Barkow, J. H.; Cosmides, L. & Tooby, J. (eds.) 1992: The Adapted Mind. Evolutionary Psychology and the Generation of Culture. New York & Oxford (Oxford University Press)

Boyer, P. 1994: The Naturalness of Religious Ideas: A Cognitive Theory of Religion. Berkeley (University of California Press)

Bürkle, H. 1998: Mythos (Begriff, religionsgeschichtlich). pp. 597-600 in: Kasper, Walter et al. (eds.): Lexikon für Theologie und Kirche, Vol. 7. Freiburg (Herder)

Burkert, W. 1996: Creation of the Sacred: Tracks of Biology in Early Religions. Cambridge MA (Harvard University Press)

Chasiotis, A. 1995: Die Mystifikation der Homöostase: Das sozioemotionale Gegenseitigkeitsempfinden als grundlegende psychische Dimension. Gestalttheorie 17: 88-129

Cosmides, L. & Tooby, J. 1992: Cognitive adaptations for social exchange. pp. 163-228 in: Barkow, J. H.; Cosmides, L. & Tooby, J. (eds.): The Adapted Mind. Evolutionary Psychology and the Generation of Culture. New York & Oxford (Oxford University Press)

Cosmides, L., Tooby, J. & Barkow, J. H. 1992: Evolutionary psychology and conceptual integration. pp. 3-15 in: Barkow, J. H.; Cosmides, L. & Tooby, J. (eds.): The Adapted Mind. Evolutionary Psychology and the Generation of Culture. New York & Oxford (Oxford University Press)

Cronk, L. 1994: Evolutionary theories of morality and the manipulative use of signals. Zygon 29: 81-101

Dobzhanzky, T. 1966: On religion, death and evolutionary adaptation. Zygon 1: 361-380

Dorschner, J. (1998) (Hrsg.): Der Kosmos als Schöpfung. Zum Stand des Gesprächs zwischen Naturwissenschaft und Theologie. Regensburg (Pustet)

Douglas, M. 1966 (Reprs. 1995): Purity and Danger: An Analysis of the Concepts of Pollution and Taboo. London (Routledge)

Dunbar, R. I. M. 1996: Grooming, Gossip and the Evolution of Language. London (Faber & Faber)

Dunbar, R. I. M. 1998: The social brain hypothesis. Evolutionary Anthropology 6: 178-190

Flasch, K. 1980: Augustin: Einführung in sein Denken. Stuttgart (Reclam)

Fodor, J. A. 1983: The Modularity of the Mind. Cambridge, MA (MIT Press)

Gelman, S. A., Coley, J. D. & Gottfried, G. M. 1994: Essentialist beliefs in children: The acquisition of concepts and theories. pp. 341-365 in: Hischfeld, L. & Gelman, S. A. (eds.): Mapping the Mind: Domain Specifity in Cognition and Culture. Cambridge (Cambridge University Press)

Gigerenzer, G. & Hug, K. 1992: Domain-specific reasoning: Social contracts, cheating and perspective change. Cognition 42: 127-171

Gigerenzer, G., Todd, P. M. et al. 1999: Simple Heuristics that Make Us Smart. New York (Oxford University Press)

Gladigow, B. (1993): Gottesvorstellungen. pp. 32-49 in: Cancik, H. et al. (Hrsg.): Handbuch religionswissenschaftlicher Grundbegriffe, Bd. 3. Stuttgart (Kohlhammer)

Guthrie, S. G. 1993: Faces in the Clouds: New Theory of Religion. New York (Oxford University Press)

Hartung, J. 1995: Love thy neighbor: the evolution of in-group morality. Skeptic 3(4): 86-99

Hübner, K. 1994: Mythos (philosophisch). pp. 597-608 in: Balz, H. R.; Krause, G. & Müller, G. (Hrsg.): Theologische Real Enzyklopädie. Vol. 23. Berlin (De Gruyter)

Iannaccone, L. R. 1994: Why strict churches are strong. American Journal of Sociology 99: 1180-1211

Irons, W. 2001: Religion as a hard-to-fake sign of commitment. pp. 292-309 in: Nesse, R. M. (ed.): Evolution and the Capacity for Commitment. New York (Russell Sage Foundation)

Jacobi, O. 1986: Zur biologischen Deutung der Religion. Materialdienst der Evangelischen Zentralstelle für Weltanschauungsfragen 49: 102-105

Keil, F. 1989: Concepts, Kinds and Cognitive Development. Cambridge (MIT Press)

Kierkegaard, S. 1984: Die Krankheit zum Tode, Frankfurt am Main (Syndikat)

Kirkpatrick, L. A. 1999: Toward an evolutionary psychology of religion and personality. Journal of Personality 67: 921-952

Knight, C. 1998: Ritual/speech coevolution: A solution to the problem of deception. pp. 68-91 in: Hurford, J. R.; Studdert-Kennedy, M. & Knight, C. (eds.): Approaches to the Evolution of Language. Social and Cognitive Bases. Cambridge (Cambridge University Press)

Küng, H., Kuschel, K.-J. (Hrsg.) 1993, Erklärung zum Weltethos. Die Deklaration des Parlamentes der Weltreligionen. München (Piper)

Levin, J. S. 1994 : Religion and health: Is there an association, is it valid, and is it causal? Social Science and Medicine 38: 1475-1482

Mithen, S. 1996: The Prehistory of the Mind: A Search for the Origins of Art, Science and Religion. London (Thames and Hudson)

Mithen, S. 1999: Symbolism and the supernatural. pp. 147-169 in: Dunbar, R.; Knight, C. & Power, C. (eds.): The Evolution of Culture. An Interdisciplinary View. Edinburgh (Edinburgh University Press)

Pinker, S. 1994: The Language Instinct. London (Lane)

Pinker, S. 1997: How the Mind Works. New York (Norton)

Pollack, D. 1995: Was ist Religion? Probleme der Definition. Zeitschrift für Religionswissenschaft 3: 163-190

Rappaport, R. A. 1971: The sacred in human evolution. Annual Review of Ecology and Systematics 2: 23-44

Rappaport, R. A. 1979: Ecology Meaning and Religion. Berkeley CA (North Atlantic Books)

Reich, H. K. (2000): Religionspsychologie. Entstehung und Entwicklung einer Mensch-'Gott'-Beziehung. pp. 82-102 in: Daecke, S. M. & Schnakenberg, J. (Hrsg): Gottesglaube – ein Selektionsvorteil? Gütersloh (Kaiser/Gütersloher Verlagshaus)

Ridley, M. 1996: The Origins of Virtue: Human Instinct and the Evolution of Cooperation. New York (Viking)

Scheunpflug, A. im Druck: Evolution und Religion. in: Liebau, E.; Macha, H. & Wulf, C. (Hrsg.): Formen des Religiösen. Pädagogisch-anthropologische Annäherungen. Weinheim (Studienverlag)

Schnakenberg, J. 2000: Schöpfung und Evolution: Das Votum des Physikers. pp. 21-41 in: Daecke, S. M. & Schnakenberg, J. (Hrsg.): Gottesglaube – ein Selektionsvorteil? Gütersloh (Kaiser/Gütersloher Verlagshaus)

Söling, C. 2002: Der Gottesinstinkt. Bausteine für eine evolutionäre Religionstheorie. Dissertation, Naturwissensch. Fachbereiche, Univ. Gießen (http://bibd.uni-giessen.de/ghtm/2002/uni/d020116.htm)

Sommer, V. 1993: Die Vergangenheit einer Illusion: Religion aus evolutionsbiologischer Sicht. pp. 229-248 in: Voland, E. (Hrsg.): Evolution und Anpassung: Warum die Vergangenheit die Gegenwart erklärt. Stuttgart (Hirzel)

Sosis, R. 2000: Religion and intragroup cooperation: Preliminary results of a comparative analysis of utopian communities. Cross-Cultural Research 34: 70-87

Stolz, F. 1997: Grundzüge der Religionswissenschaft. 2. Aufl. Göttingen (Vandenhoeck & Ruprecht)

Thiel, J. F. 1984: Religionsethnologie Berlin (Reimer)

Zahavi, A. & Zahavi, A. 1997: The Handicap Principle: A Missing Piece of Darwin's Puzzle. New York (Oxford University Press)

Aus der Sicht der Evolutions-Psychologie

Sexuelle Selektion und Religion

VON HARALD A. EULER

„Weder bin ich Theologe, noch bewandert in der Geschichte der Religionen, und bin auch nicht Anthropologe. Nur in der Psychologie kenne ich mich einigermaßen aus. Da das Gebiet der Religion sehr weit ist, kann ich mir nicht anmaßen, es überhaupt abdecken zu können." Diese drei Sätze sind Zitate aus den Gifford Lectures von William James (1902/1997, S. 22, 40). Die Bescheidenheit des unvergleichlichen James muss erst recht für mich gelten. Ich werde also nur einen Aspekt der Religion beleuchten, der bislang in vielen Diskussionen über Evolution und Religion vernachlässigt wurde. Dies ist die Frage, inwieweit religiöse Phänomene, wenn überhaupt, eher durch sexuelle Selektion als durch natürliche Selektion erklärbar sind. Seit Miller (2001) aufgezeigt hat, dass die Gestaltungskraft der sexuellen Selektion nicht auf die menschliche Partnerwahl im engeren Sinn zu beschränken ist, sondern weite Bereiche der kognitiven Architektur formen kann, wird die Bedeutung der sexuellen Selektion für die Erklärung religiöser Phänomene international intensiv diskutiert.

Wie sind religiöse Phänomene zu definieren? Religion ist nicht definierbar wie ein mathematischer oder formaler Begriff, nach der scholastischen Regel „Definitio fit per genus proximum et differentiam specificam". Wie viele andere Alltagsbegriffe ist Religion explizierbar, aber nicht definierbar, um es mit Kant (1781/1976) zu beschreiben. Die Grenzen zwischen religiösem und nicht-mehr religiösem Verhalten sind fließend, aber es gibt einen prototypischen Kern (Rosch 1978) von Religion. Der Prototyp von Religion, oder besser religiösem Erleben, ist der Glaube an eine übernatürliche, übermenschliche Anderswelt, die gerne begriffen wird als Heimstatt übernatürlicher Wesen (Sommer 2000), denen man mit Ernst, Ehrerbietung und Unterwürfigkeit begegnet. Meine Überlegungen sind also nicht auf das Christentum beschränkt, auch nicht auf die Buchreligionen, noch nicht einmal auf institutionalisierte Religionen. Gerade die Betrachtung von noch nicht institutionalisierten religiösen Phänomenen, wie sie in Wildbeuterkulturen beobachtet wurden (Irons & Chagnon 2002), können uns Hinweise auf die Genese von Religion in der Evolution des Menschen geben. Hier soll also Religion „von unten" betrachtet werden, weil dies aus evolutionärer Perspektive vorrangig interessiert, ohne damit die Notwendigkeit theologischer, religionshistorischer oder religionswissenschaftlicher Bemühungen schmälern zu wollen.

I. Die unbefriedigende Suche nach dem natürlichen Selektionsvorteil der Religion

Aus evolutionsbiologischer Sicht sind alle Merkmale von Lebewesen in drei erschöpfende Kategorien aufzuteilen: Anpassungen, Begleiterscheinungen von Anpassungen und anpassungsirrelevante Merkmale. Die Nabelschnur ist eine Anpassung mit einem bekannten Selektionsvorteil. Der Bauchnabel ist eine Begleiterscheinung der Anpassung „Nabelschnur" ohne eigenen Selektionsvorteil. Die individuelle Form des Bauchnabels schließlich ist anpassungsirrelevant, aus Sicht der Anpassung sozusagen zufälliges Rauschen (Beispiel von Buss 1999). Ich gehe von der These aus, dass religiöse Phänomene nicht sekundäre Erscheinungen von anderen Anpassungen sind, wie manche Autoren annehmen (z. B. Guthrie 2001; Kirkpatrick 1999; Sperber 1985), und auch nicht zufälligen Ursprungs sind. Wenn religiöse Phänomene Anpassungen sind, müssen sie reproduktiv nützlich sein oder zumindest gewesen sein.

Die Suche nach möglichen Überlebensvorteilen religiösen Verhaltens und Erlebens ist recht intensiv betrieben worden, aber mit letztlich unbefriedigenden Funden. Ähnlich verhält es sich übrigens mit den Überlebensvorteilen ästhetischen Verhaltens und Erlebens, und auf die Ähnlichkeit zwischen Religion und Kunst werde ich zurückkommen. Brown (1991) führt sowohl Religion als auch Kunst als menschliche Universalien auf, bezeichnet aber beide als dauernde Rätsel für die Anthropologie wegen des Zweifels an ihrem Nutzen oder praktischen Wert. Warum sollte ein Mann in einer Sammlerinnen-und-Jäger-Kultur täglich stundenlang Gebetsformeln murmeln oder monatelang ein Kunstwerk zu vollenden trachten, anstatt in dieser Zeit Nahrung zu beschaffen, die Unterkunft zu verbessern, die Kinder zu versorgen, oder Frauen zu umwerben? Yanomamö Schamanen umsorgen kleine humanoide Figürchen, sog. *Hekuras*, und beten sie etwa ein bis zwei Stunden pro Tag an, beschwören sie und singen ihnen Lieder. Alles folgt einem strengem Ritual, und die Schamanen halten sich dabei sogar abstinent (Hekuras mögen keinen Sex!), alles nur, um die Hekuras glücklich zu stimmen (Irons & Chagnon 2002). Andere Männer, die keine Zeit auf religiöse Rituale oder Kunstproduktion verschwendeten, hätten einen Überlebens- und damit einen Fortpflanzungsvorteil, und ihre Nachkommen müssten Priester und Künstler längst verdrängt haben.

Folgende Reproduktionsvorteile sind von verschiedenen Autoren aufgeführt worden (z. B. Reynolds & Tanner 1983; Sommer 1993; Stieve 2000; Wilson 1978):

1. Religion fördert den Zusammenhalt von Gruppen, z. B. durch gemeinsame Glaubensinhalte, die Verpflichtung und Loyalität stärken (Irons 2001; Sosis 2000).

2. Religion rechtfertigt die zentrale Autorität des Gemeinwesens (z. B. Shaw & Wong 1990; Diamond 2000).
3. Religion fördert das Gute im Menschen (z. B. Altruismus) und unterdrückt das Schlechte (z. B. Egoismus, Bernt 1989).
4. Religion fördert Feindseligkeit gegen Außengruppen (z. B. Shaw & Wong 1990).
5. Religion dient der körperlichen oder geistigen Gesundheit (McClenon 2001; Pargament 1997; Taylor 1983), z. B. durch Illusionen, die zur Stressbewältigung beitragen (Schumaker 1995).
6. Religion paraphrasiert biologische Botschaften.

Dies scheinen nur die am häufigsten genannten Überlebensvorteile der Religion zu sein. Schon allein die Fülle nährt Skepsis. Vielleicht ist es hier so wie in der Medizin: Je wirkungsloser ärztliches Bemühen, desto größer die Palette möglicher Behandlungen. Wenn es ungezählte Heilmittel gibt, wie z. B. Hausmittel gegen banalen viralen Infekt, wirkt keines. Was sind die Probleme mit den aufgeführten Fitnessvorteilen?

1. Wenn religiöse Ideologien die Binnenkohärenz von Gruppen fördern, dann kommt dies so recht erst bei größeren Gemeinwesen (Stämme, Häuptlingsreiche, Staaten) zur Geltung. Gemeinwesen in Gruppengröße von etwa bis zu 100 Personen werden durch Verwandtschaftsbande zusammen gehalten und benötigen nicht zusätzlich eine verbindende religiöse Ideologie. Menschen in Wildbeuterkulturen glauben an übernatürliche Wesen und verehren sie, sind also schon religiös. Wird die Gruppe so groß, dass Verwandtschaftsbande nicht mehr ausreichen, um Interessenkonflikte auszugleichen, spaltet sich die Gruppe auf (Chagnon 1968, 1981). In diesem Prozess spielt Religion keine bestimmende Rolle. Es entsteht zu diesem Zeitpunkt keine religiöse Ideologie, die eine Gruppenspaltung verhinderte.

2. Der gleiche Einwand steht gegen das Argument, Religion rechtfertige zentrale Autorität. In Wildbeuterkulturen gibt es keine institutionalisierte zentrale Autorität. Diese Kulturen sind egalitär in dem Sinn, dass die Führung einer Gruppe informell ist und durch Qualifikation wie Charakterstärke, physische Kraft, Intelligenz und Kampfgeschick erworben wird (Diamond 2000). Die Rechtfertigung zentraler Autorität kann also nur ein Sekundärnutzen von Religion sein, nicht aber Grund ihres Ursprungs.

3. Religion erleichtert Altruismus und hemmt Egoismus. Vergolten wird in der anderen Welt. Die Gottheit wacht dort über die gerechte Bilanzierung guter und schlechter Taten. So können Menschen dazu gebracht werden, ihr Leben für die Gemeinschaft zu opfern, z. B. bei der militärischen Rekrutierung, Ressourcen abzugeben (z. B. Ablasshandel) und sich in unbeaufsichtigten Situationen nicht gemeinschaftsschädigend zu verhalten. Dieses Argument erscheint auf den ersten Blick plausibel. Der Mensch ist das einzige Lebewesen, das sich reziprok altruistisch verhält. Religion soll also (1)

verhindern, dass sich Menschen im sozialen Austausch betrügerisch Vorteile ergattern und (2) Opferbereitschaft fördern. Nun wissen wir aber, dass Menschen auch ohne Religion mit empfindsamen Detektoren für sozialen Betrug ausgestattet sind (Cosmides 1989). Zudem mehrt derjenige, der auf den Lohn des Himmels verzichtet und das Fegefeuer nicht scheut, der sich also egoistisch verhält und seine Ressourcen selbst nutzt, seine Reproduktionsvorteile auf Kosten des Altruisten hier auf Erden. Bis zum Jüngsten Gericht hätten die gottlosen Egoisten die gottesfürchtigen Altruisten längst verdrängt. Also auch dieses Argument für den Überlebensvorteil von Religion taugt nicht, den Ursprung von Religion zu erklären.

5. Wenn der gesundheitliche Nutzen der Religion bemüht wird, ist zu fragen, warum nicht andere Tiere als der Mensch auf Religion als Beruhigungs- und Heilmittel gekommen sind. Zugegeben, Primaten haben vermutlich keine Vorstellung von ihrem Tod und daher keine Todesangst. Nur der Mensch kann in die Zukunft schauen und das Numinose fürchten. Aber wenn wir dieses Argument weiter verfolgen, dann enden wir wieder bei Kollateralnutzen für Religion, und der Ursprung des besonderen menschlichen Geistes ist das Primäre.

6. Wenn der Nutzen der Religion darin liegt, biologische Botschaften zu paraphrasieren, dann fragt sich, warum dies gerade mit Religion geschehen muss. Euripides konstatiert in den Bacchien: „Das Gesetz, das die Tradition macht, ist das Gesetz der Natur". Biologische Botschaften sind in allen möglichen kulturellen Äußerungen des Menschen widergespiegelt, in Literatur, Rechtsprechung, Mythen, Märchen, Wissenschaft, und auch in religiösen Überlieferungen. Wiederum wird auch mit diesem Argument die Religion nur zum Sekundärlieferanten degradiert.

Die natürliche Selektion kann also nur unbefriedigende Antworten über den evolutionären Ursprung der Religion liefern. Vielleicht müssen wir die überlebensorientierte Sichtweise von Evolution verlassen und streng auf mögliche Reproduktionsvorteile konzentrieren. Überlebensvorteile, die sich nicht in Fortpflanzungsvorteile ummünzen, sind belanglos. Hingegen sind Fortpflanzungsvorteile selbst dann evolutionär wirksam, wenn sie ihre Vorteile mit einer Verkürzung des Lebens erkaufen.

II. Natürliche vs. sexuelle Selektion

Darwin (1871) behauptete, dass die Evolution nicht nur von der natürlichen Selektion auf Überleben angetrieben würde, sondern auch von einem anderen, gleich wichtigen Prozess: der sexuellen Selektion durch Partnerwahl (*sexual selection*). Darwin wunderte sich über die Vielfalt des Schmuckes bei männlichen Tieren und den Mangel an Schmuck bei weiblichen

Tieren. Mit seiner Theorie der sexuellen Selektion konnte er nicht nur diese Schmuckbildungen erklären, sondern auch fast alle Geschlechterunterschiede: Männchen konkurrieren gewöhnlich um sexuellen Zugang zu Weibchen. Dazu schüchtern sie andere Männchen mit ihren Waffen ein und locken Weibchen mit ihrem Schmuck an. Die Weibchen wählen aus; sie ziehen stärkere und attraktivere Männchen den schwächeren und unauffälligen vor. Im Verlauf von Generationen werden so die Waffen der Männchen imposanter und ihr Schmuck beeindruckender, und die Männchen weichen zunehmend von der weiblichen Norm ab. Waffen und Schmuck nahe verwandter Spezies können sich in ganz unterschiedliche Richtungen entwickeln, so dass die Arten divergieren.

Darwins Theorie der geschlechtlichen Selektion führte ein Jahrhundert lang ein Schattendasein. Die Theorie war kompliziert im Detail und widersprach dem Zeitgeist. Beim Menschen sind nun mal Frauen das „schönere Geschlecht". Dass Frauen Männer wählen sollten und so der Motor der Evolution sind, widersprach patriarchalem viktorianischen Zeitgeist. Dass die sexuelle Selektion fast beliebige Richtungen einschlagen und selbst überlebensschädliche Formen hervorbringen kann, war nicht vereinbar mit dem Gedanken einer Evolution als Fortschritt zu hoher zivilisatorischer und kultureller Blüte. Schließlich schreckte das Adjektiv „sexuell" ab. Nur der Universalgelehrte Ronald Fisher (1915, 1930) erkannte schon früh im 20. Jahrhundert die Bedeutung der sexuellen Selektion. Als 1975 schließlich der israelische Biologe Amotz Zahavi das Handikap-Prinzip verkündete, war der Weg der sexuellen Selektion in die Evolutionstheorie geebnet. Zahavi hatte die Ansicht vertreten, dass gerade wegen des hohen Aufwandes der sexualspezifische Schmuck ein zuverlässiger, weil schwer vorzutäuschender Fitnessindikator sei.

Schauen wir uns die Unterschiede zwischen natürlicher und sexueller Selektion im einzelnen an, mit besonderem Augenmerk auf die Unterschiede in den Anpassungen, die sie hervorbringen (Tab. 1). Danach werden wir fragen, ob die Eigenschaften religiösen Verhaltens besser mit den Merkmalen sexuell selektierter Anpassungen übereinstimmen als mit denen natürlich selektierter Anpassungen.

Die natürliche Selektion bestimmt über Tod oder Weiterleben des Individuums, die sexuelle Selektion bestimmt die Weitergabe der genetischen Information. Folglich ist der natürliche Selektionserfolg nur eine notwendige Voraussetzung für die entscheidende sexuelle Selektion. Durch den Flaschenhals der sexuellen Selektion müssen alle sich geschlechtlich fortpflanzenden Arten.

Ein wesentlicher Unterschied zwischen natürlicher und sexueller Selektion besteht in den Selektoren. Bei der natürlichen Selektion sind es viele Umweltbedingungen, die über Tod oder Weiterleben entscheiden: Klima,

Raubfeinde, Mikroorganismen, physikalische Umweltgefahren, nicht zu vergessen Artgenossen. Bei der sexuellen Selektion sind es aber nur Artgenossen, und zwar die gegengeschlechtlichen Altersgenossen als auch die gleichgeschlechtlichen, die Peers. Die entscheidende Wahl ist diejenige, die der Sexualpartner trifft. Bei den meisten Spezies ist die Geschlechtsverteilung klar: Männchen buhlen, Weibchen wählen. Beim Menschen ist das Wahlrecht nicht so ungleich verteilt, weil Menschenmänner im Vergleich zu anderen Tierspezies bisweilen erheblich in ihre Nachkommen investieren und bei schlechter Partnerinnenwahl einen Investitionsverlust erleiden können. Folglich gibt es beim Menschen eine gegenseitige Wahl: Frauen wählen Männer und Männer wählen Frauen. Geht es aber bloß um eine unverbindliche, kurzfristige sexuelle Beziehung, sind die Verhältnisse wiederum einseitiger: Das Wahlrecht liegt deutlich mehr bei Frauen als bei Männern.

Merkmal	Selektion	
	natürliche	sexuelle
Zweck	Überleben	Fortpflanzung
Selektive Bedeutung	Vorselektion (bis an die „Tür“ schaffen)	Hauptselektion („rein-gelassen werden“)
Selektoren	viele (z.B. Klima, Raubfeinde, Mikroorganismen, Artgenossen)	Peers
Wirkung im Lebenslauf	lebenslang	bevorzugt im Paarungsalter
Interindividuelle Varianz	gering	hoch
Erblichkeit	gering	hoch
Zwischenartliche Varianz	eher gering	hoch
Design	zweckmäßig	kostspielig („Handikap“)
Funktion des Designs	Überlebensnutzen	Schmuck
Ökonomie des Designs	sparsam	verschwenderisch
Signalfunktion	nicht erforderlich	erforderlich: Zeichen für Fitness
Betrifft welches Geschlecht?	beide gleichermaßen	Geschlecht mit größerer Reproduktionsvarianz
Parole	“How the mind works” (Pinker 1997)	“How the mind mates” (Miller 2000)

Tabelle 1: Natürliche und sexuelle Selektion im Merkmalsvergleich

Wenn bei der natürlichen Selektion die physikalische Umwelt auswählt, bei der sexuellen Selektion aber die Peers, dann ist die sexuelle Selektion intelligenter als die natürliche, sie ist psychologischer, effizienter und schöpferischer. Bei der natürlichen Selektion „wählen“ Faktoren wie Klima, Bodenbeschaffenheit, Parasiten, und dies ist keine echte Wahl. Die Auslese passiert einfach so. Diese Selektionsfaktoren haben kein Interesse an dem Wesen, auf das sie Einfluss ausüben. Hier findet also eine leidenschaftslose, distanzierte, rein physikalische oder biologische Auswahl statt. Bei der sexuellen Selektion treffen aber kognitive Apparate von Weibchen eine Auswahl zwischen Männchen. Beim Menschen ist der kognitive Apparat, also sein Geist im weiten Sinn, einschließlich Psyche („mind"), grandios differenziert. Weil die Darsteller sowie die Jury in diesem Casting innerhalb derselben Spezies sind und mit dem gleichen Genmaterial arbeiten, kann ein Selbstläuferprozess entstehen. Die Gene kodieren nicht nur die bei der Partner*werbung* eingesetzten Anpassungen, den sexualspezifischen Schmuck, sondern sie kodieren auch die für die Partner*wahl* eingesetzten Adaptationen, die sexuellen Präferenzen (Miller 2001). Bei der sexuellen Selektion agieren die Gene sowohl als Mannequins (Männchen) als auch als Modekritiker (Weibchen). Der daraus entstehende Selbstläuferprozess, den Fisher (1930) erstmals modelliert hat, ermöglicht eine Geschwindigkeit, Kreativität und Unberechenbarkeit des sexuellen Selektionsprozesses, gegen den die natürliche Selektion ein träge verharrendes Geschehen ist. Wenn die natürliche Selektion eine biologische Theorie ist, so ist die sexuelle Selektion eine psychologische Theorie.

Die natürliche Selektion geschieht lebenslang, die sexuelle im Reproduktionsalter. Wir dürfen daher vermuten, dass diejenigen Merkmale, die mit Beginn des Reproduktionsalters geschlechtsunterschiedlich auftreten, sexuell selektierte Merkmale sein könnten.

Die natürliche Selektion tendiert dazu, die Unterschiede zwischen Individuen zu mindern (Tooby & Cosmides 1990). Die sexuelle Selektion hingegen fördert die Entstehung interindividueller Unterschiede. Ähnlich verhält es sich mit der Erblichkeit. Erblichkeit ist definiert als der Anteil an Unterschiedlichkeit zwischen Individuen, der auf genetische Unterschiede zurückgeht. Die sexuelle Selektion setzt gerade an den individuellen, genetisch bedingten Unterschieden zwischen Individuen an. Sie braucht diese Unterschiede und bringt sie auch immer wieder hervor. Diese Produktion von Unterschiedlichkeit führt zur Differenzierung von Arten. Bei vielen Tieren ist der sexuell selektierte artspezifische Schmuck der Männchen das artbestimmende Merkmal. Die Weibchen sind unscheinbar eintönig gefärbt und unterscheiden sich oft nicht zwischen benachbarten Arten. Viele Käferarten ähneln sich im Körperbau, unterscheiden sich aber in der Ornamentierung der Flügel. Schauen wir uns etwa bei Insekten und Vögeln die farblichen Unterschiede im sexualspezifischen Schmuck an, so finden wir eine grandiose Vielfalt. Die sexuelle Selektion bringt also Besonderheiten der Spezies hervor. Betrachten wir die artspezifischen Besonderheiten der Primaten, dann ist die Vermutung naheliegend, dass diese Besonderheiten durch sexuelle Selektion gestaltet sein könnten (Miller 2000).

Die natürliche Selektion bringt nützliche und zweckmäßige Anpassungen hervor. Die Gestaltung des natürlich selektierten Merkmals (Williams 1966) ist sparsam und effizient. Unsere Sinnesorgane etwa prozessieren gerade diejenige Reizinformation, die wir benötigen. Sie verschaffen uns nur ein nützliches Abbild unserer Umwelt, nicht ein „wahres" Abbild. Außerhalb einer recht schmalen Bandbreite von visuellen und akustischen Signalen sind wir blind und taub. Die Anpassungen sind so, dass sie gerade gut genug für ihren Zweck sind. Extras sind unnötig und kostspielig. Bei der sexuellen Selektion ist es nun aber gerade umgekehrt. Hier will ja ein Individuum (in der Regel das Männchen) einem anderen (in der Regel das Weibchen) seine genetische Eignung anpreisen, um für eine Kopulation ausgewählt zu werden. Männchen und Weibchen haben aber unterschiedliche Interessen: Das Männchen will den Werbungsaufwand minimieren, das Weibchen will das beste Männchen auswählen. Das Männchen würde also gerne genetische Eignung vortäuschen, das Weibchen will im eigenen Fortpflanzungsinteresse nicht getäuscht werden und muss Wert auf verlässliche Indikatoren legen. Woran erkennt man einen gültigen Indikator, der nicht bloß vorgetäuscht wird? Ein echtes Handikap ist ein schwer vorzutäuschendes Signal, weil eine solche Täuschung zu kostspielig ist. Wenn ein Mann einer Frau ewige Liebe schwört, dann kann er einfach lügen. Wenn er seine Liebe aber mit einem teuren Diamanten ausdrückt, ist er ein Handikap eingegangen. Einen echten Diamanten wird der Mann weniger leichtfertig produzieren als eine billige verbale Äußerung.

Das klassische Beispiel für die sexuelle Selektion ist der Pfau. Der Pfauenhahn teilt der Henne mit seinem aufgefächerten wunderbaren Schwanz folgendes mit: „Schau her, ich bin gesund genug und habe genug Nahrung gefunden, um so einen aufwendigen Schwanz für Dich wachsen zu lassen. Ich bin flink genug, um trotz dieser auffälligen und schweren Schleppe dem Adler und dem Luchs zu entgehen. Mein Schwanz schillert, woran Du sehen kannst, dass ich keine Parasiten oder sonstige Krankheiten habe. Ich habe gute Gene. Deine Kinder werden auch gute Gene haben, wenn Du dich mir hingibst. Ich bin der Beste. Einen Besseren findest Du nicht."

Um die mögliche Bedeutung der sexuellen Selektion für den Menschen angemessen abschätzen zu können, müssen wir noch eine grundlegende Bedingung für diese Selektionsart erwähnen: Je größer die Geschlechtsunterschiede in der Reproduktionsvarianz, desto mehr sexuelle Selektion. Große Unterschiede in der Reproduktionsvarianz bestehen bei Tieren, bei denen nur wenige Individuen eines Geschlechts (in der Regel Männchen) überhaupt an der Reproduktion beteiligt sind, wie etwa bei Seelöwen, Walrössern, Pavianen, Laubenvögeln und vielen anderen. Es sind oft Spezies, bei denen Männchen einen Harem von Weibchen haben. Bei diesen Arten sind die Geschlechterunterschiede groß: Die Männchen sind erheblich größer als die Weibchen, sind bedrohlich aggressiv, tragen besondere Waffen und haben auffälligen Schmuck. Bei Spezies mit ausgeglichener Reproduktionsvarianz, also Arten, die monogam leben, wie Wildgänse oder Gibbons, sind Männchen und Weibchen nicht oder kaum voneinander unterscheidbar. Sind Menschen monogam? Höchstens de jure in vielen Kulturen, de facto aber nicht (Murdock 1965). Menschen sind gemäßigt polygyn. Folglich können wir gemäßigte Geschlechterunterschiede erwarten, die auf sexuelle Selektion zurück gehen. Diese sexuell selektierten Merkmale des Menschen müssten entsprechend bei Männern etwas ausgeprägter sein als bei Frauen.

Schauen wir uns die Geschlechts- und Altersverteilung von einigen Merkmalen des Menschen an. Wer produziert Musik? Es sind vor allem Männer im besten Reproduktionsalter (Miller 1999). Wie sieht es mit der Malerei aus? Es sind ebenfalls wieder Männer, mit dem Gipfel in den frühen Dreißigern. Wer schreibt Belletristik? Hier sind Frauen nicht so stark unterrepräsentiert, aber dennoch überwiegen junge Männer (Miller 1999). Aber Wissenschaft, ist das nicht eine Domäne reiferer, weiser Männer? Wenn wir uns anschauen, von wem die originellen, einflussreichen wissenschaftlichen Veröffentlichungen geschrieben werden, dann sind es wieder eher junge Männer mit einem Gipfel bei 30 - 34 Jahren (Kanazawa 2000). Hier liegen Daten vor, die zwischen verheirateten und unverheirateten Männern unterscheiden: Unverheiratete Männer leisten später in ihrem Leben die entscheidenden wissenschaftlichen Beiträge als verheiratete Männer. Dieser Unterschied stützt die These, dass Wissenschaft nicht nur der Wahrheit dient, sondern auch der Partnerwerbung.

III. Laubenvögel haben Kunstverstand, Schimpansen nicht

Bevor wir uns der Religion zuwenden, wollen wir eine besondere Art vergleichender Kunstwissenschaft betreiben. Ich erwähnte eingangs, dass Kunst für die Theorie der natürlichen Selektion ebenso rätselhaft ist wie die Religion. Vielleicht erfahren wir etwas bei der Kunst, das uns auch bei der Religion weiterhilft.

Schimpansen sind unsere nächsten Verwandten im Tierreich. Etwa 98,4% der Gene teilen wir mit diesen Primaten. In ihrer genetischen Struktur sind Schimpansen den Menschen ähnlicher als etwa den Gorillas (Diamond 1998). Schimpansen haben ein Selbstbild (Gallup 1982), sind gewiefte soziale Strategen, die Artgenossen hinters Licht führen (Byrne & Whiten 1988) und nachtragend sind. Wenn wir also im Tierreich Ansätze für die menschentypische Eigenschaft, Kunstwerke herzustellen und Wert zu schätzen, suchen, würden wir solche Ansätze am ehesten bei den Schimpansen erwarten. Gibt man Schimpansen Malutensilien, dann stellen sie zwar

Bilder her (Morris 1962), die sich sogar mit Gewinn an Menschen verkaufen lassen. Schmuggelt man von Schimpansen gemalte Bilder in Ausstellungen, werden sie von nichtsahnenden Kritikern akzeptiert, bisweilen sogar gefeiert. Doch weil die Gütekriterien für Kunst so beliebig geworden sind, dass ein gewisser Konsens nur noch in bestimmten subkulturellen Kunstkreisen erreichbar ist, weil also bisweilen alles zum Kunstrang erhoben wird, müssen wir vielleicht doch skeptisch sein und uns die vermeintliche künstlerische Tätigkeit von Schimpansen genauer betrachten.

Schimpansen malen nicht gezielt und planmäßig. Sie scheinen keine Vorstellung des zu erstellenden Gemäldes zu haben. Sie folgen vorgegebenen Strukturen auf dem Papier, etwa den Rändern oder vorgezeichneten geometrischen Formen. Nimmt man dem Schimpansen das Malpapier nicht rechtzeitig weg, dann endet die Malsession mit einem dunkel-verschmierten, amorphen Produkt. Schimpansen scheinen auch ihre Produkte nicht besonders Wert zu schätzen. Sie vermissen den Verlust ihres Malwerkes nicht und bessern mutwillig beschädigte Stellen nicht aus. Gibt man ihnen in ihrer natürlichen Umgebung Pinsel und Farbe, dann pinseln und kleckern sie hier und da, ohne dass gezielt ein Kunstwerk entstünde. Schimpansen haben also wider Erwarten keinen Kunstverstand (Miller 2001), auch wenn dieses Urteil nicht von allen Primatenfreunden geteilt wird (Diamond 1998).

Im Vergleich zu Schimpansen sind Laubenvögel eher unscheinbare exotische Tiere, etwa so groß wie ein Eichelhäher, mit typisch kleinen Vogelhirnen. Etwa 18 Arten dieser Vögel leben in Neuguinea und Australien. Die Arten unterscheiden sich nicht nur in körperlichen Merkmalen, sondern vor allem in der Art der Laube, die das Männchen baut. Die Männchen bauen die Laube allein zu dem Zweck, um die Weibchen zu beeindrucken und sie in dieser Laube zur Kopulation verführen zu können. Laubenvogelmännchen mit besonders beeindruckenden Lauben können bis zu zehn verschiedene Weibchen an einem Tag verführen. Die Weibchen benutzen die Lauben nicht zum Brüten, sondern legen die Eier in ihr eigenes muldenförmiges Nest, in dem sie den Nachwuchs allein aufziehen. Die Lauben der Männchen sind also Produkte der weiblichen sexuellen Auswahl (Diamond 1998; Miller 2001).

Die Lauben und Arenen werden geschmückt mit allerlei Materialen, die der Laubenvogel finden kann. Der Satin-Laubenvogel bevorzugt blau. Mein Doktorand Percy Rohde beobachtete in Australien einen Satin-Laubenvogel, der an einem Autobahnparkplatz blaue Trinkhalme einsammelte und sie vor seiner Laube arrangierte. Orchideen, Beeren, Federn, Moose, Rindenstücke, Schmetterlingsflügel, Schneckenhäuser, Steine, alle diese schönen Dinge, die meine kleinen Töchter immer gesammelt haben und von denen sie sich nur schwer trennen konnten, diese schönen Objekte sind es, die die Laubenvogelmännchen mit Leidenschaft und Einsatz aufsuchen. Die

Laubenvogelweibchen scheinen diese Dekorationen zu goutieren. Die bunten Objekte werden aber nicht einfach von dem Männchen abgelegt oder hingeworfen, sondern sorgfältig arrangiert. Sie werden sortiert nach Farbe und Art, werden in speziellen Mustern arrangiert. Wird das Arrangement durch äußere Einwirkungen gestört, dann stellt das Laubenvogelmännchen die beabsichtigte Form wieder her. Der Vogel hat also eine Art Kunstverstand, und zwar sowohl das Männchen als auch das Weibchen.

Der Bau einer Laube dauert Monate, und über Jahre hinweg wird an derselben Laube gearbeitet. Der Große Laubenvogel etwa arbeitet 9 - 10 Monate im Jahre ständig an der Laube, bessert sie aus, arrangiert den Schmuck neu und versucht, von anderen Lauben Schmuck zu stehlen. In der Paarungssaison sind die Männchen den ganzen Tag damit beschäftigt, die Lauben zu bauen, zu reparieren und den vorbeikommenden Weibchen mit Unterhaltungsprogramm, nämlich Gesang und Tanz, zu präsentieren. Der Laubenbau ist nicht komplett angeboren, sondern es gibt regionale Stile innerhalb von Spezies. Die Jungen lernen den lokalen Laubenstil durch Beobachtung der Altvögel während des Aufwachsens. Die Laube ist also nicht nur ein Kunstprodukt, sondern ein echtes Kulturgut.

Manche Laubenvogelspezies bringen sogar Malkünste hervor. Samtgoldvogel und Seidenlaubenvogel etwa bauen alleenförmige Lauben, deren Innenwände farblich dekoriert werden. Die Männchen nehmen hochgewürgte zerquetschte Früchte als Pigment und benutzen ein Bündel Blätter oder ein Rindenstückchen als Pinsel. Sie verwenden also Werkzeug zur Erstellung eines ästhetischen Produktes.

Da die Laubenvogelmännchen seltene Objekte und Farben bevorzugen, lange an ihren Lauben arbeiten, und die Lauben für sie bzw. für ihre Gene von existentieller Bedeutung sind, hat sich eine laubenvogelspezifische Kriminalität entwickelt, nämlich „Kunstraub“ und „Vandalismus“. Für ein Laubenvogelmännchen ist es eine Verführung, Dekorationsmaterial einfach von benachbarten Lauben zu stehlen statt selbst mühsam zu suchen. Folglich bewachen die Vögel ihre Lauben, ersetzen gestohlenes Material und bessern beschädigte Lauben aus. Der Wettbewerb zwischen Männchen um sexuellen Zugang zu Weibchen führt dazu, dass Männchen dazu neigen, Lauben von Rivalen zu zerstören, um ihre eigenen Chancen zu erhöhen.

Die Kunst der Laubenvögel ist also ein Produkt der sexuellen Selektion durch weibliche Auswahl. Die Männchen tragen zur Fortpflanzung nichts bei, und ihre Kunst hat außer der Partnerwerbung keine Überlebens- oder Fortpflanzungsfunktion. Der einzige Zweck der Laube ist es, Weibchen zu beeindrucken und dadurch Fortpflanzungschancen zu gewinnen. Die Weibchen sind folglich die Kunstsachverständigen. Sie bewerten die Lauben nach ihren eigenen Kriterien, wie Größe, Vielfalt und Ordnung. Sie wissen, welchen Lauben schön sind und welche weniger schön.

Welche Information steckt nun hinter diesen Schönheitskriterien? Was kann das Laubenvogelweibchen aus der Laubenpräsentation entnehmen? Wenn die Laube gut ist, weiß das Weibchen, dass das Männchen gesund und kräftig ist, denn die Laube ist nach Laubenvogeldimensionen riesig und das Dekorations- und Baumaterial aus weitem Umkreis herbeigeschafft. Das Weibchen weiß auch, dass das Männchen geschickt ist, wenn es Zweige verweben oder einen Turm aus Flechtwerk errichten kann. Das Männchen muss eine gute Laubenvogelintelligenz haben, wenn es eine komplexe Kunstvorstellung realisieren kann. Augen und Gedächtnis müssen gut funktionieren. Überhaupt, das Männchen, das eine gute Laube vorstellen kann, muss sich bewährt haben. Es muss alt genug sein, viele Erfahrungen gesammelt haben, architektonische Perfektion erworben haben, und es muss sich gegen andere Männchen durchgesetzt haben, die danach trachteten, die Laube zu demolieren.

Was würde ein Laubenvogelmännchen wohl antworten, könnten wir es über seine Arbeit interviewen? Miller (2001, S. 305-306) beschreibt es trefflich so:

> „Mir ist dieser unwiderstehliche Drang, mich künstlerisch auszudrücken, ganz unerklärlich. Ich weiß nicht mehr, wann ich zum ersten Mal diesen überwältigenden Wunsch verspürte, starke, satte Farbfelder auf einer monumentalen und doch minimalistischen Schaubühne zu präsentieren, aber ich fühle eine Verbindung zu etwas Größerem als mir selbst, wenn ich dieser Leidenschaft nachgebe. Wenn ich in einem Baum eine schöne Orchidee sehe, muss ich sie einfach haben. Wenn ich sehe, dass eine einzige Muschel in meinem Werk nicht an seinem Platz liegt, dann muss ich das korrigieren. Paradiesvögel haben vielleicht wunderschöne Federn, aber bei ihnen ist kein ästhetischer Geist am Werk, nur roher, körperlicher Instinkt. Zu meiner Freude kommen manchmal zufällig Weibchen zu meiner Galerieeröffnung und bewundern mein Werk, aber ich verbitte mir jegliche Vermutungen, dass ich Kunst schaffe, um mich fortzupflanzen. Wir leben in einer postfreudianischen, postmodernen Zeit, in der grob gezimmerte sexuelle Meta-Geschichten keine glaubwürdigen Erklärungen mehr für unsere künstlerischen Impulse abgeben."

Die anthropomorphe Äußerung des Laubenvogels weist auf einen möglichen Denkfehler hin, der in der Rezeption der Evolutionstheorie immer wieder geschieht. Die biologische Funktion, der ultimate Zweck, einer Anpassung darf nicht mit der individuellen Motivation verwechselt werden. Wir werden nicht von dem Motiv gesteuert, unsere Gene in nachfolgenden Generationen zu hinterlassen, sondern wir finden Reiz und Genugtuung darin, dem anderen Geschlecht zu gefallen, Sex zu mögen, unsere Kinder zu lieben, unseren Verwandten gerne zu helfen, und so weiter. Wenn wir ein Verhalten als sexuell selektiert ansehen, dann heißt es nicht, dass es dabei vordergründig um Sex geht. Die irrige Insinuation, künstlerisches Schaffen sei sexuell motiviert, hat Freud mit seinem Konzept der Sublimation geschaffen. William James (1902) hatte völlig recht, damalige Theorien entrüstet zurück zu weisen, die religiöses Verhalten als aberrante Sexualität zu deuten versuchten.

Die Laubenvögel zeigen uns also, welche Gestaltungen die sexuelle Selektion hervorbringen kann. Eine große Vielfalt eröffnet sich: die Pfauenschwänze, die Mähne des Löwen, die Geweihe von Hirschen, die Federn der Paradiesvögel. Uns fallen dabei besonders optische Merkmale auf. Möglicherweise betören Säugetiermännchen die Weibchen mit grandiosen Geruchskompositionen, aus denen Weibchen die Tauglichkeit der Männchen entnehmen können, die wir Menschen aber nicht riechen können und denen wissenschaftlich noch nicht nachgespürt wurde. Aber wie sieht es mit sexuell selektierten Merkmalen bei uns Primaten aus? Bei den Gorillas ist es die imposante männliche Gestalt mit dem silbernen Rücken. Bei den Pavianen ist es ebenfalls die männliche Körpergröße, die mächtigen Reisszähne und die Aggressivität. Bei den Schimpansen sind es das soziosexuelle Taktieren und die mächtigen Hoden. Bei den Bonobos ist es direkte sexuelle Beschwichtigung. Bei nah verwandten Arten wurden ganz unterschiedliche Merkmale durch die sexuelle Selektion geformt. Und was ist es bei Homo sapiens? Miller (2001) hat einen vorrangigen Kandidaten ausgemacht: der menschliche Geist. Die ultimate Funktion des menschlichen Geistes ist nicht nur, das Überleben zu sichern, sondern auch, dem anderen Geschlecht zu gefallen. Der menschliche Geist und seine Produkte schmücken den Träger des Geistes für das andere Geschlecht und geben Auskunft über die genetische Eignung. Das menschliche Gehirn ist extrem kostspielig, anfällig gegen allerlei Störungen, und es dauert Jahrzehnte, es beeindruckend zu programmieren. Der menschliche Geist ist ein hervorragender Fitness-Indikator.

IV. Wie steht es mit der Religion?

In Tab. 1 waren die Charakteristika natürlich selektierter Anpassungen denen sexuell selektierter gegenüber gestellt. Wo ist in diesem Merkmalsvergleich religiöses Verhalten und Erleben zu verorten?

Die Vielfalt religiöser Erfahrungen ist erstaunlich. Wenn Religion die Lösung eines Überlebensproblems wäre, dann dürften wir erwarten, dass die optimale Lösung sich evolutionär durchgesetzt hätte, wie die Hand, die alle Menschen in der gleichen Form besitzen. Aber es gibt nicht eine Religion, sondern viele. Wenn Gesellschaften eine Varianzbreite religiösen Verhaltens und Erlebens zulassen und durch Sanktionen die Varianzbreite nicht von der einen oder der anderen Seite beschneiden, wie in kommunistischen oder theokratisch-fundamentalistischen Gesellschaften, dann tritt eine große Varianzbreite auf. Von permanent inbrünstiger Hingabe bis zu desinteressiertem Agnostizismus und militantem Atheismus können wir alle möglichen individuellen Unterschiede beobachten. Erstaunlicherweise ist diese Bandbreite nur zum geringeren Teil auf individuelle Erfahrungsunterschiede zurück zu führen. Ein erheblicher Teil der Unterschiedlichkeit in religiöser Neigung ist genetisch bedingt. Die Erblichkeit von religiöser Neigung und religiösem Interesse liegt bei h^2=.50 (Waller, Kojetin, Bouchard, Lykken, & Tellegen 1990). Die andere Hälfte der Varianz (Unterschiedlichkeit zwischen Individuen) ist auf Umwelteinflüsse plus Messfehler zurückzuführen. Waller et al. (1990) maßen dabei Religiosität von erwachsenen Personen mit fünf verschiedenen Fragebögen, die erheblich miteinander korrelierten, intern konsistent waren und so als zuverlässig und valide anzusehen sind. Sie verglichen ein- und zweieiige Zwillinge, sowohl zusammen als auch getrennt aufgewachsene. Am ähnlichsten in ihrer Religiosität waren erwarteterweise zusammen aufgewachsene eineiige Zwillinge. Getrennt aufgewachsene eineiige Zwillinge waren sich aber deutlich ähnlicher in ihrer Religiosität (Korrelationen je nach Fragebogen zwischen .39 und .59) als zusammen aufgewachsene zweieiige Zwillinge (.19 bis .30). Am unähnlichsten waren getrennt aufgewachsene zweieiige Zwillinge (-.22 bis .20). Die individuelle Religiosität ist also mindestens genauso stark biologisch bedingt wie umweltlich. Sind es familiäre Erfahrungen, die den Einen religiös werden lassen und den Anderen nicht? Nein, familiäre Bedingungen, die auf alle Geschwister gleichermaßen wirken, können höchstens ihre Wirkung in der Kindheit entfalten. Im Erwachsenenalter sind sie nicht mehr nachweisbar (Harris 1995). Es müssen individuelle, persönliche Erfahrungen sein, welche Geschwister nicht miteinander teilen, die dazu beitragen, ob eine Person später als Erwachsene starke oder schwache religiöse Neigungen verspürt. Wir dürfen also festhalten, dass Religiosität stark erblich ist, und Erblichkeit ist ein Merkmal sexuell selektierter Anpassungen.

Weiterhin hatten wir festgestellt, dass die sexuelle Selektion in der Evolution viel schneller zu Artunterschieden führt als die natürliche Selektion. Ähnliche Spezies, die in ähnlichen Nischen leben, unterscheiden sich am deutlichsten in sexuell selektierten Merkmalen. Religiosität kommt vermutlich bei keinem anderen Primaten vor als beim Menschen, ist beim Menschen aber kulturuniversal. Auch dieser Punkt spricht dafür, dass Religiosität eher aufgrund von Partnerwahl entstanden ist als aufgrund seines Überlebensvorteils.

Schauen wir uns das „Design" von Religiosität an. Ist es ein sparsames, nützliches Design, das wenig Ressourcen von anderen Überlebensbemühungen abzieht, oder ist es, wie typische sexuell selektierte Merkmale, verschwenderisch, kostspielig, aufwändig in der Darstellung, das viele Ressourcen von anderen Lebensaufgaben abzieht? Es ist es in der Tat, und die folgende Aufzählung des Aufwandes für religiöse Rituale könnte jemand mit besserer religionswissenschaftlicher Kenntnis als ich sicherlich erheblich verlängern. Der Weg zur religiösen Weisheit und Erleuchtung ist immer lang, oft lebenslang. Die religiösen Weisheiten lassen sich nicht im Crash-Kurs der Schriften ein für allemal erwerben. Das Schriftenstudium in den Schriftreligionen muss immer wieder betrieben werden, und auch im Buddhismus ist der Weg zur inneren Erleuchtung lang und beschwerlich. Sowohl beim Studium als auch bei der Ausübung des Rituals wird Zeit verlangt. Das Ritual darf nicht beschleunigt werden, es muss vielmehr angemessen repetiert werden, und Mechanismen zur Verhinderung von Abkürzungen sind eingebaut, wie im Rosenkranz. Wir beten mit gefalteten Händen, damit wir nicht auf die Idee kommen, nebenher dabei noch andere Tätigkeiten auszuführen. Wir beten nicht kommod, sondern beschwerlich, auf Knien, berühren den Boden mit der Stirn, oder werfen uns ganz auf den Boden. Prozessionen werden beschwerlich gemacht, wie die drei Schritte vor, zwei Schritte zurück bei der Echternacher Springprozession. Bei Pilgerreisen wird Mühsal draufgesattelt; man trägt ein Kreuz oder rutscht das letzte Stück auf den Knien. Für alle diese Beschwernisse gibt es treffliche und richtige theologische Begründungen, aber wir hatten ja vorher festgestellt, dass evolutionäre Gründe nicht mit individuellen Motiven verwechselt werden dürfen. Genauso wenig dürfen evolutionäre Gründe theologischen Gründen bewertend gegenübergestellt werden, als könnte nur einer dieser Gründe der wahre sein. Beide Gründe sind koexistent.

Wir können uns von den Mühen nicht mit materiellen Gütern freikaufen, und wenn es doch geschieht wie beim Ablasshandel, führt es sogleich zur Reformation. Religion erfordert Konsumverzicht (Alkohol, Kaffee, Tee, Fleisch, Armut, sexuelle Enthaltsamkeit). Die Kosten der Religion werden am deutlichsten in Opferritualen. Was bei der Reproduktion der Gene so nützlich sein könnte (Fleisch, Geld, Zeit, kopulatorische Chancen), muss der Gottheit geopfert werden. In der Geißelung und anderen Formen der Selbst-Kasteiung fügt man sich Schmerzen zu bis hin zum Blutverlust. Diese Opfer sind nicht nur temporär, sondern mit Gelübden werden lange Verbindlichkeiten eingegangen. Die Kosten der Religion werden auch an anderen Stellen deutlich: prächtige Gewänder, grandiose Tempel, goldene Idole, seltene Harze für feine Gerüche. Es ist alles andere als abwegig zu konstatieren, dass Religion ein Handikap darstellt: Seht her, ich kann es mir leisten, religiös zu sein. Ich habe so viele Ressourcen, dass ich der Gottheit von meiner Zeit, meinem Blut, meinem Besitz reichlich geben kann.

Wir hatten eingangs festgestellt, dass die sexuelle Selektion bei Spezies mit geschlechtsunterschiedlichen Reproduktionsvarianzen Geschlechterunterschiede produziert, die im Reproduktionsalter am deutlichsten hervortreten. Männliche Individuen stellen zur Schau, weibliche rezipieren und goutieren. Wir hatten gesagt, dass die Reproduktionsvarianzen sich bei Homo sapiens sapiens nur mäßig unterschieden. Finden wir mäßige Geschlechtsunterschiede in der Religion? Im Kulturvergleich lässt sich m. E. feststellen, dass Männer die Religion eher in öffentlichem Ritual praktizieren, Frauen eher in privatem Ritual. Wie auch sonst betreiben Männer bei der Religion 'broad-casting', während sich Frauen eher mit 'narrow-casting' begnügen. Viel mehr Religionen wurden von Männern als von Frauen begründet, selbst Religionen esoterischer Natur, auf die Frauen viel bereiter ansprechen als Männer (Hemminger 2003). Ich vermute, dass Gleiches sogar auch für eher matriarchal organisierte Gesellschaften gilt. Wenn ich Religionsgründung sage, beschränke ich mich nicht nur auf die großen Religionen, sondern schließe die ständigen kurzlebigen Religionsgründungen mit nur wenigen Jüngern ein (nach grober Schätzung pro Jahr in Deutschland mehr als Tausend), von den imperialen Religionen abschätzig Sekten oder Kulte genannt. Die Weltreligionen haben sich ja nicht deswegen ausbreiten können, weil sie besser waren als andere Religionen, sondern weil sie eher zufällig Religionen von Kulturen waren, die vor allem aufgrund historischer und geographischer Bedingungen einen Entwicklungsvorteil besaßen. Die Religionen haben sich mit den Gewehren, Krankheitskeimen und Technologien ausgebreitet, welche den Kulturen zur Verfügung standen (Diamond 2000). Männer neigen also eher als Frauen dazu, Religionsgemeinschaften zu gründen, Religion zu verkünden und sie öffentlich zu praktizieren. Schließlich habe ich mir sagen lassen, dass Religionen überdurchschnittlich häufig von Männern im besten Reproduktionsalter gegründet werden, also eher von Männern in den 30ern als in höherem Alter, in dem Männer typischerweise größere Macht und angeblich auch größere Weisheit besitzen (Hemminger 2003).

Frauen aber schätzen die Religion. Bei der persönlichen Wertschätzung von Spiritualität zeigen Frauen tatsächlich stärkere Ausprägungen als Männer. Ich habe 114 Frauen und 102 Männer (Studierende) befragt, wie sehr sie an verschiedene spirituelle Phänomene glauben (1 = starker Unglaube, 5 = starker Glaube). Mit wenigen Ausnahmen glauben Frauen mehr an spirituelle Phänomene als Männer. In Tabelle 2 sind die verschiedensten Phänomene dargestellt, und dies ist gerechtfertigt, wenn wir 'Religion von unten' betrachten. Die zwei Ausnahmen sind ganz männertypisch: UFOs und außerirdische Wesen. Aus naheliegenden evolutionären Gründen haben Männer eine andere Beziehung zu Mobilität als Frauen, zu den Landen jenseits des eigenen Horizontes. In der Steinzeit waren die Frauen durch Kleinkinder (Traglinge) vergleichsweise eingeschränkt in ihrer Mobilität, während Männer jagten, Aas suchten, die Territorialgrenzen patrouillierten, nach feindseligen Gruppen und nach eroberungswürdigen jungen fremden Frauen Ausschau hielten. So haben Männer noch heute andere Raumkognitionen als Frauen, und sie lieben mehr als Frauen Mobilitätsmittel, die ihnen zur Verfügung stehen (Pferde bis zum Ende des 19. Jahrhunderts, seitdem Automobile). Folglich interessieren sie sich auch für Wesen, die aus fremden Welten vorbeikommen könnten.

Phänomen	Mittelwert		*p*	*d*
	Männer	Frauen		
Gedankenübertragung	2.47	3.05	.000	.57
Wahrsagerei	1.71	2.17	.001	.48
Telekinese	1.84	1.97	.635	
UFOs	2.18	1.86	.027	-.28
Leben nach dem Tod	2.77	3.31	.001	.46
Hellsehen	2.07	2.45	.003	.39
Astrologie	2.00	2.52	.000	.52
Kontakt mit Verstorbenen	1.67	1.75	.107	
Esoterische Lehren	2.08	2.40	.034	.28
Wiedergeburt	2.30	2.62	.042	.26
Wirkung von Gebet	2.43	3.07	.001	.46
Zeichendeutung	1.80	2.30	.000	.57
Amulette	1.78	2.51	.000	.58
Wunder	2.36	2.91	.005	.37
Erdstrahlen, Wünschelruten	2.66	2.77	.501	
Außerirdische Wesen	3.05	2.24	.000	-.69
Beeinflussung durch Mondphasen	3.32	3.63	.019	.30
Biorhythmen	2.95	3.40	.000	.53

Tabelle 2: Glaube an parapsychische und spirituelle Phänomene (1 = „starker Unglaube", 5 = "starker Glaube"; *p* = Signifikanzwert; *d* = Effektgröße, nur angegeben bei statistisch mindestens signifikanten Unterschieden; negative Effektgröße: signifikant stärkerer Glaube bei Männern).

So müssen wir feststellen, dass bei einer Kontrastierung von natürlicher und sexueller Selektion religiöses Verhalten und Erleben viel besser zu den Merkmalen sexuell selektierten Verhaltens passt als zu den Merkmalen der natürlichen Selektion, zumindest bestimmte Aspekte von religiösem Verhalten und Erleben. Religionen werden von Männern im besten Paarungsalter gegründet, von Männern praktiziert, von Frauen rezipiert. Die kulturelle Unterschiedlichkeit von Glaubensinhalten ist riesig. Die interindividuelle Varianz und die Erblichkeit von Religiosität ist hoch, und religiöses Verhalten ist bei nah verwandten Spezies nicht erkennbar. Religion ist nicht sparsam, sondern aufwändig. Weil religiöse Rituale Ressourcen verschlingen, ist Religion ein Fitness-Indikator. Die Religion schmückt, vor allem den Mann für die Frau, aber – typisch Mensch – auch die Frau für den Mann. Ein religiöser Reproduktionspartner, alle anderen Eigenschaften gleich, ist besser als ein nicht-religiöser Partner. Vielleicht auch deswegen stellt Gretchen die Religionsfrage an Faust, bevor sie bereit ist, sich weiter auf ihn einzulassen.

V. Warum gerade religiöses Verhalten als sexuell selektiertes Merkmal?

Eine Frage haben wir noch nicht angesprochen: Warum ist beim Menschen gerade religiöses Verhalten zu einem sexuell selektierten Merkmal geworden und nicht irgendein anderes körperliches oder psychisches Merkmal? Als Antwort ist zuerst auf die Vielfalt sexuell selektierter Merkmale zu verweisen, sowohl im Tierreich als auch bei der Spezies Mensch, als zweites auf den gemeinsamen Nenner aller sexuell selektierter Merkmale: artspezifische sensorische Präferenzen und Fitness-Indikation.

Religiöses Verhalten ist nicht das einzige sexuell selektierte Merkmal beim Menschen. Miller (2000) beschreibt eine große Palette von sowohl körperlichen als auch psychischen Merkmalen, die deswegen so ausgebildet wurden, weil sie einfach dem anderen Geschlecht gefielen und Indikator für reproduktive Tüchtigkeit waren. Die männliche Körpergröße ist ein Beispiel eines körperlichen Merkmales: Frauen bevorzugen, alle anderen Partnerwahlkriterien gleich, größere Männer vor kleineren. Selbst aufgeklärte moderne Frauen sind hier noch irrational kategorisch: Zu kleine Männer kommen erst einmal gar nicht in Frage, es sei denn, sie können bei näherem Kennenlernen mit anderen Merkmalen kompensieren. Alle Verhaltensweisen, die auffällig Kosten verursachen, sind Kandidaten für die sexuelle Selektion, also anstrengendes, zeitraubendes, riskantes, geldverschlingendes Verhalten. Der Free Climber signalisiert: Ich bin so fit, dass ich mich mit den Fingerkuppen an die Felswand hängen kann. Der Raver, der mit Drogen vollgepumpt die Nacht durchtanzt, sagt damit: Ich kann belastende Gifte zu mir nehmen, die ganze Nacht bei hörschädigender Musik aushalten und dabei ständig herumhüpfen, und ich breche trotzdem nicht vor Erschöpfung zusammen; ich kann viel Belastung aushalten. Das augenscheinlichste sexuell selektierte Merkmal beim Menschen aber ist sein Geist und die Produkte, die dieser hervorbringt. Zur effektiven Kommunikation würde beispielsweise ein Vokabular von 1000 Wörtern mit etwa zwei Dutzend Verben völlig reichen. Ein passiver Wortschatz von etwa 60000 Wörtern, die ein Mensch typischerweise besitzt, ist ein Luxus, der nicht als Anpassung zum Überleben zu erklären ist, genauso wenig wie das enorme Gesangsrepertoire vieler Singvögel. Ein großer Wortschatz ist vielmehr ein guter Fitnessindikator, der bei der Partnerwahl bevorzugt wurde und sich durch sexuelle Selektion entwickelte. Humor, Kreativität, Verrücktheiten im Guiness Book of Records, Heldentum, Großzügigkeit, alles dies sind Merkmale, die nicht direkt überlebensdienlich sind, aber bei der Partnerwerbung Beachtung finden.

Schauen wir uns die sexuell selektierten Merkmale im Tierreich an, dann stellen wir fest, dass nicht alles und jedes Merkmal in die sexuelle Selektion eingeht. Vögel etwa schmücken sich mit Federn und Gesang, aber nicht, soweit bekannt, mit betörenden Gerüchen. Sie schmücken sich verständlicherweise mit Merkmalen, die für die Spezies auch sinnlich wahrnehmbar sind, und zwar aufgrund von Voranpassungen. Die Evolution ist ja konservativ und entwirft nicht am Reißtisch völlig neu, sondern nimmt Bestehendes und verändert es. So kommen als Kandidaten für die sexuelle Selektion nur Merkmale in Frage, die schon vorhanden sind und zum Gesamtdesign des Organismus passen.

So müssen wir fragen, welche Merkmale es gewesen sein könnten, die als Voranpassungen für die sexuelle Selektion religiösen Verhaltens und Erlebens gedient haben könnten. Nun sind wir wieder bei der eingangs gestellten Frage nach dem ursprünglichen Überlebensvorteil von Religion, und ich kann nicht anders als ungeschützt zu mutmaßen. Warum also sind Vorstellungen von Anderswelten, von der uns umgebenden „unseen order“ (James), überhaupt beim Menschen entstanden, und vermutlich nicht bei Primaten, Geiern, Zugvögeln und Nacktmullen? Was könnte es gewesen sein, was Eva an Adam interessant fand, dass sie sich ihm hingab, und was danach in Tausenden von Generationen Religionen ausformte?

Eine entscheidende Voranpassung war der kognitive Apparat des Hominiden. Menschen haben die allgemeine tierliche Fähigkeit, ursächliche Zusammenhänge erfassen zu können, zu höchster Blüte gebracht. Alle Wirbeltiere lassen sich konditionieren. Sie lernen "Wenn A passiert, dann passiert B" (klassisches Konditionieren), und sie lernen "Wenn ich A tue, dann passiert B mit mir" (instrumentelles Lernen). Homo sapiens hat diese Fähigkeiten erweitert und verfeinert. Er kann aus reiner Beobachtung die Zusammenhänge erschließen, kann sich Vergangenes und sogar Zukünftiges vergegenwärtigen und daraus schlussfolgern, und er kann sich selbst zum Beobachtungsgegenstand machen. Diese grandiose Befähigung, aus Reizeindrücken Sinn zu machen, geht sogar so weit, dass er größte Schwierigkeiten hat, *keinen* Sinn zu sehen, wo keiner ist. In Farbklecksen auf Papier, in Punkten am Firmament und in Wolkenformationen sieht er Bilder. Aus wild zusammengeworfenen nächtlichen Bildern macht er sich eine Geschichte, die er Traum nennt. Im Zufall sieht er Bedeutung. Er oder sie kann nicht anders, als alles in einen Sinnzusammenhang zu bringen.

Stellen wir uns die subjektive Welt unserer pleistozänen Vorfahren vor. Ihr geistiger Horizont reichte erst mal nur bis zum tatsächliche Horizont. Aber sie erlebten ständig, dass aus der Welt jenseits des Horizonts Dinge kamen, die überaus wichtig waren. Die unerreichbar ferne Sonne brachte wohlige Wärme, und hereinstürmende Wolken brachten Unwetter. Jagdbare Tiere kamen aus anderen Welten in die eigene kleine Welt. Andere Menschen tauchten gelegentlich aus der anderen Welt auf, und das konnte Unterhaltung, Tausch, neue Bekanntschaften oder Krieg bedeuten. Es war also nahe liegend, sich ständig über die Anderswelt Gedanken zu machen und Sinnzusammenhänge zu konstruieren. Wer die Erkenntnis hatte „Wenn Wolken über den fernen Bergen, dann Sturzfluten bei uns; wenn wir das Camp nicht höher legen, ertrinken wir", wer dies erkannte, hatte einen Überlebensvorteil.

Eine andere und differenziertere Rekonstruktion der evolutionären Entstehung von Religion nehmen Söling und Voland (2002; siehe Beitrag in diesem Band) vor. Sie nehmen an, dass sich religiöses Verhalten und Erleben aus vier Bereichen konstituiert, jede mit einer eigenen Selektionsgeschichte und eigener Funktion: Mystik, Ethik, Mythen und Ritual. Irgendwann in der Entstehungsgeschichte von Homo sapiens, so die Autoren, haben sich diese getrennten Domänen der hominiden Psyche in einem Emergenzprozess zu dem verschmolzen, was wir Religion nennen. Ich habe in diesem Beitrag zuerst die Komponente des Rituals und zum Schluss die Komponente der Mystik thematisiert. Der Ansatz von Söling und Voland (2002) zeigt auf, inwieweit religiöses Verhalten und Erleben auf zwei Fundamenten gegründet sein könnte, der natürlichen als auch der sexuellen Selektion.

Zum Abschluss möchte ich mit einem Zitat von Miller aufzeigen, wie eine religiöse Erklärung der Welt den menschlichen Geist besser anspricht als eine sachlich-wissenschaftliche Erklärung. Stellen wir uns zwei Hominiden vor, die sich über das Wesen der Welt äußern (Miller 2000, S. 471). Der Hominide Carl behauptet:

> „Wir sind sterbliche, fehlbare Primaten und können in dieser unbeständigen Savanne nur überleben, weil wir uns zu diesen von Eifersucht zerfressenen Gruppen zusammengeschlossen haben. Das gesamte Gebiet, das wir bisher durchstreift haben, ist nur eine winzige Ecke eines gewaltigen Kontinents auf einer unvorstellbar riesigen Kugel, die sich im leeren Raum dreht. Diese Kugel ist milliarden- und abermilliardenmal um einen brennenden Gasball gewandert, der sich eines Tages so weit ausdehnen wird, dass unsere leeren, versteinerten Schädel verbrennen. Ich habe verschiedene zwingende Beweisketten gefunden, die diese Hypothese stützen ...".

Der andere Hominide, Candide, hingegen behauptet:

> „Nein, ich glaube, dass wir unsterbliche Seelen sind und diese wundervollen Körper besitzen, weil der große Gott Wug uns zu seinen Lieblingskreaturen auserkoren hat. Wug schenkte uns dieses fruchtbare Paradies, das gerade so viele Herausforderungen bietet, dass das Leben nicht langweilig wird. Hinter dem Mond singen mystische Nachtigallen unser Loblied, auf einige von uns mehr als auf andere. Über dem blauen Himmelszelt wärmt die lächelnde Sonne unsere Herzen. Wenn wir alt geworden sind und uns am Plappern unserer Enkel erfreuen, wird Wug uns aus

diesen Körpern zu unseren Freunden holen, wo wir für immer gebratene Gazellen essen und tanzen werden. Ich weiß das, weil Wug mich ausersehen hat, dieses besondere Wissen vergangene Nacht in einem Traum zu empfangen".

Welcher von beiden Primaten ist wohl der interessantere für seine Zuhörer und damit auch der sexuell attraktivere? Unsere Vorfahren waren wohl eher von der Art Candides als von der Art Carls. Im Pleistozän bekamen Männer, die von jenseits des Horizonts zu berichten wussten, entweder aus eigener Anschauung oder aufgrund göttlicher Offenbarung, mehr Aufmerksamkeit und waren sexuell attraktiver als Männer, die nur träge herumsaßen und von den Göttern nicht ausgewählt worden waren. Bis zum heutigen Tage ist es so geblieben: Shakespeare ist interessanter als ein wissenschaftliches Lehrbuch über Psychologie, Psychoanalyse interessanter als naturwissenschaftliche Verhaltensanalyse, und religiöse Lehren sind interessanter als agnostische Kurzformeln. Esoterische Lehren in großer Vielfalt haben ihren Reiz behalten, für Frauen mehr als für Männer, trotz Aufklärung, trotz mangelnder empirischer Evidenzen, trotz stetiger Falsifikationen.

Literatur

Brown, D. E. (1991). *Human universals.* New York, NY: MacGraw-Hill, Inc.

Bernt, F. M. (1989). Being religious and being altruistic: A study of college service volunteers. *Personality and Individual Differences, 10*, 663-669.

Buss, D. M. (1999). *Evolutionary Psychology. The new science of mind.* Boston: Allyn and Bacon.

Byrne, R., & Whiten, A. (1988). *Macchiavellian intelligence.* Oxford, UK: Clarendon.

Chagnon, N. A. (1968). *Yanomamö: the fierce people.* New York, NY: Holt, Rinehart and Winston.

Chagnon, N. A. (1981). Terminological kinship, genealogical relatedness and village fissioning among the Yanomamö Indians. In R. D. Alexander & D. W. Tinke (Eds.), *Natural selection and social behavior.* New York, NY: Chiron Press.

Cosmides, L. (1989). The logic of social exchange: Has natural selection shaped how humans reason? Studies with the Wason selection task. *Cognition, 31*, 187-276.

Darwin, C. (1871). *The descent of man, and selection in relation to sex.* 2 Bde. London: John Murray (Reprint 1981, Princeton, NJ: Princeton University Press). (dt.: Die Abstammung des Menschen und geschlechtliche Zuchtwahl. 2 Bde. Stuttgart: Schweizerbart'sche Verlagshandlung, 1871).

Diamond, J. (1998). *Der dritte Schimpanse. Evolution und Zukunft des Menschen.* Frankfurt am Main: Fischer (orig.: The third chimpanzee. The evolution and future of the human animal. New York, NY: Harper Collins Publisher, 1992).

Diamond, J. (2000). *Arm und reich. Die Schicksale menschlicher Gesellschaften.* Frankfurt am Main: Fischer (orig.: Guns, germs, and steel. The fate of human societies. New York, NY: W. W. Norton & Company, 1997).

Fisher, R. A. (1915). The evolution of sexual preference. *Eugenics Review, 7*, 184-192.

Fisher, R. A. (1930). *The genetical theory of sexual selection*. Oxford, UK: Clarendon Press.

Gallup, G. G. (1982). Self-awareness and the emergence of mind in primates. *American Journal of* Primatology, *2*, 237-248.

Guthrie, S. (2001). Why gods? A cognitive theory. In J. Andresen (Ed.), *Religion in mind: Cognitive perspectives on religious belief, ritual, and experience* (pp. 94-111). NewYork, NY: Cambridge University Press.

Harris, J. R. (1995). Where is the child's environment? *Psychological Review 102*, 458-489.

Hemminger, H. (2003). Persönliche Mitteilung 10. 01. 2003.

Irons, W. (2001). Religion as a hard-to-fake sign of commitment. In R. M. Nesse (Ed), *Evolution and the capacity for commitment* (pp. 290-309). New York, NY: Russell Sage Foundation.

Irons, W., & Chagnon, N. A. (2002). *The unseen order: How religion works as a hard-to-fake sign of commitment*. Paper presented at the 14th Annual Meeting of the Human Behavior and Evolution Society, New Brunswick, NJ, June 19-23.

James, W. (1997). *The varieties of religious experience. A study in human nature*. New York, NY: Simon & Schuster (orig. 1902).

Kanazawa, S. (2000). Scientific discoveries as cultural displays: A further test of Miller's courtship model. *Evolution and Human Behavior, 21*, 317-321.

Kant, I. (1976). *Kritik der reinen Vernunft*. (Nach der 1. u. 2. Orig.-Ausg. neu hrsg. v. R.- Schmidt. Hamburg: Meiner).

Kirkpatrick, L. A. (1999). Toward an evolutionary psychology of religion and personality. *Journal of Personality, 67*, 921-952.

McClenon, J. (2001). *Wondrous healing: Shamanism, human evolution, and origin of religion*. DeKalb, IL: Northern Illinois University Press.

Miller, G. F. (1999). Sexual selection for cultural displays. In R. Dunbar, C. Knight, & C. Power (Eds.), *The evolution of culture* (pp. 71-91). New Brunswick, NJ: Rutgers University Press.

Miller, G. (2001). *Die sexuelle Evolution: Partnerwahl und die Entstehung des menschlichen Geistes*. Heidelberg: Spektrum Akademischer Verlag. (orig.: The mating mind. How sexual choice shaped the evolution of human nature. New York, NY: Doubleday, 2000).

Morris, D. (1962). *The biology of art*. New York, NY: Knopf (dt.: Der malende Affe. Zur Biologie der Kunst. München: Deutscher Taschenbuch Verlag).

Murdock, G. P. (1965). *Culture and society*. Pittsburgh, PA: University of Pittsburgh Press.

Pargament, K. I. (1997). *The psychology of religion and coping: Theory, research, practice*. New York, NY: Guilford.

Pinker, S. (1998). *Wie das Denken im Kopf entsteht*. München: Kindler (orig.: How the mind works. New York, NY: W. W. Norton & Company, 1997).

Reynolds, V., & Tanner, R. E. S. (1983). *The biology of religion*. London, UK: Longman.

Rosch, E. (1978). Principles of categorization. In E. Rosch & B. B. Lloyd (Eds.), *Cognition and categorization* (pp. 27-48). Hillsdale, NJ: Erlbaum.

Schumaker, J. F. (1995). *The corruption of reality: A unified theory of religion, hypnosis, and psychopathology*. Amherst, NY: Prometheus Books.

Shaw, R. P., & Wong, Y. (1990). *Genetic seeds of warfare: Evolution, nationalism, and patriotism*. Cambridge, MA: Unwin Hyman.

Söling, C., & Voland, E. (2002). Toward an evolutionary psychology of religiosity. *Neuroendocrinology Letters, 23(Suppl. 4)*, 98-104.

Sommer, V. (1993). Die Vergangenheit einer Illusion: Religion aus evolutionsbiologischer Sicht. In E. Voland (Hrsg.), *Evolution und Anpassung* (S. 229-248). Stuttgart: Hirzel.

Sommer, V. (2000). Vom Ursprung der Religion im Konfliktfeld der Geschlechter. In S. M. Daecke & J. Schnakenberg (Hrsg.), *Gottesglaube - ein Selektionsvorteil? Religion in der Evolution. Natur- und Geisteswissenschaftler im Gespräch* (S. 66-81). Gütersloh: Chr. Kaiser.

Sosis, R. (2000). Religion and intragroup cooperation: Preliminary results of a comparative analysis of utopian communities. *Cross-Cultural Research: The Journal of Comparative-Social Science, 34*, 70-87.

Sperber, D. (1985). Anthropology and psychology: Towards an epidemiology of representations. *Man, 20*, 73-89.

Stieve, H. (2000). Über biologische Wurzeln religiösen Verhaltens. In S. M. Daecke & J. Schnakenberg (Hrsg.), *Gottesglaube - ein Selektionsvorteil? Religion in der Evolution. Natur- und Geisteswissenschaftler im Gespräch* (S. 42-65). Gütersloh: Chr. Kaiser.

Taylor, S. E. (1983). Adjustement to threatening events. A theory of cognitive adaptation. *American Psychologist, 38*, 1161-1173.

Tooby, J., & Cosmides, L. (1990). On the universality of human nature and the uniqueness of the individual: the role of genetics and adaptation. *Journal of Personality, 58*, 17-67.

Waller, N. G., Kojetin, B. A., Bouchard, T. J., Jr., Lykken, D. T., & Tellegen, A. (1990). Genetic and environmental influences on religious interests, attitudes, and values: A study of twins reared apart and together. *Psychological Science, 1*, 138-142.

Williams, G. C. (1966). *Adaptation and natural selection: A critique of some current evolutionary thought*. Princeton, NJ: Princeton University Press.

Zahavi, A. (1975). Mate selection: A selection for a handicap. *Journal of Theoretical Biology, 53*, 205-214.

Aus der Sicht der Systematischen Theologie

Religion durch Evolution und/oder Evolution durch Religion?

VON ULRICH LÜKE

I. Die Frage nach den Begriffen Religion und Evolution

Die Etymologie des Begriffs Religion bietet gleichermaßen denkbare Zugänge zur Begriffserhellung an, tut dies aber von der sprachlichen Engführung auf das Lateinische her:

1. Religare: zurückbinden, festbinden, umwinden. Diese Bedeutung könnte auf die individuelle oder soziale Rückbindung an ein Glaubensgut verweisen.
2. Relegere: wieder lesen, wieder erwägen. Diese Bedeutung könnte auf die existentielle Orientierung an immer neu zu rekapitulierenden heiligen Schriften oder das genaue Einhalten von kultischen Vorschriften verweisen.
3. Reeligere: wiedererwählen. Darin steckt der Gedanke einer Metanoia oder Konversion.

Begriffliche Eindeutigkeit lässt sich über die Etymologie nicht erzielen. Man muss überdies wohl auch zur Kenntnis nehmen, dass Religion nicht einmal einen Gottesbegriff voraussetzt, dass es also atheistische Religionen gibt, dass sich das Christentum keineswegs zu allen Zeiten als Religion verstand, dass die disparaten bis konträren religiösen Akte und Kulte keineswegs eine an Handlungen orientierte Religionsdefinition liefern können. Transzendenz, Unendlichkeit, Urgrund, Heiliges, Absolutes, Ur-Eines etc. bleiben als abstrakte Zentralbegriffe der Religionen zwar kenntlich, lassen sich aber nicht miteinander identifizieren, ohne das Selbstverständnis der einzelnen Religionen zu verletzen oder den Begriff bis zu Unkenntlichkeit auszuweiten. Alle bisher vorgeschlagenen Identifikationsmethoden für das, was Religion sein soll, (Abstraktionsmethode, Additions-, Subtraktions-, Identitäts-, Isolations-, Interpretations-, genetische und Funktionsmethode) scheiterten auf je eigene Weise.[1]

Es entsteht der Eindruck, dass der Begriff Religion nur im unscharfen lebensweltlichen Sprachgebrauch eine ungefähre Verständlichkeit aufweist, sich dem präzisen wissenschaftlichen Definitionsversuch aber entzieht.[2] Die

[1] Vgl. Schiffers, N.: Artikel ‚Religion' in Rahner, K. (Hrsg.):Herders Theologisches Taschenlexikon. Bd. 6 Freiburg/ Basel/ Wien 1973, S. 203 ff.

[2] Vgl. Zirker, Hans: Artikel ‚Religion' in Kasper, W. (Hrsg.): Lexikon für Theologie und Kirche. Bd. 8, Freiburg/ Basel/ Rom/ Wien 3. Aufl. 1999, Sp. 1034 ff.

Alternative wäre vielleicht Religion nicht als institutionelles oder intellektuelles System, sondern als anthropologische Kategorie zu deuten, als menschlichen Selbstvollzug angesichts seiner je eigenen innerlich erfahrenen transzendentalen Verwiesenheit.

Unter Evolution sei hier zunächst die im Anschluss an Charles Darwin und Alfred Russel Wallace entstandene und im 20. Jahrhundert von der Synthetischen Theorie gründlich ausgearbeitete biologische Evolution verstanden. Sie geht davon aus, dass alle rezenten Arten an Verzweigungsenden ein- und desselben Stammbaumes positioniert sind, und über einen universal gültigen genetischen Code (DNS/ RNS) verbunden eine gemeinsame Wurzel haben. Der Entwicklungsmechanismus beruht im Wesentlichen auf den als zufällig angesehenen Mutationen und den richtend auf die Mutanten einwirkenden diversen Selektionsfaktoren. Dabei erweisen sich viele Mutanten als selektionsneutral, einige aber als selektionsprämiert, andere als selektionsreprimiert. Ihre unterschiedliche Durchsetzungsfähigkeit im selektierenden Milieu ergibt die Entwicklungsrichtung.

Die kulturelle Evolution folgt dagegen weit eher dem lamarckistischen als dem (neo-)darwinistischen Modus der Evolution, kennt also die Vererbung erworbener Eigenschaften, ein Umstand, der bei undifferenzierter Benutzung des Begriffs Evolution in natürlichen wie in kulturellen Kontexten zu erheblichen Verständnisproblemen führen kann.

In der Verbindung der Begriffe Religion und Evolution hat es Rekonstruktionsversuche zu einer etwaigen Evolution der Religionen gegeben. Implizit war damit aber schon eine standort- und überzeugungsabhängige Entwicklungsbewertung an das religionswissenschaftliche Material herangetragen worden. Man hatte geglaubt, Entwicklungstendenzen von dämonischen zu polytheistischen und monotheistischen Denkansätzen, oder von Kriegs- und Volks- zu Friedens- und Universalreligionen, von animistischen zu hochabstrakten Religionssystemen ausmachen zu können. Aber es zeigt sich, dass urtümlichere Stadien in den angeblich entwickelteren unentwickelt erhalten geblieben oder degenerativ wieder erreicht worden sind. Zumindest ist ein in seiner Tendenz eindeutiger Religionsevolutionismus von der Religionswissenschaft nicht bestätigt worden.[3]

Neben die Evolution der Religion ist auch schon so etwas wie eine Religion der Evolution und eine Evolution als Religion getreten, bei der Evolution als eine Art Religionssurrogat auftritt.

[3] Vgl. Mensching, G.: Artikel ‚Religion, III. Religionsgeschichtliche Entwicklung' in: Die Religion in Geschichte und Gegenwart. Bd. 5, Tübingen 3. Aufl. 1961, Sp. 966 ff.

II. Religion in der biologischen Evolution der Hominiden

Religion taucht – auf Grund der zahllosen Artefakte ist das paläoanthropologisch unstrittig – Jahrzehntausende, ja sogar Jahrhunderttausende vor den ersten großen Hochkulturen der Sumerer, Assyrer und Babylonier auf. Daraus entsteht prima facie der Eindruck, dass Religion nicht erst das späte Produkt einer ihr vorausgehenden kulturellen Evolution ist, sondern der Motor oder vorsichtiger ein Motor der kulturellen Evolution.

Religion äußert sich in einem religiösen Verhalten, das hier als Religiosität bezeichnet wird. Da Religiosität als Verhalten nicht fossiliert, ist sie nur an Hand der Artefakte, die sie produziert, zu erkennen und zu rekonstruieren. Dabei ist auch eine präartefizielle Form von Religiosität wahrscheinlich, die sich z.B. an zyklischen Naturphänomenen (Tag-Nacht-, Mondphasen-, Gezeiten- oder Jahresrhythmen) orientiert haben könnte.

Phylogenetisch betrachtet ist das Auftreten des Ichbewusstseins eine Bedingung für Menschsein. Ein anfanghaftes Ichbewusstsein lässt sich aber experimentell auch für die höheren Primaten (Schimpansen, Bonobos, Gorillas und Orang-Utans) nachweisen, d.h. das Ichbewusstsein allein erfüllt allenfalls die notwendige, nicht aber die hinreichende Bedingung als Kriterium für Menschsein.[4] Religiosität hingegen ist nach Ansicht vieler Paläoanthropologen ein specificum humanum, also eine wesentliche Kenngröße für das Auftreten des Menschen. Sie weist als Unterscheidungskriterium eine Trennschärfe auch noch zu den nächsten Artverwandten auf. Ich schlage also zur phylogenetischen (nicht ontogenetischen!) Identifikation dessen, was ein Mensch ist, das folgende Doppelkriterium vor: Das Ichbewusstsein ist als notwendige Bedingung und die Religiosität ergänzend dazu als hinreichende Bedingung anzusehen.

Wichtige und sichere Indizien für Religiosität sind z. B. die Höhlenmalereien und vollplastischen Statuetten, wie sie sich beim modernen Menschen (Homo sapiens sapiens) seit mehr als dreißigtausend Jahren finden, also weit vor den Hochkulturen der Sumerer, Ägypter und Mesopotamier.

Noch früher aber sind diverse Schädelkulte und Bestattungsriten zu datieren. Sie finden sich nicht erst beim frühen Homo sapiens sapiens, sondern lassen sich mit Sicherheit bereits für den Homo sapiens neanderthalensis nachweisen und sind auch bei vorsichtiger Schätzung über 150.000 Jahre alt.

Zwar nicht mit letzter Sicherheit, aber doch mit großer Wahrscheinlichkeit sind auch religiöse Praktiken für den Homo erectus nachzuweisen, also für eine Zeit von mehr als 300.000 Jahren vor unserer Zeitrechnung. Hier

[4] Vgl. Lüke, U.: Bio-Theologie. Zeit – Evolution – Hominisation. Paderborn 2. Aufl. 2001, S. 266 ff.

gibt es deutliche Hinweise auf das Vorhandensein von Schädelkulten und von Patrophagie, also das rituelle Verzehren von Teilen Verstorbener, zu dem Zweck, die besonderen Fähigkeiten und Eigenschaften des Toten auf die Gruppe der Hinterbliebenen übergehen zu lassen.[5] Sicher ist man sich hinsichtlich der Schädelkulte, der Patrophagie und der ausdifferenzierten Begräbnisriten beim Homo sapiens neanderthalensis, der darum mit Sicherheit als Homo religiosus einzustufen ist.

Bröker formuliert im Blick auf diesen Befund denn auch kurz und knapp: „Derjenige ist ein Mensch, der des Bundes mit Gott fähig ist."[6] Und Leakey und Levin stellen fest: „Unter den vielen Merkmalen, auf die wir verweisen können und die uns von der übrigen Natur unterscheiden, ist Religion sicher eines, das unleugbar nur dem Menschen eigen ist."[7] In der Evolution tritt die Religion hervor und macht den Menschen als Menschen erst kenntlich. Und dann intensiviert Religion primär die kulturelle und indirekt auch die biologische Evolution. Im Blick auf den Menschen und das Verhältnis von Religion und Evolution kann man sagen: Die Religion bildet den Rubikon der Hominisation.

III. Jüdisch-christliche Religion und Evolution

Die Tatsache der Evolution wird in der europäischen Theologie nicht wie in fundamentalistisch-kreationistischen Kreisen vornehmlich der USA grundsätzlich in Zweifel gezogen. Es scheint fast, dass in manchen Kreisen Nordamerikas ein intellektueller Nachholbedarf ist, weil sich eine ähnliche Auseinandersetzung zwischen kreationistischen und evolutionistischen Weltdeutungen, wie sie in Europa zwischen 1850 und 1950 stattfand, dort nicht ereignet hat.

Die Erklärung der wesentlichen Evolutionsmechanismen wird von Seiten der Theologie, soweit sie sich überhaupt dieses Themas annimmt, als weitgehend zuverlässig wenn auch keineswegs als vollständig vorausgesetzt. Evolution ist für viele Christen unseres Jahrhunderts und über konfessionelle Grenzen hinweg die prozessual-naturwissenschaftlich abbildbare Seite dessen, was wir Schöpfung nennen. Und von Schöpfung redet fast jede, nicht nur die jüdisch-christliche Religion. Damit ist grundsätzlich über die

[5] Vgl. Mania, D.: Auf den Spuren des Urmenschen. Die Funde aus der Steinrinne von Bilzingsleben. Berlin 1990, S. 273

[6] Bröker, Werner: Theologische Kriterien für Menschsein. In Luyten, N. A. (Hrsg.): Aspekte der Hominisation. Auf dem Weg zum Menschsein. Freiburg/ München 1978, S. 142

[7] Vgl. Leakey, R./ Levin, R.: Der Ursprung des Menschen. Auf der Suche nach den Spuren des Humanen. Frankfurt 1993

gedankliche Brücke der Schöpfung eine Beziehung zwischen Evolution und Religion herstellbar.

III. 1. Das Evolutionsparadigma und der Genesistext Gen 1,28 f. (Schöpfung) und Gen 6,1-9, 29 (Noach)

Es kann keine Frage sein, dass die Schöpfungserzählung (Gen 1,1-2,4a) ohne alle Form-, Gattungs- und Literarkritik, gewissermaßen als eine die Jahrhunderte und Jahrtausende übergreifende Tatsachenbeschreibung, Dienstanweisung und Herrschaftsbestallung des Menschen (miss-)verstanden worden ist.[8] Und es ist auch sicher, dass aus den biblischen Texten fälschlich eine Artkonstanz herausgelesen wurde; denn Gott schuf ja „ein jedes nach seiner Art.“ Es ist nicht zu bestreiten, dass nach Darwins Werk knapp ein Jahrhundert lang ein wenig erleuchteter kognitiver Widerstand offizieller Vertreter der christlichen Kirchen gegen den Evolutionsgedanken anhielt. Es ist allein schon aus innertheologischen Erwägungen nachdrücklich zu betonen, dass die priesterschriftliche Schöpfungsgeschichte keine Reportage der Welt- und Lebensentstehung sein kann und will und damit prinzipiell nicht in ein Exklusionsverhältnis zur Evolutionstheorie treten kann.

Ich bin mir völlig bewusst, dass zwei bis drei Jahrtausende eine evolutionär betrachtet lächerlich kurze Zeit sind. Gleichwohl möchte ich folgende Frage aufwerfen: Wäre der mehr als zweieinhalb Jahrtausende alte biblische Text, wenn er streng handlungsnormierend gewirkt hätte, in seiner biologischen Konsequenz als antievolutionär einzustufen?

Ich behaupte: Nein. Die biblisch verfügte Zeugung einer großen Nachkommenzahl schafft biologisch gesprochen zunächst einmal ein großes mutatives Angebot, das im selektierenden Milieu (Seuchen, klimatische Stressfaktoren, Unfallhäufigkeit, Kindersterblichkeit etc.) eine größere Durchsetzungswahrscheinlichkeit für die Spezies Mensch möglich macht. In diesem Sinne und bezogen auf die Spezies Homo sapiens ist eine Religion, die sich in ihrem Urtext auf einen mit göttlicher Dignität versehenen Zeugungsauftrag beruft, vermutlich koproduktiv.

[8] Der Text von Gen 1, 27 ff. lautet: „Gott schuf also den Menschen als sein Abbild; als Abbild Gottes schuf er ihn. Als Mann und Frau schuf er sie. Gott segnete sie und Gott sprach zu ihnen: Seid fruchtbar, und vermehret euch, bevölkert die Erde, unterwerft sie euch, und herrschet über die Fische des Meeres, über die Vögel des Himmels, und über alle Tiere, die sich auf dem Lande regen. Dann sprach Gott: Hiermit übergebe ich euch alle Pflanzen auf der ganzen Erde, die Samen tragen, und alle Bäume mit samenhaltigen Früchten. Euch sollen sie zur Nahrung dienen.“

Aber ist die ökologische Einpassbarkeit und Verträglichkeit, ist eine Koevolutionsfähigkeit auch gegeben? Oder ist in dieser Hinsicht nur, wie es Carl Amery meinte tun zu sollen, von den gnadenlosen Folgen des Christentums zu reden? Denn in den Text Gen 1,1-2,4a wird bzw. wurde offenbar die Berechtigung für eine menschliche Willkürherrschaft über die restliche Schöpfung hineininterpretiert. Diese Interpretation wird heute aber von keinem ernstzunehmenden Exegeten verfochten. Stattdessen gibt es fast einen Konsens unter Exegeten: Nicht die Wesensaussage über den Menschen und nicht sein Verhältnis zu Gott sind gemeint, wenn der Mensch „als Abbild Gottes" in der Welt angesehen wird.

Vielmehr liegt hier eine Funktionsaussage vor, die auf die Beziehung zu den anderen Lebewesen abstellt. Das spiegelt sich auch in der heutigen Übersetzung wider: Die Menschen sind nicht nach dem Bild Gottes, sondern als Bild Gottes geschaffen.

Nicht eine wesensmäßige Gottähnlichkeit des Menschen ist also gemeint, die es dem Menschen erlaubte, nach eigenem Gutdünken und eigener Willkür mit der Schöpfung zu verfahren. Gemeint ist vielmehr ein an Gottes schöpferischem Wohlwollen orientiertes Verhalten des Menschen gegenüber der übrigen Schöpfung. Das menschliche Herrschen über die Schöpfung hat das göttliche Herrschen über seine Schöpfung zur Voraussetzung und zur Richtschnur. Die Ausbeutung der Schöpfung kann sich nicht auf eine biblische Generalbevollmächtigung stützen und tut es faktisch auch nicht. Sie handelt vielmehr in einem unbiblischem oder antibiblischen Gottgleichheits- und Allmachtswahn.

Lesen wir einmal im Sinne einer ökologisch orientierten evolutionären Langzeitstrategie auch die unmittelbar zu Gen 1,1-2,4a gehörigen Stellen des AT (Gen 6-9), die Geschichte von der Sintflut und der Arche Noach. Sie könnte wie ein Korrektiv gegen das menschliche Allmachtsmissverständnis des priesterschriftlichen Schöpfungsberichtes gelesen werden. Das liegt schon deshalb nahe, weil sie aus demselben Entstehungskontext stammt und sich mit Gen 5,1 nahtlos an den mit Gen 2,4a endenden priesterschriftlichen Schöpfungsbericht anschließt. Wenn die Sintflutgeschichte aus demselben Entstehungskontext stammt wie die jüngere der beiden Schöpfungsgeschichten, dann müssen beide Texte zusammen gelesen werden, um der biblischen Botschaft in der Priesterschrift annähernd gerecht zu werden.

Die Arche Noach ist, wenn man einmal nur auf den evolutionsbiologisch-ökologischen Aspekt abstellt, demnach keine Luxusyacht nur für die Menschheit als der selbsternannten High-Society dieser Schöpfung. Noach baut die Arche auftragsgemäß auch für die Mitgeschöpfe. Er wird vom Schöpfer nicht anders gerettet, als indem er die ihm anvertraute Schöpfung mitrettet. Nicht nur der übrigen Schöpfung, sondern auch dem schöpferischen Menschen selbst steht das Wasser des menschlichen Unverstandes und der menschlichen Bosheit bis zu Halse.

Noach wird vom Schöpfer nur als Bewahrer der Mitgeschöpfe bewahrt. Auch das ist Jahrtausende alte biblische Tradition, die uns heute nur neu zu Bewusstsein kommt. Der Mensch ist von Gott her nur als Bewahrer ein Bewahrter, nur als Retter ein Geretteter. Die dem Menschen abverlangte Ehrfurcht vor dem Mitgeschöpf gründet letztlich in der Ehrfurcht vor dem Schöpfer. Der dem Menschen erteilte Herrschaftsauftrag über die Schöpfung verlangt eine treuhänderische, liebevolle Herrschaftsausübung, die an der Herrschaftsausübung Gottes seiner Gesamtschöpfung gegenüber orientiert ist. Im übrigen kann die Herrschaft des Menschen nur analog zur Herrschaft Gottes verstanden werden; denn er ist und bleibt bei allem Mitschöpfersein und Herrschen ein endliches, vom Schöpfer abhängiges Geschöpf.

Mit dem Geschaffensein als Abbild Gottes wird übrigens nicht nur die Herrschaft des Menschen im Sinne Gottes begründet, sondern auch, dass des Menschen Blut nicht vergossen werden darf (Gen 9,6). Es scheint, als sei gerade der Begriff des Abbildes eine Chiffre für die besondere menschliche Würde.

Die zumeist gegen die Annahme einer Evolution ins Feld geführte Schöpfungserzählung ist weder in Bezug auf die biologische, noch in Bezug auf die kulturelle Evolution als Kronzeuge für antievolutionäre Tendenzen tauglich.

III. 2. Christliche Religion und kulturelle Evolution

Es kann nicht im Mindesten zweifelhaft sein, dass die christliche Religion einen unermesslichen Beitrag zur kulturellen, d.h. zu einer lamarckistischen Evolution erbracht hat. Man denke nur an die Musik eines Bach, die bildende Kunst eine Michelangelo, die Dichtung eines Dante, die Architektur der mittelalterlichen Dombauhütten etc. Fraglich hingegen erscheint vielen Zeitgenossen, und das ist der festsitzende Generalverdacht ihres unerschütterlichen Glaubensbestands, ob die christliche Religion auch einen Beitrag zur kulturell-naturwissenschaftlichen Evolution geleistet hat. Den Beitrag der christlichen Religion zur kulturell-naturwissenschaftlichen Evolution kann man erstaunlicherweise an einem Denkstil belegen, der nichts mit den Naturwissenschaften gemein zu haben scheint, am apokalyptischen Denken.[9]

[9] Vgl. Johannes Fried: Aufstieg aus dem Untergang. Apokalyptisches Denken und die Entstehung der modernen Naturwissenschaft im Mittelalter. München 2001. Der Autor Johannes Fried ist Prof. für mittelalterliche Geschichte an der Universität

An Hand reichen historischen Materials zeigt der Historiker Fried, dass das eschatologische bzw. apokalyptische Denken durch Jahrhunderte hindurch in Europa geradezu allgegenwärtig war. Es dominierte als *„ein kollektiver Denkstil und eine abendländische Sinnformation die Geschichte Europas und prägte seine geistige, soziale und materielle Kultur.“*[10] Aus den unscharf terminierten düsteren Untergangsvoraussagen entstand nach seiner wohlbegründeten Ansicht das die exegetischen Spekulationen überschreitende naturwissenschaftlich definierte Wissenwollen. Der manchmal angstvoll prüfende Blick auf die Zeichen am Himmel und auf der Erde und ebenso die sehnsuchtsvolle Erwartung der Wiederkunft des Herrn werden zum Impulsgeber für Forschung. Maßstab für endzeitlich bestimmtes Handeln ist das Bestehenkönnen vor dem allmächtigen und allwissenden Richter. Reiches historisches Belegmaterial findet sich in allen Jahrhunderten, von Augustinus über Karl den Großen und Heinrich II. bis zu Norbert v. Xanten und Nikolaus von Kues. Jahrhunderte lang sind die Endzeitvision und die apokalypische Zeichensuche und Zeichendeutung die fundamentale Deutungskategorie und für naturwissenschaftliches Erkennen und Handeln bestimmend.

Uns höchst obskur anmutende eschatologisch-apokalyptische Fragen, wie Art und Temperatur des Höllenfeuers, ewige Brennbarkeit von Seelen, Ort und Zeit des Jüngsten Gerichts, Einzigartigkeit der Höllenqualen und der Himmelsfreuden, Weltenbrand und Sturz der Sterne etc. werden nachweislich ein Anstoß zum naturwissenschaftlichen Forschen.[11] Und auch umgekehrt lässt sich im Felde der Physik zeigen, dass sowohl für Kopernikus, bei dem es wegen seiner Aufgabe als Domherr in Frauenburg noch nahe liegen mochte, als auch selbst für Newton nachweisbar ist, dass sie ein eschatologisch-apokalyptisches Kalkül in ihre physikalische Deutung mit einbeziehen.

Die Diskrepanz zwischen naturwissenschaftlichen Beobachtungen und eschatologisch-apokalyptischen Aussagen wird von den mittelalterlichen Theologen in einem ersten Schritt mit einer allegorisierenden und moralisierenden Deutung der Hl. Schrift entschärft, für die man sich Rückendeckung schon bei Augustinus holen konnte. Indem die Allegorese vorgebliche biblische Tatsachenbehauptungen entschärft, wird sie zum Mittel der Versöhnung von Wissen und Glauben, von Physik und Metaphysik und zum Schutz des naturwissenschaftlich Neuerkannten.

Frankfurt und war von 1996 bis 2000 Vorsitzender des Verbandes der Historiker Deutschlands.

[10] Fried, J.: Aufstieg aus dem Untergang. S. 15

[11] Vgl. Fried, J.: Aufstieg aus dem Untergang, S. 100 ff.

Schnittstellen zwischen eschatologisch-apokalyptischen und physikalisch-kosmologischen Überlegungen ergeben sich bei der Zeitberechnung, die für die diversen Kalenderreformen der Antike und des Mittelalters erforderlich wurden. Denn in der Berechnung der Jahreslänge und der Berechnung des Ostertermins etc. kommt es mit praktischer Notwendigkeit zu einer Vereinheitlichung von kosmischen und christlichen Zeitstellungen[12], die als quaestio disputata die Spekulationen um das Weltalter und das Weltende anregten. Ganz zentral für die Erwartung und Berechnung des Weltendes ist schließlich die naturwissenschaftlich brisante Frage: Was ist Zeit? Die eschatologisch-apokalyptisch orientierten Denker des Mittelalters griffen dabei (wie übrigens auch erstaunlich viele Naturwissenschaftler heutiger Tage[13]) auf das 11. Buch der *Confessiones* des Augustinus zurück. Ist die Welt in der Zeit erschaffen? Ist sie mit der Zeit erschaffen? Ist sie nur eine bewusstseinsimmanente Kategorie?

Im Prozess der naturwissenschaftlich-technischen Durchdringung religiös motivierter Ängste und Hoffnungen entledigte sich die Naturwissenschaft schließlich mehr und mehr ihrer eschatologisch-apokalyptischen Wurzeln. In der Bewältigung der Existenzängste und Abklärung der Existenzhoffnungen blieb und bleibt sie aber gleichwohl bis in die Neuzeit hinein apokalyptischen Visionen verbunden. Man denke nur etwa an die Hinweise des Club of Rome und ähnlicher Institutionen. Fried formuliert diesen historischen Prozess zusammenfassend:

> „Der Zauberlehrling aber ward die Geister nicht mehr los, die er gerufen. Der Gang der Physik entfesselte nach nur wenigen Jahrhunderten die stärksten Kräfte jenes Untergangs, dem er einst hatte vorbeugen sollen. Die Angst, wer wollte es leugnen, kehrte umgehend zurück. Der Stachel aber, der so mächtig die Endzeit in die Flucht getrieben hatte, die Wissenschaft, trieb weiter. (...) Allein die Angst vor dem Untergang blieb. Sie bewegt Wähler und Politiker noch heute im 21. Jh.; sie wirft sich das Gewand der Wissenschaft über und entkommt doch nimmer ihren mittelalterlichen Wurzeln.“[14]

Ohne zu behaupten, den Generalschlüssel in Händen zu haben, lässt sich doch feststellen: Das naturwissenschaftlich unaufgeklärte eschatologisch-apokalyptische Denken religiöser Provenienz wird zum Movens naturwissenschaftlich-aufgeklärter Forschung und diese zum Jungbrunnen eines eschatologisch-apokalyptischen Denkens profaner Art. Das öffnet auf jeden Fall die Augen für historische Zusammenhänge, die nicht nur manchen im

[12] Vgl. Fried, J.: Aufstieg aus dem Untergang S. 55, 61, 82 ff.

[13] Vgl. Müller, A.M.K.: Das unbekannte Land. Konflikt-Fall Natur. Erfahrungen und Visionen im Horizont der offenen Zeit. Stuttgart 1987, S. 210ff. Ebenso in ders.: Die Gefährdung von Umwelt und Frieden im Atomzeitalter. In: Müller, H. A. (Hrsg.): Naturwissenschaft und Glaube. München 1993, S. 290 ff

[14] Fried, J. S.: Aufstieg aus dem Untergang, 192 f.

historischen Dämmerlicht weilenden Theologen, sondern vor allem den in historischer Hinsicht traditionell nachtblinden Naturwissenschaftlern als notwendige Sehhilfe dienen und ein Licht aufgehen lassen kann.

III. 3. Biblische Texte als Propädeutikum für den Evolutionsgedanken

Der Kopenhagener Anatom und Naturforscher Nils Stensen (1638-1686), der spätere Münsteraner Weihbischof, hatte die für eine relative Altersbestimmung von Fossilien äußerst wichtige stratigraphische Methode entwickelt, die in der Paläontologie bis heute eine wichtige Rolle spielt, und er hatte wichtige Beiträge zur Herz- und Hirnforschung seiner Zeit geliefert. Für Stensen lag der wahre Zweck aller Naturforschung in der Befähigung des Menschen zur Erkenntnis und Liebe des Schöpfers.

Carl von Linné (1707-1778) ging in seinem Systema naturae (1758) von einer dem biblischen Text häufig zugeschriebenen Konstanz der Arten aus. Er verfolgte das erklärte Ziel, durch die akribische Beschreibung der Arten dem Schöpfer in die Karten zu schauen und so seinen Schöpfungsplan zu entschlüsseln. Die genaue Beschreibung der Arten und ihrer vermeintlichen Konstanz ermöglichte erst die Feststellung ihrer tatsächlichen Variabilität.

George Cuvier (1769-1832) stieß bei Ausgrabungen im Pariser Becken auf immer neue Fossilienschichten. Im Blick auf die biblisch erzählte Sintflutgeschichte, die er nur hinsichtlich ihrer Einmaligkeit modifizierte, entwickelte er seine Naturwissenschaft und Religion verbindende Katastrophentheorie.

Der Gedanke eines kontinuierlichen Artenwandels durch einen den Lebewesen innewohnenden Vervollkommnungstrieb, wie ihn Jean Baptiste de Lamarck (1744-1829) lehrte, passte gut zum biblischen Gedanken der intellektuellen und moralischen Vervollkommnung.

Das Sieben-Tage-Werk liefert schließlich für naturwissenschaftlich uneinsichtige aber biblisch wortfixierte Christen und Kirchenfunktionäre übergangsweise eine allerdings nicht sehr tragfähige Brücke zum Evolutionsgedanken. Das Sieben-Tage-Werk konnte nämlich nach dem Psalmenwort „Vor Gott sind tausend Jahre wie ein Tag." als schrittweises Lernprogramm in ein (Sieben-)Welt-Entwicklungs-Phasen-Modell umgedeutet werden.

Nicht zuletzt konnten sich viele Bibeltheologen bei ihrer Kompatibilitätssuche zwischen der alttestamentlichen Erzählung und dem noch unscharf erfassten evolutionären Fahrplan auf die relative „Richtigkeit" der biblischen Äußerungen berufen. Schließlich reihte die Bibel die Entstehung der Pflanzen vor die der Tiere, das tierische Leben im Wasser vor dem an Land, reihte die Entstehung der Vögel vor die der Säuger und sah im Menschen das letztentstandene Geschöpf Gottes. Freilich war die Entstehung der Sonne nach der Entstehung der photosynthetisch aktiven Pflanzen mehr als nur ein gravierender Schönheitsfehler.

Die biblischen Texte, ihre mehr als zweieinhalb Jahrtausende währende Wirkungs- und Auslegungsgeschichte haben – weit davon entfernt ein bloßes Erkenntnishemmnis gewesen zu sein – über Jahrhunderte hinweg als eine Art von Propädeutikum für den Evolutionsgedanken gewirkt. Die jüdisch-christliche Religion nimmt keinen Anstoß am Gedanken eines evolutiven Artwandels, sonst hätte sie die Jahrtausende alte Züchtungspraxis verbieten müssen, wenn die Art, weil von Gott geschaffen, sakrosankt wäre. Sonst hätte sie auch 50 Jahre vor Darwin Lamarck attackieren müssen. Sie nimmt Anstoß an der als wissenschaftlich sicher und erwiesen behaupteten „gottlosen Mechanik“ dieses Vorgangs, den wir Evolution nennen. Und an dieser Stelle des intellektuellen Diskurses versagt nicht die Religion, sondern ihre kirchenamtlich offizielle Interpretation. Die jüdisch-christliche Religion ist aufs Ganze gesehen für die Evolution selbst und die Durchsetzung des Evolutionsgedankens eher als Promotor denn als Inhibitor zu werten.

IV. Zufallsfunktionalität oder Wahrheitsadäquanz von Religion innerhalb der Evolution

IV. 1. Funktionalität der Religion in der Evolution

Nur zwei Funktionen der Religion seien skizziert, die eine betrifft primär das Individuum, die andere primär die Sozietät.

Zur unbestreitbaren Funktionalität der Religion gehören die Vermeidung oder der Abbau kognitiver Dissonanzen durch einen religiös konstituierten umfassenden Sinnhorizont, der sich durch soziokulturelle Lernprozesse selber weitete. Die Religion liefert eine sinnbewahrende sinnstiftende Ausweitung des Erklärungspotentials in Bezug auf eine unverstandene, leidvolle und gefährdete gegenwärtige Existenz, in Bezug auf eine unbekannte und ungeklärte Herkunft (Ätiologien) und in Bezug auf eine unabsehbare individuelle und kollektive Zukunft (Eschatologien). D.h. kurz gesagt: Religion bietet eine ganzheitliche Sinnstiftung, die der mit Parzellierung, Segmentierung, Terminierung arbeitenden Naturwissenschaft von ihrem Ansatz her nicht möglich ist, es sei denn sie mutiert zur naturalistischen Metaphysik.

In Bezug auf das Individuum ermöglicht Religion also einen evolutiv relevanten Beitrag zur Kontingenzbewältigung, d.h. sie verhilft zur Integration des oder zu einem Arrangement mit dem unverfügbaren Bestand unserer Daseinsvoraussetzungen und existentiellen Endlichkeitserfahrungen.[15]

Darüber hinaus verhilft Religion zu einer Ritualisierung des Verhaltens mit einem Stabilisierungseffekt für die Sippen- und Stammeszugehörigkeit. Sie vermittelt über Riten gewissermaßen einen soziokulturellen Stallgeruch. Darüber hinaus liefert sie Begründungen für eine zunächst gruppenspezifische Ethik und befördert deren soziale Implementierung mit Konsequenzen auch für das Individuum. Solch eine gruppenspezifische Ethik schafft eine relative Verhaltenssicherheit und wirkt als vertrauensbildende Maßnahme mit einem vermutlich auch biologisch messbaren populationsdynamischen Erfolg. Schließlich versucht Religion auf höherem kulturgeschichtlichen Niveau die Begründung und soziale Implementierung einer umfassenderen Ethik oder gar einer Weltethik. Es ist wohl davon auszugehen, dass mit diesem Beitrag zur menschlichen Sozietät auch ein evolutiver Mehrwert geliefert wird.

Was sich die Gattung Homo und dann die Spezies Homo sapiens an religiös induziertem und einen biologischen Funktionalismus übersteigendem Sonderverhalten Jahrzehntausende lang leisten konnte, kann nicht sonderlich stark selektionsreprimiert gewesen sein. Es muss, wenn schon nicht wahrheits-, so doch zumindest überlebensadäquat gewesen sein. Die Funktionalität der Religion in der Evolution steht in individueller wie in sozialer Hinsicht m.E. außer Frage.

IV. 2. Funktionalistische Vereindeutlichung von Religion

Eine rein funktionalistische Deutung der Religion beschreibt deren Auswirkung und erteilt den Bescheid, Religion ist das, was sie funktional ausrichtet oder anrichtet, und sonst nichts. Dem entspricht ein Wort des berühmten Ökonomen August von Hayek: „Religion überlebt, weil sie Kinder zeugt, nicht weil sie wahr ist." Auch die soziobiologische Interpretation von Religion kommt nicht selten in einer spätaufklärerischen Attitüde daher: „Wir erklären euch, was ihr und warum ihr glaubt, auf biologische Weise, damit ihr euch endlich selber besser versteht."

Es ist keine Frage, dass vor allem das alttestamentliche Textmaterial ein gefundenes Fressen für manche Soziobiologen ist.[16] Aber wie das mit gefundenem Fressen so ist, es ist nicht selten gefährlich oder unverdaulich. Aus dem biblischen Textmaterial kann dann eklektizistisch das herausge-

[15] Vgl. Lübbe, H.: Religion nach der Aufklärung. Graz/ Wien/ Köln 1986

[16] Vgl. Vogel, C.: Vom Töten zum Mord. Das wirklich Böse in der Evolutionsgeschichte. Müchen/ Wien 1989

pickt werden, was in ein schon bestehendes Denkschema implementierbar erscheint. Die Auswahl der Texte erfolgt nach den vorgegebenen biologischen Kriterien und die Interpretation vollzieht sich an aller Text-, Form- oder Gattungskritik vorbei.

Nun ist ein solcher in hermeneutischer Unkenntnis oder Rücksichtslosigkeit durchexerzierter biologisch-funktionalistischer Ansatz nicht eo ipso schon verfehlt, wenn er und weil er auf das zielt, was er als zeitübergreifendes aus der Prähistorie bis in unsere Zeit hineinreichendes glaubt ausmachen zu können. Und darin liegt unzweifelhaft eine interessante Ergänzung zum geisteswissenschaftlich-theologischen Zugriff auf Texte. Analysiert wird dabei in der Regel eine der Religion, resp. der Religiosität, zugeordnete Funktion.

Eine Religion, die in individueller wie sozialer Hinsicht überhaupt keine Funktion hätte, wäre gar nicht erkennbar. Und eine Religion, die darüber hinaus ein inkarnatorisches Proprium kennt und behauptet wie die christliche, muss geradezu auf einer empirisch fassbaren Funktionalität insistieren. Aber eine Religion, die nichts als diese Funktionalität wäre bzw. besäße, die durch eine Totalsimulation in einer übergeordneten Theorie mit mehr Erklärungskraft aufhebbar oder aufgehoben wäre – wie z.B. die Newtonsche in der Einsteinschen Physik –, wäre nach landläufigem Denken und Empfinden keine Religion.

Dass die Inhalte religiöser Überzeugungen in vielerlei Hinsicht aufklärungsfördernd sind, scheint mir nach allem vorstehend gesagten unstrittig.

Aber man gewinnt nicht selten den Eindruck, dass in merkwürdig missionarisch anmutendem aufklärerischen Pathos die Religion ihren Nutzern enteignet werden soll, und zwar durch eine, wie ich es nennen möchte, funktionalistische Vereindeutlichung. Die erkenntnisleitende Idee für diese Vereindeutlichung von Religion ist die Durchsetzung bestimmter genetischer Konstellationen. Diese funktionalistische Vereindeutlichung vollzieht sich durch eine kulturelle Destruktion und eine hypothetisch-genetische Konstruktion, oder um es mit einem Kunstbegriff von Jacques Derrida zu sagen, durch eine soziobiologische Dekonstruktion von Religion.

Mein Eindruck ist, man kann und muss die individuellen und sozialen Funktionen der Religion analysieren und auf ihre evolutive Potenz hin durchmustern. Die funktionalistische Vereindeutlichung ist allerdings nur eine (nicht einmal neue) Variante des Reduktionismus. In historischer Unkenntnis begeistert über ihren Neuheitswert merkt sie nicht, dass sie ein alter Hut ist, in ähnlicher Weise schon getragen von Feuerbach und Freud, um nur zwei besonders prominente unter den vereindeutlichenden Religionsenteignern oder -wegerklärern zu benennen. Die Religion nimmt das zur Kenntnis und schreitet darüber hinweg. Die Sozial- und Wissenschaftsgeschichte kennt schließlich zahllose Vertreter der Huxley'schen „Nothing-else-butery“ oder wie Lorenz es übersetzt hat, der „Nichts-anderes-Alserei.“

Die Frage ist also: Muss der behauptete religiöse Inhalt, sein über bloße Funktionalität hinausgehender Gehalt, wenn er schon nicht als umfassend wahr erwiesen werden kann, als umfassend wahr geglaubt werden? Oder muss er doch zumindest als höchst wahrheitsähnlich angesehen werden, um evolutionär wirksam zu sein?

Aus der Medizin ist der Placebo-Effekt bekannt, demzufolge eine Krankheit durch ein Scheinpräparat, durch die nur vorgetäuschte Wirkstoffhaltigkeit eines angeblichen Medikaments geheilt oder gelindert werden kann. Darüber hinaus gibt es noch eine Personengruppe, die auch im Wissen darum, ein Placebo-Medikament verabreicht bekommen zu haben, an die Wirksamkeit dieses Scheinmedikaments glaubt und signifikante Heilungs- oder Linderungserfahrungen behauptet. Führt Religion – durch die funktionalistisch-reduktionistische Vereindeutlichung umfassend erklärt – eine Placebo-Existenz? Oder sind die Funktionalitäten Indizien für die Wahrheitsadäquanz der Religion?

IV. 3. Mögliche oder fragliche Wahrheitsähnlichkeit religiöser Aussagen

Ist die als aufklärungsfördernd erwiesene Religion ihrerseits und in ihrem Kern einer Totalfunktionaliserung gegenüber auch aufklärungsresistent, und zwar in dem Sinne, dass sie sich der Totalsimulation entzieht? Inwiefern ist sie mehr als die Summe ihrer empirisch greifbaren Funktionen? Hat sie nur funktionale immanente Vordergründe oder auch transzendente Hinter- oder Untergründe? Ist Religion nur die hilfreiche Benutzeroberfläche für etwas, was in seiner Tiefe Biologie ist? Genügt der Placebo-Effekt bei der Religion? Ist ihre funktionale evolutive Potenz ohne einen „Wirkstoff an religiöser Sachhaltigkeit“ nur mit dem Glauben an einen solchen freizusetzen?

Zunächst stellt sich die Frage, ob aus dem in waghalsigem Paradigma erschlossenen vorzeitigen Woher der Religion das derzeitige Was und Wie auch nur annähernd verstanden werden kann. Kann dem unbestreibaren Komplexifikationsprozess in der Genese von Religionen Rechnung getragen werden, wenn man heutige Religion, und zwar in ein und demselben Bewertungskontext mit animistischen Religionen, als eine von ihren Akteuren nicht durchschaute Überlebensstrategie deklariert. Die h-Moll-Messe von Bach ist eben doch etwas anderes als der Schrei einer Martinsgans, auch wenn manche Töne darin gleich sein mögen und beides im Kontext des Paradigmas Überlebenswille eine Funktion erfüllt.

Und einmal vorausgesetzt, das Woher der Religion wäre bereits angemessen evolutionsbiologisch rekonstruiert worden, dann stellt sich die Frage, ob nicht der Unterschied von Genesis und Geltung permanent übersehen wird. Und wenn das Woher der Religion klar wäre, drängte sich die Frage auf, ob damit auch das Wohin der Religion in den Blick kommen könnte?

Ich will am Bild der Ellipse versuchen zu sagen, was ich meine. Die Ellipse hat zwei Brennpunkte. Ich nenne sie den Individualitäts- und den Sozialitätsbrennpunkt. Die Wissenschaften, die sich mit Religion beschäftigen, fokussieren das Individuum und kommen z.B. zu individualpsychologischen Erklärungen und Funktionalisierungen von Religion. Oder sie beschäftigen sich mit Sozietäten und kommen so z.B. zu religionssoziologischen Erklärungen und Funktionalisierungen von Religion.

Auch die Kommunikation zwischen den Brennpunkten kann wechselseitig fruchtbar und ergänzend sein. Aber sie kann am Schwerpunkt vorbei geschehen, ohne je die Mitte, den Schwerpunkt, zu erreichen. Und doch liegt dieser auf der kürzesten Verbindung zwischen dem Individualitäts- und dem Sozialitätsfokus. Ohne Schwerpunkt keine Ellipse. Auch wenn die Kommunikation zwischen den Foci am Schwerpunkt vorbeigehen kann, ist sie doch nur möglich, wenn sie um einen solchen konstruiert ist, also wenn ein Schwerpunkt vorhanden ist. Leider werden oft die funktionalen Brennpunkte mit dem religiösen Schwerpunkt verwechselt, ohne den sie nicht wären, was sie sind.

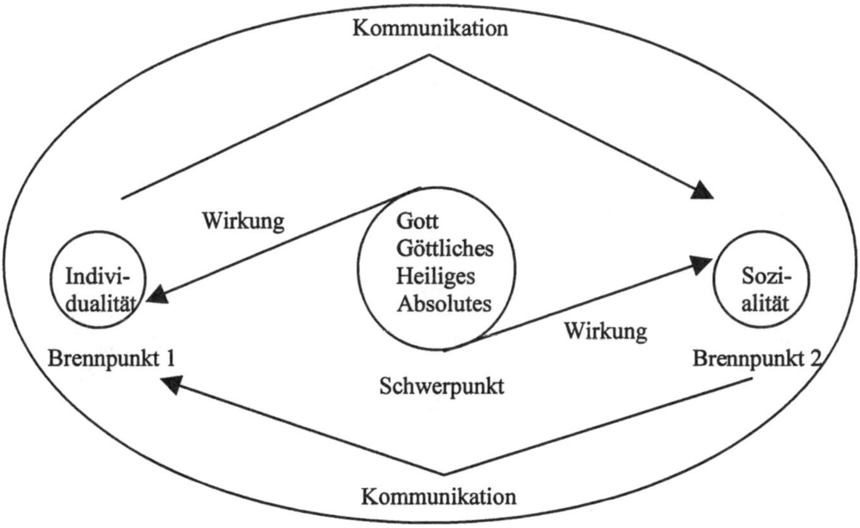

Das Bild von der Ellipse soll also sagen: Bei der Analyse von Religion sind rein auf die Funktion bezogene methodische Reduktionismen möglich, ggf. sogar sinnvoll, solange sie nicht in intellektueller Hochstapelei ihren jeweiligen Aspekt oder Prospekt zur Totalität erheben. Warum und unter welchen Bedingungen ich es für möglich halte, Religion als ein Produkt der Evolution zu verstehen, habe ich hier angedeutet und an anderer Stelle ausführlicher dargelegt.[17] Dass und warum ich umgekehrt auch eine lamarckistisch-kulturelle Evolution als ein Produkt von Religion ansehe und überdies behaupte, naturwissenschaftliches Denken und die Theorie einer darwinistischen Evolution seien nicht zufällig auf dem Nährboden der jüdisch-christlichen Religion entstanden, habe ich hier dargelegt.

Dass der Glaube an das Heilige oder Göttliche, an einen Gott oder etwas Absolutes eine mittelbare und unmittelbare empirisch fassbare Auswirkung auf Individualität und Sozialität des Menschen hat, sei ausdrücklich mitbehauptet. Ob dem Glauben an das Heilige, das Absolute, das Göttliche oder an Gott eine transzendente oder transzendent-immanente Wirklichkeit entspricht, ist aus den Auswirkungen weder positiv noch negativ entscheidbar, oder gar entschieden. Das tun zu wollen, liefe auf die Anmaßung hinaus, aus den auf reduktionistischem Wege gewonnenen empirischen Daten einen Gottesbeweis oder Gottesverweis führen zu wollen.

Das Miteinander, Nebeneinander und Gegeneinander von Religion und Evolution in der neuzeitlichen Wissenschaftsgeschichte erweist das Verhältnis beider als in hohem Maße koproduktiv.

[17] Lüke, U.: Mensch-Natur-Gott. Biologische Beiträge und theologische Erträge. Münster/ Hamburg/ London 2002, S. 58 ff. und 122 ff.

Aus der Sicht der Religions- und Theologiegeschichte

Evolutionstheorie und Theologie – gemeinsame Einsichten, gegenseitige Herausforderungen

VON MATTHIAS KROEGER

I. Einleitung

Zwei Gründe sind es zunächst, aus denen Theologie heute von vornherein ein bejahendes und produktives Verhältnis zur Evolutionstheorie voraussetzen und in Aussicht nehmen kann:

a) Jedem, der mit beraterisch-therapeutischen Prozessen zu tun hat, ist durch den Tatbestand der Psychosomatik klar – und dies ist heute fast selbstverständliches, nur manchmal vernachlässigtes Allgemeinwissen und Allgemeinbewusstsein – dass nichts Seelisches oder Geistiges ohne somatische Basis und körperlich-biologisches Substrat existiert, und

b) speziell durch die Arbeiten C. Fr. v. Weizsäckers ist in mannigfachen Darlegungen von seinen frühen Vorlesungen[1] bis in seine späten Jahre[2,3] deutlich gemacht worden, dass der Mensch und sein Geist, seine geistige Entwicklung Teil der Natur, also auch der biologischen Evolution ist; dass also der alte unselige Zwiespalt zwischen Geist und Natur, Geistes- und Naturwissenschaften lebensnotwendig überholt werden muss. Von ihm habe ich gelernt, dass die Evolutionstheorie keine irgendwie geartete Spezialtheorie, sondern neben der Quantentheorie die zweite Fundamentaltheorie alles Lebendigen, auch des Menschen und seines Geistes ist, die mit dem zweiten Hauptsatz der Thermodynamik und der Unumkehrbarkeit der Zeitrichtung begründet ist.[4]

Von daher war mir seit langem der Gedanke und die Formulierung Alister Hardys vom „Menschen als betendem Tier" selbstverständlich und hilfreich, um die hier bestehenden, keineswegs erschreckenden, vielmehr hilfreichen, befreienden und bereichernden Zusammenhänge stets im Bewusstsein zu

[1] C. Fr. v. Weizsäcker, Die Geschichte der Natur. Zwölf Vorlesungen, Göttingen 1946

[2] ders., Die Einheit der Natur, München 1971

[3] ders., Der Garten des Menschlichen. Beiträge zur geschichtlichen Anthropologie, München 1977

[4] Vgl. speziell C. Fr. v. Weizsäcker, Einleitung zu: Gopi Krishna, Biologische Basis religiöser Erfahrung, Weilheim 1971. Zum 2. Hauptsatz: ders., Die Einheit der Natur, 4. Aufl. München 1972, S.172ff.

haben und bejahen zu können. Weitere Gründe werden sich im Laufe der Überlegung zu diesen beiden Vorwegannahmen hinzugesellen.

Meinen Einstieg zu unserem Thema wähle ich nun vielleicht am besten, indem ich mich einleitend zu den voranstehenden Beiträgen der naturwissenschaftlichen Kollegen in Beziehung setze. Ich verstehe das von ihnen Gesagte und lege es mir so zurecht, dass es ursprünglich eine rein materiell-anorganische und dann eine biologische Evolution gab, in der und aus der heraus sich das Geistige und Seelische erst allmählich entwickeln, herausarbeiten und eigenes Gewicht bekommen konnte. Insofern lassen sich die Anfänge der Hominisation durchaus so verstehen, dass auch die allmählich entstehenden geistigen Phänomene und Aspekte der Menschwerdung zunächst jenen Mechanismen von Mutation und Selektion in der biologischen Evolution unterlagen und in deren Sinn, im Banne von deren Funktion gesehen und verstanden werden können, ja müssen: Moral wie Religion lassen sich durchaus, wenn sich dies bestätigen sollte, *zunächst*, in ihren Anfängen als Selektionsvorteil verstehen und in dieses Kategoriensystem einordnen.

Ob allerdings die von den Kollegen benutzten Beschreibungen ihrem eigenen Anliegen genügen, lasse ich dahin gestellt und frage nur, ob wirklich aus vier von Herrn Voland völlig unreligiös beschriebenen Faktoren durch Vernetzung auf einmal Religion und genuin religiöses Verhalten entstehen kann. Mir scheint, sowohl „Mystik", wenn man denn diesen Begriff hier wirklich verwenden will[5] wie auch Mythen u.s.f. müssten und könnten von vornherein – nach allem, was über archaische Religiosität bekannt ist und schon gar, wenn es so etwas wie eine genetische und hirnphysiologische Disposition für religiöse Funktion und Sinnfrage geben sollte – anders, nämlich bereits in Ansätzen religiös, beschrieben werden. „Mystik" in ihren archaischen Funktionen wäre dann Wahrnehmung und Umgang mit dem Schauerlichen und Irrationalen der begegnenden Welt; „Mythen" wären dann schon in ihren Ursprüngen nicht nur – allgemein – Geschichten der Gruppenkohäsion, sondern Mythen der Weltentstehung und Geschichten von gemeinsam erfahrenem Unheil, Heil und von Bewältigung des Unheils.

Herrn Eulers Beschreibung von Religion *als Jenseits- und Anderswelt* dürfte schwerlich einem Begriff von „Religion" essentiell entsprechen[6]; daher

[5] Mystik dürfte m.E. von den vier genannten Universalien am wenigsten überzeugen: weder die Hochreligionen noch die non-theistischen (von Taoismus bis Buddhismus), am ehesten noch Schamanismus/Animismus können als mystisch bezeichnet werden. Überall ist Mystik – bisher – nur als Element enthalten; erst die heutigen Entwicklungstendenzen machen sie – zu Recht – zentral. Sie sollte nicht unbesehen rückdatiert werden.

[6] Man denke nur an den Animismus, Taoismus, Konfuzianismus, Buddhismus und an das, was weiter unten über weltimmanente Transzendenz aller Mystiken gesagt werden wird.

auch seine Befragung von StudentInnen[7] faktisch nicht oder nur randhaft mit Religion, sondern nur mit paranormalen, parapsychischen, esoterischen Phänomenen zu tun hat, was heute vielfach für „religiös" gehalten wird, so dass alles Folgende für das evolutive Verständnis von Religion in sich unschlüssig bleibt. Jenseitsanschauungen sind nur *eine* Weise religiöser Vorstellung, und nicht einmal – wie der obige Blick in die Religionsgeschichte zeigt – die entscheidende. Die Berücksichtigung interdisziplinärer Möglichkeiten mit allgemeiner Kulturanthropologie, Religionswissenschaft und Theologie schon bei Formulierung jener hypothetischen Anfangsannahmen bzw. Voraussetzungen würde ergiebig sein. Denn es lässt sich über das, was die religiösen Implikationen frühester Weltwahrnehmung sind, fachkundig einiges wissen. So allein wird eine Arbeitshypothese davor geschützt, Spiegel rein projektiver Annahmen der eigenen Religiosität oder Antireligiosität zu bleiben. Annähernd sicher führen die bisher erreichbaren Rekonstruktionen zu – von Anfang an religiösen – Frühformen animistischer Magie, denen Mythen und Rituale bereits dienten, gleichgültig ob man von animistischen Praktiken, Feldforschungen bei Indianern oder in Südostasien, von frühestem Gräberschmuck oder von Höhlenmalereien altsteinzeitlicher Jägergruppen ausgeht und ihrer jüngsten Deutung als Bilder rauschgeleiteter Visionen[8] zustimmt oder nicht.

Die frühen, erst entstehenden geistigen, religiösen, moralischen Phänomene lassen sich also ggf. als anfänglich und ursprünglich im Rahmen der klassischen Evolutionstheorie – als Selektionsvorteil, vielleicht aber auch als Mutation – durchaus verstehen. Jedoch, die Entwicklung und Differenzierung der Lebensfunktionen ging weiter, machte Fortschritte, und dann dürfte – für die irgendwann beginnende Phase der kulturellen Evolution – das biologisch-funktionale Konzept von Geist, Mystik, Moral, Religion zunehmend ungenügend werden. Was im Stadium der biotischen Evolution dominant und primär war, rückt von irgendeinem Zeitpunkt der beginnenden kulturellen Evolution ab in den Rang einer bleibend notwendigen Voraussetzung, einer Bedingung sine qua non, nicht aber mehr einer bloßen Determination und ausreichenden, genügenden Bestimmung. Mögen Geist, Moral, Religion des Menschen auch weiterhin nie ohne biologisches Substrat und ohne Bindung an dieses existieren, sie bleiben doch nicht mehr auf ihre biologisch mögliche und notwendige Funktionalität beschränkt, sondern entwickeln – „an langer Leine" – ihre eigene Sphäre, ihre eigene Logik und eigenen Gesetze, die dann sogar den Gesetzen der biologischen Evolution gegenübertreten, ja ihnen entgegenwirken und – gestaltend, korrigierend und balancierend – in diese eingreifen

[7] Euler Tabelle oben S. 82
[8] Visualisierte Halluzinationen schamanistischer Kraftpraktiken.

und auf sie zurückwirken können.[9] Die biologische Basis stellt – ab irgendeinem Zeitpunkt in der Evolution – den zweifellos als *Voraussetzung immer notwendigen, nicht aber mehr hinreichenden Grund und die Bedingung* allen geistigen, also auch religiösen Lebens dar. Dass der Zerfall der biologisch-gesundheitlichen Basis in einem Individuum natürlich auch den Zerfall der geistigen und religiösen Funktionen mit sich bringt[10], bedeutet ja nicht, dass die Gesundheit und Bereitschaft dieser Organe jene Funktionen determiniert; sie ermöglicht sie vielmehr nur. Also: mag Religion, wie neuerdings – etwas modisch – betont wird, Gesundheit fördern und gesundheitliche Vorteile

[9] E. O. Wilson, Die Einheit des Wissens, Goldmann/München 2000, S.211: „In der gesamten prähistorischen Zeit, vor allem bis zu jenem Punkt vor etwa hunderttausend Jahren, an dem das Gehirn des modernen homo sapiens ausgereift war, waren die genetische und die kulturelle Evolution eng miteinander verflochten. Mit dem Aufkommen der neolithischen Gesellschaften und den Anfängen von Zivilisation begann die kulturelle Evolution dann mit einer Geschwindigkeit vorwärtszupreschen, die die genetische Evolution vergleichsweise im Stillstand verharren ließ... Wie kurz wurden sie [die verschiedenen Kulturen] tatsächlich an der genetischen Leine gehalten? Das ist die Schlüsselfrage, auf die es bislang nur halbe Antworten gibt", vgl. ebd. S.172 „Je schneller kulturelle Evolution stattfindet, um so lockerer ist die Verbindung zwischen Genen und Kultur, auch wenn sie niemals völlig abgebrochen wird." Soweit mir bekannt, ist die Zeitannahme Wilsons („vor etwa hunderttausend Jahren") für diese Frage allgemein akzeptiert. Für das Verhältnis von biologischer und kultureller Evolution benutzt Wilson im einschlägigen 7. Kapitel „Von den Genen zur Kultur" wiederholt und grundlegend die Begriffe „biologisch-kulturelle Koevolution" und „Interaktion" (S.184.185, vgl. „flexible Vernetzung" S. 171) und weist entsprechend ausdrücklich die Annahme einer Determination ab (S.196). „Interaktion" bedeutet Beziehung und damit ein ganz anderes Zuordnungsmodell als determinierte und sekundäre „Folge". Man vgl. den Nachweis einer deterministischen Unmöglichkeit in hochkomplexen, über Bifurkationen sich entwickelnden lebendigen Systemen, die nur in einzelnen Elementarschritten deterministisch und reversibel sind, bei Fr. Cramer, Symphonie des Lebendigen, Kap.3 (Ausgabe Insel-tb 1998, S.48). Vgl. den jüngsten Bericht von J. Grolle im SPIEGEL vom 24.2.03 S.168.170: „Gerade die Evolution vom primitiven Bakterium bis hin zum homo sapiens kann auch verstanden werden als die Geschichte einer grandiosen Emanzipation von den Genen./ Einzeller stehen noch unter der fast uneingeschränkten Kuratel der DNS... Doch je komplexer ein Organismus, je vielfältiger das Verhaltensrepertoire, mit dem er auf seine Umwelt zu reagieren hat, desto mehr Entscheidungsfreiheit muss ihm sein Erbgut gewähren – schon weil die Zahl der denkbaren Verhaltensweisen rasch die Zahl der Gene, die sie regeln, übersteigt... Der vielleicht bedeutsamste Schritt auf dem Wege weg von der Allmacht der Gene war die Entwicklung des Nervensystems... Indem die Evolution auf diese Weise die Leine der Gene lockerte, stattete sie ihre Geschöpfe mit der Fähigkeit immer flexibleren Verhaltens aus. Eindrucksvoll spiegelt sich diese Tatsache in der enormen Plastizität des Gehirns wider. Ständig ist das Nervenzellengewebe Wandlung und Umbau unterworfen..."

[10] Ich verweise auf diverse Schizophrenie-Untersuchungen.

bringen und mag dies ursprünglich ein Selektionsvorteil gewesen sein: sobald Religion – einmal freigesetzt – eine Eigendynamik entwickelt und von ihrem biologischen Substrat zwar ermöglicht, nicht aber determiniert wird, ist Gesundheit ein *sekundär gewordener* Vorteil, der dem primären Anliegen von Religion keineswegs mehr entspricht, genügt und wesentlich ist. Nicht anders dürfte es mit der „Mystik" oder mit der Wahrnehmung von „Moral" stehen. Grundlegend und bleibend als Voraussetzung, sekundär in den Effekten: das wäre dann der Status und die Bedeutung der biologischen Basis und Evolution für die kulturelle Entwicklung.

Das aber bedeutet: der immer wieder in naturwissenschaftlich-physikalisch-biologischen Darlegungen anzutreffende Reduktionismus – Geist/Moral etc. als Epiphänomen seiner/ihrer biologischen Basis und Voraussetzung („nichts als ...") – besteht innerhalb jenes wissenschaftlichen Denk- und Erklärmusters *zunächst zu Recht und ist anfänglich, für die Frühphase der Evolution* als sinnvoll, stimmig und gültig anzunehmen. Auch ergeben sich aus dieser Perspektive durchaus wichtige religions- und idealismuskritische Argumente und Einsichten. Aber, was zunächst stimmig und hilfreich zu denken bzw. vorauszusetzen war, das dürfte ab einer bestimmten Stufe der Evolution der Hominiden und ihrer Kultur nur noch partiell, als essentielle Erklärung von Geist, Religion, Moral, „Mystik" halbwahr, also unwahr und ungenügend sein; nur als Voraussetzung und partieller Effekt können die biologischen Evolutionskriterien dann angemessen wahrgenommen und eingeschätzt werden. Wollte die Evolutionstheorie bei der Subsummierung der Hominiden unter die Mechanismen der biologischen Evolution stehen bleiben, dann würde sie vor bzw. bei den Anthropoiden stehen bleiben und ihren eigenen Geltungsbereich auf den vormenschlichen Bereich beschränken. Das kann, wenn sie eine generelle und Fundamentaltheorie, die sie sein möchte und sollte, ist, nicht der Fall sein. Hier stehen also anscheinend Differenzierungen an. Dazu weiter unten mehr.

Ich bleibe also vorläufig bei einem Punkt unserer Pausengespräche stehen, in denen wir eine auf dem Mittagstisch stehende Rose betrachteten und Herr Walkowiak feststellte: diese Rose gibt es so im Gehirn gar nicht. Worauf zu antworten war: es gibt aber die Rose und die geistige Welt, die sie (entwirft und) wahrnimmt, in einer bestimmten Dimension der menschlichen Realität sehr wohl. Es gibt also offensichtlich – als ganz eigene Realität – noch mehr und anderes als das, was sich neurobiologisch darstellen lässt[11]. Die geistige – synthetische – Kraft der menschlichen Subjektivität bleibt also eine eigene Kategorie und Leistung des biologisch-geistig-seelischen Apparates – von ihr

[11] Obwohl es dieses „mehr" nicht ohne jene neurobiologische Basis und Voraussetzung gibt.

ermöglicht und bedingt, aber nicht mit ihr identisch und nicht durch sie begrenzt; dieser ermöglicht jene und setzt sie zu eigenem Wirken frei.[12]

Soviel zunächst zum *Anfang* der (biologischen) Evolution, dem sich die erst entstehende geistige und kulturelle Evolution noch fügte. Ich gehe nunmehr mit meinem Vortrag in die Gegenwart, an das derzeitige einstweilige *Ende* der Evolution und nehme für die Lebendigkeit und Lebenderhaltung der gegenwärtigen Religion deren Evolution in Anspruch. Denn es soll sich im Folgenden zeigen, dass ein kritisches Religionsverständnis weiß, dass alles am Menschen, auch an seinem Geist, auch alles Religiöse und alle Religion selber im Wandel und in der Evolution ist. Die heutige religiöse Situation lässt sich – das ist meine sichere Annahme – nur unter dieser Voraussetzung verstehen und produktiv begreifen. Seit langem mehren sich die Argumente dafür und das Bewusstsein davon, dass Religion und Theologie – und das aus rein theologischen Gründen – im Rahmen und im Zusammenhang der Annahme eines fundamentalen Wandels verstanden werden müssen, in dem wir begriffen sind, der bis in die radikale Geschichtlichkeit alles Menschlichen, Geistigen, Religiösen, ja bis in die Zeitlichkeit der Ontologie selber hinein reicht. Auch diese menschliche, geistige, kulturelle Entwicklung wäre dann der Evolution unterworfen und würde zum Element und Gegenstand einer erweiterten Evolutionstheorie werden. Eine Evolutionstheorie, die dies Religiöse und Kulturelle einbegreift, wäre dann in der Tat – ganz nach den oben genannten Grundannahmen C. Fr. v. Weizsäckers – auch eine menschliche und religiöse Fundamentaltheorie, wenn sie sich nicht reduktionistisch missversteht.

Ich frage also als Voraussetzung meiner Darlegung: wird die naturwissenschaftliche Evolutionstheorie so verstanden, dass sie einen Entwicklungsraum auffaltet und eröffnet, der auch die Hominisation, die Menschlichkeit des Menschen und seiner Kultur in all ihren Dimensionen, auch der der Religion, als genuine Größen einbegreift, fördert, provoziert und sie nicht nur als Epi- und Sekundärphänomen der biologischen Evolution reduziert und funktio-

[12] Warum das Gehirn mit seiner multiplen parallelen Repräsentation, mit seinen Quervernetzungen und Rückkoppelungsschleifen nicht in der Lage ist, einen letzten Träger der Einheit des Bewusstseins auf physikalische Weise zu identifizieren, hat der Neurophysiologe O. Creutzfeldt dargelegt: er schließt mit dem selbstkritischen Befund, dass sich derzeit „keine Mechanismen und kein Modell anbieten“ lässt, „auf welche Weise die über weite Bereiche des Gehirns und über eine Unzahl von Neuronen verteilte Information zu einer Einheit, wie wir sie im Bewusstsein erfahren, zusammengefasst wird“ (zit. bei U. Barth, Gehirn und Geist, in: W. Gräb (Hg.), Urknall oder Schöpfung, Gütersloh 2.Aufl. 1997, S.121). Es gibt also das Ich sehr wohl, auch wenn es sich neurobiologisch – einstweilen? – nicht darstellen lässt. Vgl. hierzu die Ausführungen von G. Pöltner über das Ernstnehmen der lebenspraktischen Erfahrung in diesem Bande oben S. 13 u. 27.

nalisiert? Das wäre eine Bedingung, unter der das Verhältnis von Theologie und Naturwissenschaft produktiv sein und werden kann.

II. Wandlungen und neue Möglichkeiten im Verhältnis von Theologie und Evolutionstheorie

Die kirchlichen Theologien beider Konfessionen standen, wie bekannt ist, zunächst, als die Evolutionstheorie entstand, in schroffem Dissens zu dieser.[13] Macht man sich die Hintergründe für diese Tatsache historisch klar, so wird diese durchaus verständlich, keineswegs sinnlos. Denn es war bis dahin nicht nur intellektuelles Bildungsspiel, sondern tief verankerte Weltauffassung und Lebenseinstellung, in der man „wusste" bzw. mit der Vorstellung lebte, dass die Welt ein im ganzen vorbestimmtes Alter von 6000 Jahren – und diese wieder gegliedert in den vier sog. Danielischen Reichen – ab Beginn der Schöpfung haben sollte. Würde diese Zeit einmal vorbei sein, dann sollte mit der Wiederkunft Christi das Ende der Welt eintreten. So schien es in Gottes Ratschluss bestimmt. Es war, so kann man mit einem Gegenbegriff zur heute sog. „offenen Zeit" (Picht / v. Weizsäcker) sagen, eine geschlossene Zeit, in der die Welt sich entwickelte. An deren Anfang hatte der Schöpfer, so lautet die damals verbreitete Präformationstheorie, eine festgelegte und vorbestimmte Zahl von Arten geschaffen, die nacheinander in die Wirklichkeit trat. Wurde dieser Schöpfungsplan in Frage gestellt, so konnte das für das damalige Lebensgefühl und Glaubensempfinden nur Widerspruch und verletzte Empörung bedeuten. Nur allmählich wurde, aufgrund von geologischen und paläontologischen Funden – in der wissenschaftlichen Bildungswelt, noch nicht in der religiösen Welt – die Zahl der offensichtlich zur Welterklärung notwendigen Jahre vermehrt: noch im 18. Jahrhundert waren es bereits um eine Million Jahre, die man für die Entwicklung der Schöpfung anzunehmen – und so die ursprünglichen 6000 Jahre allmählich zu überschreiten – gezwungen war. Unter dem Einfluss und Eindruck jener rasant zunehmenden neuen Materialien wie auch unter dem Einfluss des enormen Umbruchs im Zeitgefühl, der um die Wende des 18. zum 19. Jahrhundert vor sich ging, trat in dieser inzwischen sog. „Sattelzeit" die Schematisierung der Weltzeit in den vier sog. Danielischen Reichen zurück. Man begann sich allmählich von der geschlossenen Zeitvorstellung zu lösen und die goldene Zeit der Welt in ihrer sich ent-

[13] Vgl. den Artikel Entwicklung von S. M. Daecke in TRE Bd. IX, 705ff. Wie sehr freilich diese vor-evolutionäre Theologie eben die Theorie der Evolution vorbereitete, zeigt eindrücklich der Beitrag von U. Lüke in diesem Bande oben S. 98ff., wie überhaupt das biblische Schöpfungsmodell die Zeitlichkeit und den Beginn der Schöpfung zu einer Zeit schon vorstellte, als alle Welt sonst – bis in die philosophische Spätantikenrezeption der frühen Neuzeit – noch die Ewigkeit der Welt dachte.

wickelnden Zukunft, nicht mehr in ihrer Vergangenheit, in der Rückkehr zu ihren klassischen Zeiten – seien es die der griechischen Antike oder die des biblischen Zeitalters – zu sehen. Damit erst wurde „Entwicklung" als Fundamentalkategorie denkbar.

Wir haben inzwischen, in der Verlängerung dieser damals begonnenen Umstellung, gelernt, dass wir in solch einer „offenen Zeit", in einem offenen, undefinierten, nicht festgelegten Prozess – durch das Entropiegesetz – wachsender Möglichkeiten (v. Weizsäcker) leben; dass die Evolution ein undefinierter Prozess ist, der seine eigenen Ziele nicht kennt (Cramer); dass in diesem Prozess die Strukturen und Gesetze, in denen und nach denen sie abläuft, sich selber erst bilden, und dass auch der Zufall, der im stochastischen/statistischen Charakter der Gesetze seinen essentiellen Ort hat und also in ihm aufgehoben ist, nicht geleugnet werden muss (M. Eigen, I. Prigogine). Durchaus vorhandener und grundlegender Zufallscharakter von Entwicklungen ist mithin kein Argument gegen deren Gesetzmäßigkeit und Sinnhaftigkeit mehr. Was es bedeutet, auch die Theologie und die religiösen Erfahrungen im Zeichen der offenen Zeit zu verstehen, werden wir noch zu sehen haben.

An dieser Stelle ist auf eine weitere, entscheidende und zentrale theologische Verschiebung hinzuweisen, die sich in jener oben genannten „Sattelzeit" der umbrechenden Zeitvorstellung anbahnte und heute durch das verstärkte Gewicht der Mystiken an Bedeutung gewinnt. Nicht nur das Verständnis von Schöpfung nämlich hat sich von der geschlossenen Zeit der Präformationstheorie zur offenen Zeit der Evolution verschoben, sondern auch das Verständnis des Schöpfers, des Göttlichen selber hat sich – potentiell und symptomatisch, in sich damals erst abzeichnenden Ansätzen – verwandelt. Es etablierte sich – einstweilen verschwiegen, im Zeichen Spinozas – eine Kritik des klassischen theistischen Gottesbildes, welches so denkt und spricht, als wäre da eine existierende Gottperson, die das alles so und nicht anders gemacht, vorbereitet und geleitet hat. In seinem berühmten Jacobi-Gespräch, in dem es um die Geltung und Bedeutung Spinozas für das religiöse Verstehen ging, hat Lessing sein kategorisches „Die orthodoxen Begriffe der [extramundanen] Gottheit sind nicht mehr für mich" hingestellt.[14] Um die revolutionäre Bedeutung dieses Satzes zu verstehen, muss man sich Folgendes klarmachen:

Ein in der protestantischen Theologie bekannter, aber in seinen Konsequenzen gleichwohl meist unvollzogener Satz D. Bonhoeffers (immerhin eines Kirchenvaters des Protestantismus also!) lautet: „Einen Gott, den es gibt, gibt es nicht."[15] D.h. in der Ebene gegenständlicher Vorstellung einer extramun-

[14] G. E. Lessing, Hanser-Ausgabe Bd. VIII, 563ff. Dieses Motiv wurde zunächst – nicht sehr folgenreich – fast nur von Schleiermacher in der Theologie rezipiert.

[15] D. Bonhoeffer, Akt und Sein, 3.Auflage München 1964, S.64.

danen Gottperson lässt sich die göttliche Wirklichkeit, das Urgeheimnis aller Dinge, nicht sinnvoll und legitim denken und auffassen; sie „gibt es nicht". Dieses – heute meist mystisch genannte – non-theistische Verständnis des Göttlichen, welches uns umgibt, trägt und richtet, ja immer wieder auch vernichtet, daher zu verehren und zu fürchten ist, ist mit einem vorstellungsmäßigen Atheismus durchaus kompatibel. Denn diese letzte („göttliche") Wirklichkeit ist nach einer treffenden Formulierung Paul Tillichs wohl „personal", d.h. uns als Menschen und Personen betreffend und angehend, aber nicht „persönlich" im Sinne einer existierenden Gott-Person. Man muss daher, um genuin religiös zu sein, nicht an eine „extramundane" Gott-Person, an „einen Gott" glauben; es gilt vielmehr, sich einzulassen auf die uns umgebende, tragende und in-Frage-stellende, bedrohende und richtende Wirklichkeit, eben jenes Geheimnis in allen Dingen. Als „mitten in unserem Leben jenseitig" hat eben jener Bonhoeffer darum die welt-immanente Transzendenz in aller Welt beschrieben: das Göttliche Geheimnis muss daher nicht metaphysisch-jenseitig, sondern kann immanent-jenseitig verstanden werden. Man kann dann fragen, welche Art, welches Gesicht, welchen Namen – von den 99 Namen Allahs[16] – diese Wirklichkeit hat. Aber man muss nicht, um genuin religiös zu sein, vorweg an einen existierenden und eingreifenden Gott und an eine Jenseitswelt, eine „Anderswelt", glauben. Keine eigene, besondere Gottperson oder göttliche Substanz, die aus dem Jenseits einwirkt – gleichgültig ob in den Einzelfall oder im Blick auf den Kosmos als ganzen – wird mehr vorgestellt, kein Schöpfungsplan wird mehr verletzt, wenn man die leitende extramundane Gottperson nicht mehr annimmt, sondern das Geheimnis und Wunder der offenen Zeit und ihrer Systeme in aller Schöpfung wird wahrgenommen. Das – weiterhin verbreitete und mögliche – Symbolwort „Gott" verhindert und verschließt derzeit, da meist gegenständlich und extramundan verstanden, diese eigentlich gemeinte Urerfahrung und Wirklichkeit eher als dass es sie eröffnet und erschließt. Die lange Serie von Schwierigkeiten zwischen Evolutionstheorie und Theologie kommt von dem naiven theistischen Gottesbild, mit dem beide, Theologie und – auch die ablehnende – Naturwissenschaft, arbeiten und sich gegenseitig festlegen.[17]

Versteht man dies, so sieht man leicht, wie weit ab der hier sich abzeichnende theologische Gottesbegriff vom ehemals geschlossenen theistischen Schöpfungsmodell bereits ist. Es besteht im Blick auf jenes uns umgebende und tragende Geheimnis, welches ungegenständlich in allen Dingen ist, nicht aber gegenständlich-metaphysisch kausal einwirkt, kein Problem mit der Evo-

[16] Denn der 100. bleibt ausgespart für den „unbekannten Gott", das unbekannte fremde Element des Göttlichen, das wir nicht kennen können.

[17] Zu alledem vgl. das Kapitel über Non-Theismus (Kapitel 2) in M. Kroeger: „Der fällige Ruck in den Köpfen der Kirche", Stuttgart, 2004.

lutionstheorie mehr. Denn beide, Theologie und Evolutionstheorie, verstehen sich zeit- und prozessoffen. Kein ehemals präformativ schaffender Gott wird durch die völlige Offenheit und Undefiniertheit des Prozesses der Evolution mehr bestritten und beleidigt, kein deistischer (kreationistischer) oder theistischer Gott hat die Schöpfung in Gang gesetzt oder steuert sie heute. Einen Gott, der extramundan existiert und eingreift, „gibt es nicht". Vielmehr ist das Geheimnis aller Dinge allenthalben, in jeder Pore dieses offenen und undefinierten Prozesses anwesend, und das Wunder dieser Schöpfung ist in dem unergründlichen Geheimnis eben dieser Schöpfung, welches über alle Vernunft ist, entstanden und wird „in ihm", nicht kausal von ihm![18], noch stets im Gange gehalten. In Staunen, Dank und Schrecken nehmen wir dies wahr. Eben dies ist die ganz eigene religiöse Erkenntnis der Welt als Schöpfung. Sie konkurriert nicht mit dem naturwissenschaftlichen Verstehen der Welt. Beide können auf verschiedenen Ebenen liegend gesehen werden und eine andere Dimension von Wahrnehmung und Aussage über dieselbe Wirklichkeit darstellen. So wie – ich übernehme dieses schöne Bild – die Betrachtung eines Waldes durch einen Kaufmann und durch einen Lyriker sich nicht ausschließen, sondern nur eben andere Ebenen der Wahrnehmung repräsentieren, so lässt sich angesichts des Wunders der Welt einerseits naturwissenschaftliche Forschung in Gang setzen, und es lässt sich andererseits – um nur diese bekannte Formulierung Kants zu verwenden – der gestirnte Himmel über mir und das moralische Gesetz in mir mit Staunen, Ehrfurcht und Erschrecken bewundern. Das Wunder der Schöpfung ist ein Rätsel und Geheimnis, das sich in all dem verbirgt und offenbart; ein Geheimnis, das in allen – wissenschaftlich durchaus bekannten und erforschten – Poren und Dimensionen dieser Schöpfung anwesend ist und unerklärbar und unableitbar aus all den Wundern dieses Prozesses spricht; ein Geheimnis, aus dem wir kommen und in das hinein wir und all diese Schöpfung eines Tages auch wieder vergehen werden. Und dieses Geheimnis, weil es das letzte ist, aus dem wir kommen und in das wir gehen, kann man – man muss es nicht – das göttliche nennen. Da muss kein theistisch vorgestellter Gott gedacht, vielmehr nur das Geheimnis aller dieser Dinge wahrgenommen werden. Staunen, Ehrfurcht und Erschrecken gebühren diesem Geheimnis aller Dinge, weil die Evolution keine nur schöne und angenehme Biedermeierveranstaltung ist, sondern weil die Entwicklung des Lebens mit Tod, Sterben und Vernichtung vor sich geht[19]. Das ist der Grund, warum – ich weise darauf nur im Vorübergehen hin – die Frage nach

[18] Die Unschärfe dieser Formulierung verdankt sich einer theologisch an dieser Stelle unabgeschlossenen Diskussion.

[19] „Sie [die Natur] baut immer und zerstört immer" und „Der Tod ist ihr Kunstgriff, viel Leben zu haben", heißt es im Goethe-Tobler-Hymnus, Hamburger Ausgabe Bd. XIII, S. 45.46.

dem Bösen und dem Leiden nur mit dem Komplementaritätsverhältnis von Gut und Böse, nicht mit irgendeiner Theorie von der Defizienz des Guten bewältigbar ist. Yin und Yang zeigen, dass Gut und Böse, Licht und Schatten beide zur schauerlichen Kreativität der Schöpfung und auch des Göttlichen selber gehören. Daher die unsterblich wahre Formulierung Luthers, der an solenner Stelle mehrfach wiederholt, dass wir das göttliche Geheimnis „fürchten *und* lieben", fürchten und verehren, nicht nur „lieben" sollen, wie es die bürgerlich verharmloste Theologie heute fast durchgesetzt hat. An dieser Stelle hat die Darwin'sche Evolutionstheorie mit ihrer Einsicht in die auch aggressiven und – um der Art- und Lebenserhaltung willen – vernichtenden Verhaltenselemente tiefer gesehen als der verharmloste, verharmlosende, nur von der Schöpfergüte sprechende Gottesbegriff der Kirchen; (auch) sie zwingt den christlichen Glauben von ihr zu lernen und zu einer Revision seines Verhältnisses zum Bösen und Leiden zu kommen. So verstanden, können beide Ebenen und Dimensionen von Wahrnehmung – die naturwissenschaftliche und die religiös-theologische – sehr produktiv miteinander koexistieren, gibt es keinen Dissens zwischen Evolutionstheorie und Theologie. Beide können sich in verschiedenen Dimensionen der Wahrnehmung entsprechen und die Hand reichen.

Bei alledem könnte es wahr und wichtig sein zu denken, wozu C. Fr. v. Weizsäcker anleitet, dass wir das Staunen über scheinbar Selbstverständliches wieder lernen müssen: wenn ein Stein, den wir in die Luft werfen, zu Boden fällt, dann scheint es, als wäre dies – dem Gesetz der Schwerkraft zufolge – eine nicht weiter aufhebenswerte Selbstverständlichkeit. Es handelt sich aber, meint v. Weizsäcker, um ein Wunder, welches darin besteht, dass alle Materie Naturgesetzen gehorcht, die sich allesamt in Gleichungen bestimmten Grades darstellen lassen, mithin den Geist *in* der Natur repräsentieren. Diese Gesetze sind es, die das Wunder ermöglichen, dass lebensfähige Ordnung und nicht Chaos ist, dass etwas ist und nicht vielmehr nichts.[20]

Es könnte also tatsächlich, wie Carsten Bresch in einem der vorigen Symposien dieser Reihe gesagt hat, einen „unbegreiflichen Urgrund" der gesamten Entwicklung geben. „Evolution ist die einzig universelle Offenbarung dieser Unergründlichkeit"[21]. Dem ist ganz zuzustimmen, *wenn* Evolution – wie oben gefordert – in einem umfassenden, auch die Entwicklung von Kultur und Religion einbegreifenden, sie nicht nur reduktionistisch ableitenden Sinne versteht; denn jede Offenbarung – auch die christliche – ist

[20] C. Fr. v. Weizsäcker, Der Garten des Menschlichen, München 1977, Kap. III.1 „Platonische Naturwissenschaft im Laufe der Geschichte, S. 319ff.

[21] C. Bresch, Wertwenden – gestern und heute – Eine phasengebundene Ethik der Evolution, in: S. M. Daecke / C. Bresch (Hg.), Gut und Böse in der Evolution, Stuttgart 1995, S.30.

in der Geschichte, *in* der Evolution, gerade auch wenn sie über Geschichte und Evolution hinaus in das große Geheimnis ihres Ursprungs, ihrer Gegenwart und Zukunft weist.

Dabei sei auf eine immer wieder zu Missverständnissen verführenden Nuance der zitierten Formulierung von Bresch hingewiesen: wie er präzise sagt, kann die Natur bzw. die Evolution nicht selber die Unergründlichkeit dieses Geheimnisses *sein*; sie ist nur seine Offenbarung, Ort ihres Erscheinens und Offenbarwerdens. Das spinozistische deus sive natura, das auch Bresch kurz davor zitiert, mit dem meist der sog. Pantheismus[22] begründet wird, dürfte sich schwerlich bewähren. Nach begründeter, immer wieder sich bestätigender religiöser-theologischer Einsicht kann nichts Geschöpfliches und Endliches göttlich und selber ewig sein; es ist nur der *Ort* seiner Erscheinung. Wir Menschen sind religiös, bezogen auf jenes Urgeheimnis alles Lebendigen, aber wir sind nicht göttlich; auch wenn dieses letzte – „göttliche" – Geheimnis „überall" erscheint, also auch *in* uns Menschen, so bleibt es doch auch *in* uns uns *gegenüber*; es *begegnet* uns in uns selber wie in der Natur oder auch in der Geschichte mit Menschen, in ethischen, psychischen wie ästhetischen Phänomenen. Daher ist der einzig angemessene Ausdruck für diese Ubiquität des Göttlichen nicht der Begriff des „Pantheismus", sondern der des „Pan*en*theismus" (K. Chr. Fr. Krause). Die ungeklärten Geheimnisse der Natur sind darum nicht schon das Göttliche; denn diese Geheimnisse werden demnächst oder irgendwann erforscht und aufgeklärt, aufgelöst sein[23]. Das letzte Geheimnis aber ist nicht die Natur selber, es ist das Geheimnis *der* Natur und mithin die Bedingung ihrer Möglichkeit. Das ist die transzendentale Interpretation von Natur, die der gebotenen ontologischen Differenz entspricht. Sie erst bekommt die qualifizierte Ewigkeit des Urgeheimnisses dieser Welt in den Blick, ohne es zu vergegenständlichen[24]: dieses ungegenständliche Geheimnis in allen Dingen, das es im gegenständlichen Sinne nicht „gibt", sollen wir fürchten und verehren.

Mit all dem ist die Erkenntnis der „offenen Zeit", welche seit dem zweiten Hauptsatz der Thermodynamik in ihrer fundamentalen Konsequenz begriffen wird, den Einsichten jeder kritischen Theologie – bis hinein in das Gottesverständnis – genau analog, und sie verbindet Theologie und Evolutionstheorie.[25] Dieser Erkenntnis der offenen Zeit in der Theologie wenden wir uns jetzt zu.

[22] „Alles bzw. das All *ist* göttlich".

[23] Sie sind, was Hegel einst „schlechte Ewigkeit", quantitative Ewigkeit genannt hat.

[24] Denn es ist kein „was", keine Substanz und kein göttliches Wesen hinter der Natur.

[25] Vgl. zuletzt P. Weingartner (Hg.), Evolution als Schöpfung?, Stuttgart 2001 oder W. Gräb (Hg.), Urknall oder Schöpfung (wie oben Anm. 12).

III. Alles ist in der „offenen Zeit", also „ist", wird und entsteht alles im fundamentalen Wandel

Die Hauptsache im Verhältnis von Theologie und Evolutionstheorie ist das Wissen, dass alles, aber auch alles, was ist, im Wandel und in der Entwicklung ist und entsteht. Prigogines oder v. Weizsäckers, der sich wunderte, dass Heisenberg ihm hierin nicht folgen mochte[26], und vieler anderer Interpretationen zum 2. Hauptsatz der Thermodynamik zeigen dies naturwissenschaftlich. Hier aber hat die Theologie zunächst und vordergründig nichts Neues zu lernen, ihre eigenen Erkenntnisse entsprechen dem auf das genaueste; höchstens hat sie ihr erarbeitetes Wissen über historische Kritik und Geschichtlichkeit weiter in seinen Implikationen zu verdeutlichen und noch konsequenter zu begreifen. Denn unter dem Gesichtspunkt fundamentaler Evolution erscheint die geschichtliche, kulturelle Welt als direkte Fortsetzung der natürlichen, und die natürliche als direkte Voraussetzung der geschichtlichen Evolution, beide auf einem Kontinuum. Evolutionstheorie wäre dann eine im Blick auf Natur und Kultur gleichermaßen erweiterte Theorie der Geschichtlichkeit. Der protestantischen Theologie ist dies – einmal abgesehen von ihren konservativ-konfessionellen Varianten – selbstverständlich und in langen Kämpfen längst vertraut. Was himmelsinspiriert und unveränderlich gottgegeben schien, erwies sich als durchaus historisch, ohne darum seine religiöse Bedeutung und Dignität zu verlieren.[27]

Das wurde zunächst an der historisch-kritischen Erforschung der Bibel in einem langwierigen Prozess seit dem 17. Jahrhundert erarbeitet. Parallel wurde dasselbe in der großen historischen Dogmenforschung des Protestantismus im Blick auf Jungfrauengeburt, trinitarische und christologische Dogmen (Nicäa, Ephesus, Chalcedon) durchgeführt. Ich gebe, um kurz anschaulich zu machen, was ausführlich hier nicht zu schildern ist, zwei kleine Beispiele:

a) Götter-gezeugte Heroen gab es in der antiken Welt zur Genüge; jedem Menschen der damaligen Zeit war daher die Behauptung einer Jungfrauengeburt aus dem Heiligen Geist eine durchaus zugängliche und erhellende Vorstellung. Wenn aber diese Vorstellung, die damals half, heute eher hinderlich als erschließend ist, dann darf und muss – gerade um das Gemeinte auszudrücken und ihm die Treue zu wahren – diese antike Vorstellung aufgegeben und eine andere Verständnisweise gesucht werden. Eine Dogmatisierung dieser antiken Vorstellung ist durchaus kontraproduktiv.

[26] Der Garten des Menschlichen (wie Anm. 20) S. 560.

[27] Vgl. E. Feuerbach, Evolution der Religionen, 2. Auflage Hamburg 1993 oder R. Bernhardt, Der Absolutheitsanspruch des Christentums. Von der Aufklärung bis zur Pluralistischen Religionstheologie, Gütersloh 1990.

b) Zum zweiten gebe ich eine kleine, aber deutlich illustrierende Episode: In einem meiner ersten Studiensemester kommentierte mein damaliger Lehrer Walter v. Loewenich in seiner dogmengeschichtlichen Vorlesung die Entscheidung des Konzils von Chalcedon über die sogenannte Zweinaturenlehre: Jesus von Nazareth sei wahrer Mensch und wahrer Gott gewesen, mit der Frage, ob die Väter von Chalcedon wohl gut daran getan hätten, ein solches Dogma zu beschließen, und ich erinnerte mich meines Erstaunens über diese Frage: das Dogma sei doch Wahrheit und habe daher nicht im Belieben der Konzilsväter gestanden. Es bedurfte noch einer langen Inkubationszeit für diese Frage v. Loewenichs, bis sie – durch Verstärkung anderer Einsichten – verstanden und bei mir „angekommen" war. Auch in dieser Verzögerung ist, um eine problematisch gewordene Formulierung Häckels zu benutzen, die – persönliche – Ontogenese die Rekapitulation der geistesgeschichtlichen Phylogenese. Bis heute verzögert sich – wie seinerzeit bei mir – die Einsicht in den historisch-relativen Charakter der Sprach- und Gedankenformen des Chalcedonense[28].

Dann folgte als nächste Stufe im geistesgeschichtlichen Progress jener Erkenntnis der radikalen Vergeschichtlichung von Religion und Theologie – am Ende und zeitgleich mit dem Höhepunkt jener bibel- und dogmenkritischen Forschung – zur vorigen Jahrhundertwende im Jahre 1901 E. Troeltschs These vom „Ende der Absolutheit" des Christentums, schließlich (nach 1918) P. Tillichs Symboltheorie, die aufdeckte, dass alle theologischen Aussagen nur symbolisch, nie direkt und gegenständlich sein können – eine Einsicht, die bis zum heutigen Tage vielfach, auch im konservativen Protestantismus, nicht wirklich rezipiert ist. Aber innerhalb der sog. liberalen Theologie und auf dem hermeneutischen Flügel der sog. dialektischen Theologie (Bultmann, Gogarten) wurde diese Einsicht in die radikale Geschichtlichkeit aller religiösen Aussagen gültige und sich ausbreitende Selbstverständlichkeit. Hier bleibt also inner-protestantisch, geschweige interkonfessionell mit der katholischen Theologie, einiges auszutragen. Aber unwiderruflich sind diese Einsichten wie ein unvermeidlich durchdringendes Ferment und Sauerteig in die religiöse Welt eingeführt. Und es gilt: Der Evolutionsbegriff umfasst Natur *samt Geist und Religion*. Der Mensch ist auch mit seinem Geist der Evolution unterworfen. Daher ist alles, auch Religion, im Wandel, in der Evolution, und dies legitim und bereichernd, keineswegs bedauerlich. Was ich vorhin im Blick auf Jungfrauengeburt und Chalcedon zeigte, bedeutet tatsächlich so etwas wie eine „Wertewende", von der C. Bresch gesprochen hat: was hilfreich war, kann destruktiv werden und verschließend. Was eben von den altkirchlichen Dogmen gesagt wurde, gilt ebenso von den konfessionellen Kirchen: beide bedeuteten bei ihrem Entstehen einen wahrlich evolutiven

[28] z.B. des essentiell vorausgesetzten spätantiken Substanzbegriffes.

Fortschritt, drohen aber heute, wenn sie sich der Transformation ihrer Wahrheit verweigern, zu einer Hemmung zu werden[29]. Heute, da der Buddhismus[30] eine weltbewegende Weltwanderung angetreten hat und seine weltweite Wirkung vollzieht, sehen wir, dass die Öffnung des theistischen Gottesbildes hin zum Non-Theismus, wie von Lessing symptomatisch – aber nicht erst von ihm – inauguriert, unausweichlich wird: ein Wandel im tiefsten Herzen religiösen Bewusstseins vollzieht sich. Ähnlich wird z.B. das biblische und dann das speziell reformatorisch zugespitzte Bewusstsein, dass Christus allein der Weg zu Gott sei[31], heute im sich globalisierenden Religionsverständnis überholt und unwahr[32]. Es ist nicht mehr wahr, dass von Gott, vom Göttlichen und von religiöser Erfahrung nicht ohne den Bezug auf Jesus von Nazareth gesprochen werden kann. Religiöse Erfahrung ist menschlich fundamental, allgegenwärtig, weltweit verborgen oder offenbar; erst ab einem bestimmten Präzisionsgrad religiöser Fragestellung und Klärung ist der Bezug auf die Einsicht und das Leben, Sterben und Auferstehen des Jesus von Nazareth – aber dann natürlich auch die analoge Essenz anderer Religionen – unerlässlich.[33]

Selbst im Blick auf das Phänomen und den Begriff der „Offenbarung", welche religiös gültig und als Kategorie unaufgebbar ist, bleibt diese Einsicht in die radikale Geschichtlichkeit festzuhalten. Denn natürlich gibt es immer wieder in der Menschheits- und Religionsgeschichte das sprunghafte Hervortreten von bis dahin un- oder kaum geahnter Wahrheit und Einsicht, die dann ein echtes Offenbarwerden ist, wie immer man dies erklären mag; auch sie geschieht unter geschichtlichen Bedingungen und Einschränkungen. Nur dass es nicht nur christliche (oder islamische etc.) Offenbarung gibt. Auch das Hervortreten des Gautama Buddha ist – unbeschadet jeden Widerspruchs, der sich nach christlicher Einsicht[34] machen lässt – eine solche. Und manche Entdeckungen des religiösen Geistes in der Menschheitsgeschichte – im Blick auf religiöse Autonomie, Interreligiosität u.a. – können solchen Rang ebenfalls haben.[35] Denn auch hier bewährt sich ein alter Satz konservativen Bewusst-

[29] Dass umgekehrt eben dies Veraltete und Verdrängte/Verdrängende hilfreich und notwendig werden kann, werden wir sehen.

[30] Jedenfalls der ursprüngliche Buddhismus des Pali-Kanons und des „kleinen Fahrzeugs", die klassische Religion ohne (theistischen) Gott.

[31] als Formel „Solus Christus".

[32] Obwohl dies für das Urchristentum in der letzten apokalyptischen Stunde der Welt, die auf die Wiederkehr Christi wartete, wahr sein konnte und auch heute – in bestimmten Situationen – immer wieder wahr sein kann.

[33] Vgl. das in Anm. 17 genannte Buch.

[34] z.B. im Blick auf die Anatman-Lehre u.v.a.

[35] Daher zu Recht von E. Troeltsch solche Erfahrungen und Entdeckungen zu Recht unter die Facetten des Offenbarungsbegriffs gerechnet werden (RGG 1.Aufl. 1913, Bd.IV, Sp.918ff).

seins, dass eine Wahrheit nur erhalten werden kann, wenn man sie der Verwandlung aussetzt. Spricht etwas dagegen, Offenbarung als spontane Mutation religiösen Bewusstseins zu verstehen, womit eine Kategorie unableitbaren Wandels, eines Plateau- und Quantensprungs in der Religionsgeschichte eröffnet wäre?

Auch hier allerdings gilt es – zur Präzision und zum Schutz vor Missverständnissen – Eines hinzuzufügen und zu erinnern. Die radikale Historisierung alles Religiösen bedeutet keineswegs, wie es ursprünglich, als all dies um und nach 1900 verwirrend bewusst wurde, schien, seine völlige Relativierung und Auslieferung an Relativismus und Skeptizismus. Denn – dies gesehen zu haben ist eine bedeutende, wenngleich unauffällige Leistung Paul Tillichs – der qualitative Gegenbegriff zu „Absolutheit" (sc. des Christentums) ist nicht „Relativität/Relativismus", sondern „Unbedingtheit". „Unbedingtheit" macht noch immer letztgültige Aussagen, aber nur „für mich", ohne Anspruch auf Allgemeinheit oder Absolutheit. „Meine Mammi ist die beste" ist ein unbedingter Satz; als absoluter Satz verstanden erweist er sich als Satz sinnloskindlicher Sandkastenstreitereien. Im Modus der Unbedingtheit aber bleiben – trotz relativierender Wandlung und mitten im historischen Relativismus – religiös gültige Credo-Sätze möglich und erhalten: „In meines Herzens Grunde dein Nam und Kreuz allein funkelt all Zeit und Stunde, drauf kann ich selig sein." Die Erkenntnis, Bejahung und der Mut zur Unbedingtheit solcher Credo-Sätze bejahen die Offenbarung, das Offenbarwerden existentieller Sätze und ihrer Wahrheit und sie überwinden die qualitätslose, alles nur relativistisch einebnende Variante des Historismus. Es gibt kein Jenseits des historischen und evolutiven Werdens und seines Relativismus, keine Absolutheit, aber mitten in ihm gibt es die Möglichkeit der Unbedingtheit, des unbedingten Ernstnehmens. So lernen wir, mit dem historischen Relativismus und der Tatsache der religiösen Evolution religiös gültig umzugehen.[36]

Schließlich könnte, um Begriff und Verständnis der Evolution versuchsweise zur letzten Konsequenz zu treiben, eben diese Vergeschichtlichung auch im Blick auf das Verständnis des Göttlichen selber zu vollziehen sein. Nicht nur dass sich das Bild vom persönlichen Gott als menschlich wandelbare Vorstellung erweist, das der Evolution unterworfen ist. Nein, es scheint, als gelte dies auch der mit den Gottesbildern gemeinten Wirklichkeit. Und die Anzeichen dafür mehren sich, dass der Charakter der Zeitlichkeit – vermutlich dann nicht mehr die Zeitlichkeit unserer präparierten (Newton'schen) Zeit, sondern die viel- oder mehrdimensionale „offene" Zeit (Picht / v. Weizsäcker)[37] – bis in die ontologischen und theologischen Tiefen des Seins selbst (Tillich) hinein verfolgt und vorausgesetzt werden muss. „Wie du warst vor

[36] Auch zu diesem Komplex vgl. Kapitel 3 des in Anm. 17 genanten Buches.
[37] A. M. Klaus Müller, Die präparierte Zeit, Stuttgart o.J. (1972).

aller Zeit, so bleibst du in Ewigkeit" – nämlich im Wandel, in ewiger Schöpfung und Schöpferlichkeit. Vielleicht erscheint wirklich, wie es der berühmte letzte Satz von Heideggers „Sein und Zeit" nahe legt, „das Sein als Horizont der Zeit" und umgekehrt? Das aber würde bedeuten, dass sich nicht nur die Gottesbilder wandeln, sondern die Essenz des Seins und des Göttlichen selber in stetem Wandel und Evolution, in der Zeitlichkeit befindet und aus ihr, aus dem Urgeheimnis des Seins und Werdens, nach seinem Ebenbilde, sich alles Seiende und Werdende gebiert.[38] Sollte gerade an der Stelle der Zeitstruktur, dieser tiefsten Rätselhaftigkeit des Seins der biblische Gedanke, dass alle Schöpfung „Bild und Abbild" ihres Ursprungs ist, nicht gültig werden? Die platonische Annahme des ewig Gleichen und unverwandelt Göttlichen außerhalb und jenseits unserer reduzierten, „präparierten" Zeitlichkeit dürfte sich nicht bewähren, scheint sich zu überholen. Das Sterben und Neugeborenwerden der Götter im griechischen und im hinduistischen Mythos[39] wie auch die Geschichtlichkeit des Gottes Israels, der sich Sintflut und Verderben gereuen lässt und der ein Gott des Exodus ist, könnte in die gleiche Richtung weisen. Wandel und Evolution bis in die Tiefen des Seins! Um wie viel mehr müssen sich Religion und Theologie mit ihren Vorstellungen von dem Göttlichen, zu dem „niemand zukommen kann" (1.Timotheus 6,16), dem Wandel auszusetzen bereit sein.

Ich will hierüber noch keine bestimmten Behauptungen aufstellen, aber die Richtung dieser Frage und dieser Einsicht drängt sich immer wieder und m.E. immer mehr – auch mit theologisch guten Gründen – auf. Würde nicht gerade diese Konsequenz der Zeitlichkeit, Geschichtlichkeit und Evolution nicht nur alles Seienden, sondern auch des „Seins selbst" (des „Werdens selbst") näher an das Geheimnis allen Seins heranführen, die Wandelbarkeit alles Religiösen sowohl generieren wie auch legitimieren und uns dazu anleiten, dieses Geheimnis einer nicht präparierten und reduzierten „offenen" Zeitlichkeit erst

[38] Fr. Cramers vollzogene Gleichung, das Sein „ist" die Zeit („Der Zeitbaum", Frankfurt 1993, sowie „Die Symphonie des Lebendigen" ebd. 1998, Kapitel 2) wäre dann die nur etwas zu umstandslos formulierte Rezeption dieses Motivs. Hier lauert natürlich die Frage, ob die hiermit nahegelegte zeitliche Verfasstheit aller Wirklichkeit, also gewissermaßen die ontologische Deutung des 2. Hauptsatzes, wirklich berechtigt angenommen wird; ob nicht vielleicht die Zeitlichkeit all unserer Realität keineswegs ontologischen Ranges ist, sondern sich nur der Tatsache verdankt, dass der Kosmos weitab vom Gleichgewichtszustand sich entwickelt, woraus das ständige Entropiewachstum sich erklärt. Allerdings ließe sich die Frage auch umgekehrt denken: ob nicht die fundamentale, ontologische Zeitlichkeit der Grund für das Entropiewachstum und die generierende Kraft der offenen Systeme sein kann. Sollte dann also das Schöpferische der offenen Systeme seinen Grund in der Art des letzten Geheimnisses haben?

[39] Auch im Buddhismus sind die Götter dem Rad des Werdens unterworfen.

recht zu bewundern und – mit Staunen und Schrecken (religiös: „Verehrung“) – zu verehren, sich vor ihm zu verneigen?

Natürlich wäre hier – bei der Betonung des Wandels – religiös und theologisch auch über die den Wandel erhaltende Kontinuität, deren sich wandelnde Konstanz und Essenz, die religiöse Erfahrung der Religionsgeschichte ausmacht, nachzudenken. Denn es ist ein ewig unergründliches Geheimnis in uns und um uns, das immer neues Leben in komplementär zu begreifenden Polaritäten und Paradoxien, die seine Grundstruktur zu sein scheinen, gebiert; hindurch durch Tod und Schrecken, durch Infragestellungen und Forderungen des begegnenden Gebotes und Gesetzes, aber auch durch unendliche Gnaden, Schönheiten, Erfüllungen und Neuschöpfungen, die es mit Dank und Zittern wahrzunehmen und anzunehmen gilt.

Wie immer es mit all dem stünde, bis in die Fundamente des scheinbar ewig Gültigen und daher Zeitlosen, Unveränderlichen, Geoffenbarten gilt die radikale Vergeschichtlichung auch der religiösen Gültigkeiten und ihrer Wahrheit; denn wir haben diese Wahrheiten immer nur in zeitlichen, also historischen, also wandelbaren Gefäßen und Begriffen. Evolution und Geschichte sind keine Oberflächenerscheinungen, sondern – wie die Quantentheorie – Fundamentaltheorien, Provokationen, die bis in das Innerste von Theologie, Philosophie und Ontologie hineinreichen und die Einsicht in die Zeitlichkeit und Polarität = Komplementarität aller noch so ewigen Phänomene und Erfahrungen erzwingen. Niels Bohr war es, der immer wieder, wie er gelegentlich erzählte, traurig von Fachkongressen und Physikertreffen nach Hause kam, weil man dort seinen Bericht über die entstehende Quantentheorie nur als einen weiteren Spezialaspekt der bisherigen Physik ansah und nicht verstand, dass es sich in ihr um eine Fundamentalrevolution der gesamten Physik handelte, die bis in die Ontologie hinein zu neuem Denken und Verstehen zwang. Die Theologie ist – in wesentlichen, nicht in allen ihrer Zweigen – im Begriff, die Einsicht Bohrs von der ontologischen Herausforderung naturwissenschaftlicher Fundamentaleinsichten[40] zu realisieren.

Insofern, es sei abschließend wiederholt, kann die Theologie in der Annahme des fundamentalen Wandels und einer bis in die Grundlagen allen Seins hineinreichende Evolution alles Seienden der biologischen Evolutionstheorie die Hand reichen und kann ein völlig produktives, koproduktives Verhältnis zu ihr einnehmen. Sie kann ein solches Verhältnis auch *zwischen* ihnen beiden sehen, *wenn* die Evolutionstheorie ihrerseits sich jenen oben genannten Fragen und kritischen Bedenken grundlegend durch Erweiterung ihres Selbstkonzepts öffnet und offen hält. Hierzu könnte die Theologie die

[40] Bei Bohr im Blick auf die grundsätzliche Komplementarität, hier im Blick auf den 2. Hauptsatz und die Zeitlichkeit.

Evolutionstheorie verlocken und herausfordern, mehr zu denken als die Bedingungen der biotischen Evolution.

Für die Theologie ihrerseits könnte die Evolutionstheorie eine weitere Veranlassung zu Konsequenz und Radikalität der in ihr selbst erarbeiteten Einsichten und Fragestellungen darstellen und verstärken, speziell auch in der Erweiterung ihrer Fragen im Blick auf die Natur[41]; denn Theologie und religiöses Bewusstsein können nur profitieren, wenn das Bewusstsein ihrer Bedingtheit – nicht nur durch soziale und politische, sondern auch durch biologische, genetische und triebstrukturelle Voraussetzungen – realitätsbezogen gehalten werden.

So könnte das Verhältnis *beiderseits* ein herausforderndes, erhellendes, erleuchtendes, provozierendes und weiterzwingendes sein, über den gegenwärtigen Stand unserer Menschlichkeit hinaus, denn wir sind nicht Ende oder Krone der Schöpfung, sondern – nach dem schönen Aperçu K. Lorenz' – das missing link zwischen den Hominiden und dem möglichen Menschen. „Es ist noch nicht erschienen, was wir sein werden", heißt es dazu in der Bibel.

IV. Strukturen der kulturell-geistigen Evolution – Plateaus und Paradigmen in der Religions- und Theologiegeschichte

Die bisher vorgestellte Annahme eines fundamentalen Wandels auch der Religion – wie auch der subjektiven Religiosität – wird, wie gesagt, vor allem in der sogenannten „liberalen" und im sog. hermeneutischen (nicht im Barth'schen) Zweig der dialektischen Theologie (Bultmann, Gogarten u.a.) mehr oder minder deutlich vorausgesetzt und gedacht[42]. Die protestantisch wie katholisch konfessionell denkenden Theologien lassen diese Annahme bisher nur randhaft und oberflächenhaft zu – ein Grund mehr für ihre zu Recht wachsende geistige und kulturelle Isolation.

Setzt man diese Annahme fundamentaler religiöser Evolution jedoch voraus, so ergeben sich zur Präzisierung und Strukturierung dieser Annahme, soviel ich derzeit sehen kann, vorrangig drei Annahmen:

a) Trotz aller berechtigten und notwendigen Vorbehalte gegenüber dem Fortschrittsbegriff und einem Fortschrittsglauben[43] ist es m.E. unausweichlich,

[41] Diese war über lange Strecken aus der geisteswissenschaftlich orientierten Theologie ausgeschlossen und ist auch heute – nach einem Zwischenhoch der 1980er Jahre – wieder weitgehend zurückgedrängt.

[42] Wenngleich auch hier, wie sich im Fortgange der Zeit seither immer mehr herausstellt, weitere und vertiefende Konsequenzen der Zeitlichkeit nur allmählich, ungleichmäßig und vielfach bisher nur implizit sichtbar werden.

[43] Nachdem noch in jener Sattelzeit des mittleren/späten 18. Jahrhunderts in der deutschen Aufklärungstheologie der sog. Neologen die Theorie der sog. Perfektibilität

wirkliche Fortschritte auch im religiösen Themenbereich zu erkennen und anzuerkennen. Auch wenn angesichts begründeter Skepsis gegenüber dieser Vorstellung erhebliche und berechtigte Vorbehalte bestehen, lässt sich die offenkundige Notwendigkeit einer begrenzten Bejahung dieser Kategorie m.E. nicht gut übersehen. Ich nenne beispielhaft:

- die Überwindung des Animismus in theistischen Gottesvorstellungen; das Geheimnis der Schöpfung kann in aller Schöpfung, auch in der Natur gefunden, darf aber nicht mit ihr identifiziert werden (ontologische Differenz),
- die Überwindung des Polytheismus im allmählich – und historisch – entstehenden Monotheismus, zu dem auch das spätantik-späthellenistisch-synkretistische Denken tendierte, denn alle Wirklichkeit kann letztlich nur eine sein; dies gilt auch dann, wenn das ungegenständliche Eine Göttliche in vielen Gestalten erscheinen kann, also im Polytheismus Motive aufbewahrt sind, die im Monotheismus immer wieder aktiviert und neu aufgehoben werden müssen, was ebenso vom Animismus und vom religiösen Gebrauch des Naturbegriffs gilt,
- die Überschreitung auch des monotheistischen Theismus im Nontheismus verschiedenster mystischer Traditionen[44], auch im entdeckten Wissen, dass alles religiöse Wissen nie gegenständlich, immer nur symbolisch oder meditativ sein kann,
- die Anbahnung eines integrativen Verständnisses des Bösen im Shivaismus/Vedanta und Taoismus, komplementär zu dessen dualistischem Verständnis in den monotheistischen Religionen,
- die Entdeckung und Bejahung der Autonomie-Vorstellung im Zusammenhang religiöser Thematik[45],
- das christlich-reformatorische Verständnis des Gesetzes in der radikalen Kritik der sog. Gesetzlichkeit: das Gesetz besteht nur in dem Gebot der Liebe zu Gott und zum Nächsten, wobei das „nur“ die entscheidende christliche Pointe ist: „darin hanget das ganze Gesetz und die Propheten“ (Matthäus 22,40); das gesamte corpus von – sei es jüdischen, sei es christlichen, sei es hinduistischen oder islamischen – Gesetzen verfällt

des Menschen und der Religion entwickelt worden war, war dieser Glaube einer ganzen Aufbruchsgeneration bereits zu Ende des 19. Jahrhunderts – gerade auch bei den kritischen und liberalen Geistern der Epoche – einer kritischen Zurückhaltung gewichen: man sprach nur noch von „Weiterentwicklung“ der Religion (RGG 1.Aufl, Bd.V 1913, Sp.1881ff).

[44] Advaita, Sufitum, Kabbala, christliche Mystik.

[45] Implizit seit der Aufklärung und ihrer Inanspruchnahme der Vernunft in Angelegenheiten der Religion; Zurückweisung der Ansprüche der Kirchen, die Bibel sei alleinige Grundlage religiösen Wissens infolge der religiösen Verderbtheit und religiösen Insuffizienz des Menschengeschlechts.

hier der kritischen Relativierung. Luther ist es, der wie keiner diese paulinische Radikalisierung des Gesetzesbegriffes in konsequentem Verständnis der Gotteserkenntnis Jesu aufnimmt. In allen zehn Geboten, so meint er, gibt es in Wahrheit nur ein einziges Gebot: das erste. Daher schreiben die Christen ihre eigenen neuen Dekaloge, eine bisher im Christentum und in der Kirche selber uneingeholte und uneingelöste Freiheitszumutung, mit der dieses Gebot der Unbedingtheit und der Liebe autonomer Menschen, ihrem Gehorsam, ihrer Vernunft und ihrer Phantasie überantwortet wird. Die Autonomie der „freien" Söhne und Töchter wird auch hier in Kraft gesetzt und bestätigt. In all dem, zugespitzt im Schreiben der eigenen neuen Dekaloge und der vorausgesetzten religiösen Autonomie, erweist sich auch diese Ethik als genau auf das Phänomen des fundamentalen Wandels eingestellt, als evolutionsentsprechend und -kompatibel, weil alle religiösen Normen sich hier als historisch-evolutiv entstanden, überholbar und als immer wieder neu zu entwerfen erweisen[46].

- Hierher gehört auch der Fortschritt der weltweit eindrücklichen historischen Kritik – vorwiegend – im neuzeitlichen Protestantismus, sowohl im Blick auf die neutestamentliche Erforschung des historischen Jesus mit erheblichen Folgen für das christologische Denken, wie auch im Blick auf die weltanschauliche Gebundenheit und Metaphysik der altkirchlichen Dogmenbildung und reformatorischen Theologie. All dies gehört in den generellen Kontext der – auch religiösen – Aufklärungstradition und -rezeption.
- Schließlich ist zu nennen die seit 20-30 Jahren sich aufdrängende und abzeichnende Interreligiosität im Zeichen der – auch religiös bereichernden, nicht nur gesellschaftlich notwendigen – religiösen Globalisierung; denn es gibt essentielle religiöse Fragen, in denen die Religionen – auch das Christentum – voneinander zu lernen haben[47]. Innerhalb der wachsenden Interreligiosität ist die seit ca. 80 Jahren sich abzeichnende Ökumenisierung des Christentums nur ein relativ wichtiger Unteraspekt.

Unter diesen und manchen anderen Gesichtspunkten lässt sich durchaus ein allgemein religionsgeschichtliches wie auch innerchristliches Fort- und Voranschreiten der religiösen wie theologischen Entwicklung konstatieren. Immer neue Stufen der Evolution werden hier auch religiös vollzogen. So scheint es –

[46] Sofern sich diese Einsicht als Ferment der religiösen Evolution bestätigt, würde das radikalisierte Verständnis des paulinisch-reformatorischen Gnadenbegriffs („sola gratia") in der Unterscheidung von der religiösen Erfahrung des Gesetzes als welt- und religionsgeschichtlich ambitionierte religiöse Einsicht folgen.

[47] Damit zusammenhängend ist unter den Fortschritten die für viele schmerzliche, aber letztlich unabweisliche Infragestellung und Beendigung des sog. „Solus Christus" – Christus allein sei der Weg zu Gott und zum Heil – zu nennen.

alles in allem – unwiderleglich, dass es solche aufregenden und produktiven Fortschritte immer wieder geben kann und gibt, ganz offenbar auch heute, in dieser keineswegs mehr als in früheren Generationen gott- und seinsvergessenen, aber viel mehr als früher traditionsvergessenen Zeit und Welt, in der das Individuum – im statistischen Mittel – mit seiner eigenen Kreativität und Orientierungskraft religiös überfordert und daher seelisch mehr als früher der Suggestion von Sekundärerfüllungen („Aberglauben") ausgesetzt und gefährdet ist. Es gibt Fortschritte: in der Angemessenheit der Symbolverschiebung.

b) Eine zweite, wie mir scheint unabweisliche, Annahme zum Verständnis und zur Strukturierung der Annahme fundamentalen Wandels und fundamentaler Evolution besteht in der Einsicht, dass es den – wie gezeigt – anzunehmenden Fortschritt letztlich nur begrenzt gibt; dass es mithin keine, wie in der ersten Aufklärung angenommen, wirkliche Perfektibilität der religiösen Vorstellungen und des religiösen Wissens gibt; denn das Zeitalter des Geistes, auf das Lessing hoffte, bleibt übergeschichtlich, mithin illusorisch. Jedes religiöse Wissen bleibt auf Symbole angewiesen und schaut nicht hinter den Vorhang, und die Gebrochenheit menschlicher religiöser Erkenntnis tut ein Übriges. Mag es wichtige Einsichten und weiterführende Symbolverschiebungen geben, so bleiben diese doch immer nur die einer Generation zugänglichen Symbole, die in der nächsten wieder kritisiert, überschritten und ausgetauscht werden, da alle Symbole und Plausibilitäten der jeweiligen kulturellen Welt, in welcher sie aussage- und bedeutungsfähig sind, entlehnt sind. Auch in den alten, heute überschreitbaren Symbolen war eine religiöse Gotteserfahrung voller und gültiger Art möglich und gegeben. Näher als vor den Vorhang, wo man sich mit – begründeten und legitimen – Projektionen behelfen muss, kommt niemand, auch der das Satori und den Bindu erreichende Meditierende vermutlich nicht. Dies relativiert das – freilich unausweichliche und unbestreitbare – Wandlungs- und Fortschrittsbewusstsein und schließt jede seiner möglichen Anmaßungen, als wären seine – unsere – Symbole näher an der Wahrheit als die alten auf ihre Weise, aus. Jede religiöse Erkenntnis bleibt, mitten in ihrem Fortschritt, relativ zum Geheimnis, zum Göttlichen. Die Entwicklung der Symbolverschiebungen führt immer weiter, nur wenig – dies aber immerhin – aufwärts. Mögen die Symbole angemessener werden, näher an das Geheimnis heran führen sie – mal mehr, mal weniger – nur bedingt und in sehr großen Zeiträumen, in es hinein nie.

c) Ein drittes Bestimmungselement des Wandels, der Evolution aller Dinge, dürfte schließlich in der Einsicht bestehen, dass es in diesen Veränderungs- und Wandlungsprozessen auch Vergessen und Verdrängen gewonnener Einsichten, mithin – mitten im Fortschritt – Rückschritte und Regressionen, möglicherweise durchaus heilsame, hilfreiche und produktive Regressionen gibt, und dies allgemein religionsgeschichtlich wie auch innerchristlich. Daher ist vermutlich die von C. Fr. v. Weizsäcker formulierte Annahme triftig, dass in der kulturellen Evolution und in geistesgeschichtlicher Perspektive, anders als in der biotischen Evolution, ältere Plateaus der Erkenntnis gültig und erhalten bleiben und mit jüngeren koexistieren müssen, weil diese älteren immer wieder Einsichten bewahren, die den jüngeren in ihrem Fortschrittswillen verloren gegangen sind.[48] Der Fortschritt der erreichten Symboleinsicht und der weiterführenden Symbolverschiebung ist weder eindeutig noch einlinig. Daher ist die produktive Komplementarität verschiedener theologischer und religiöser Positionen ein wichtiges Prinzip. Der Fortschritt blendet auch aus, was ältere Plateaus dann – notwendigerweise regressiv – bewahren.

Nicht jeder Rückschritt allerdings – allgemein religionsgeschichtlich (interreligiös) wie innerchristlich – muss darum aufbewahrt und geachtet werden. Nicht jeder Animismus oder Konfuzianismus, nicht jede religiöse Remythisierung und Regression muss anerkannt und mitgemacht werden. Die Aufgabe der Unterscheidung von produktiver und destruktiver Regression bleibt bestehen. Aber es gibt derlei produktiv bleibende und wieder aufzunehmende, einzuholende Verdrängungen. Man denke – *innerchristlich* – an das Unscharfwerden der erst in der Reformation wieder zur Geltung gebrachten biblischen Einsichten, oder daran, wie in der ersten Aufklärung (des 18. Jahrhunderts) die Lehre vom Bösen so sehr vergessen wurde, dass auf ihrem Höhepunkte und zu ihrem eigenen Entsetzen Kant, ihre eigene Hauptgestalt, die Lehre vom radikalen Bösen wieder einführen musste und in der Folge z.B. Freud und Jung sie – als unabweisliche Aufklärung über uns – machtvoll wieder zur Geltung bringen mussten[49]. Ähnliches geschieht heute innertheologisch im derzeit versuchten theologischen Neoliberalismus: in ihm droht – im Zeichen der – unter bestimmten Gesichtspunkten berechtigten – Einordnung der Theologie in den Religionsbegriff und in die Kulturwissenschaften, Essentielles an biblisch-reformatorischen Einsichten und dazu das Bewusstsein fast wieder verloren zu gehen, dass Religion als kulturelle Erscheinung der Evolution eben die Dimension des Kulturellen notwendig überschreitet und dass sie erst im Bewusstsein ihrer Transzendenz – und sei es in innerweltlicher Transzendenz, wie oben gezeigt – genuin erkannt und verstanden wird.[50] Dieser vermeintliche Fortschritt bleibt auf das, was er

[48] C. Fr. v. Weizsäcker, Der Garten des Menschlichen (wie oben Anm. 20), Kap.IV.4 Ebenen christlicher Theologie, S.479ff.

[49] Was theologisch in Erweckungsbewegung und Rekonfessionalisierung schon längst und rechtens – freilich regressiv und unproduktiv – mit allen Folgen für Anthropologie und Erlösungslehre thematisiert war.

[50] Dies bedeutet keine Bestreitung der Einordnung der Theologie in die „Kultur" und in die kulturelle Dimension der Evolution (wie es in überzogener Alternative die sog. dialektische Theologie einst tat), wohl aber das Bewusstsein, dass Kultur, sofern sie sich religiös erschließt und öffnet, ihre kulturelle Dimension überschreitet (was jene dialektische Theologie damals zu Recht betonte und zu betonen Anlass hatte). Nur um

überwinden wollte, nämlich die Einsichten der sog. dialektischen Theologie, angewiesen, wenn er produktiv werden will. Nicht anders die vielfältige Vergessenheit und Ausblendung von Religion in dem, was sich heute als zweite (linke) Aufklärung, als positivistisch einebnender Fortschritt oder als technokratische Technikgläubigkeit etabliert und ausgibt[51], sie alle bleiben auf das religiöse Erbe angewiesen. Gerade weil auch mitten in Fortschritten finsterste Vergessenheit stattfinden und mitten in reaktionären Verbarrikadierungen Wahrheiten aufbewahrt sein können, müssen ältere und jüngere Plateaus koexistieren, innerchristlich und im Blick auf die glücklicherweise seit einiger Zeit entstehende alternative Spiritualität. In eben den konfessionellen Kirchen, die jene Wertewende bisher kaum vollziehen, sind solch unüberholte, in der ersten wie in der zweiten Aufklärung ausgeblendete Einsichten aufbewahrt, auf die keine „unvollendete Aufklärung" (v. Weizsäcker), in der wir heute leben, verzichten kann.

Dasselbe gilt aber auch *interreligiös*, innerhalb der globalen Entwicklungsgeschichte verschiedener Religionen: auch hier gilt, dass jüngere durchaus nicht immer und nicht in allem der Wahrheit fortschrittlich näher sind: es gibt religiöse Erfahrungen des Taoismus und des Shivaismus im Blick auf die Frage nach der produktiven Integration des Bösen (Yin und Yang), die in den monotheistischen Religionen – außer in deren Mystiken – nicht eingeholt sind; und es gibt religiöse Einsichten im Hinduismus, in der religiösen Advaita-Philosophie oder im Buddhismus im Blick auf die Frage nach einer gültigen Religion ohne – theistisch vorgestellten – Gott, die das Christentum bis heute nicht vollzogen hat. *Und* es gibt umgekehrt religiöse Wahrheiten des Christentums, die der Islam – im Blick auf das Verständnis des religiös fundamentalen Gesetzesverständnisses (Gesetzeskritik), der religiösen Autonomie des Menschen oder der religiös legitimen Pluralität – bis heute nicht vollzogen hat[52]. Ähnliche Fragen lassen sich im Blick auf das Judentum, wie zuvor auch schon im Blick auf das Christentum, stellen.

Aus all diesen Gründen muss, dies sei wiederholt, der interreligiöse Dialog als essentielle theologische und religiöse – auch, aber nicht nur soziale – Notwendigkeit verstanden werden. Denn in all diesen Entwicklungen gibt es unausgelotete und unüberholte Wurzeln fremder und früherer religiöser Einsicht, denen die Treue zu wahren ist, bei gleichzeitiger Vorwärtsentwicklung in der offenen Zeit. Gerade die in der Evolution vollzogene Entwicklung des Unbewussten als eines produktiven Horts von Schutz (durch Verdrängung bei

den Preis erneuter Regression im heute versuchten theologischen Neoliberalismus wird dies heute übersehen und unterbelichtet.

[51] Vgl. das Habermas-Argument unten S. 146

[52] Die ersten Anzeichen einer in diesen Hinsichten beginnenden, wenn auch bedrohten und schwachen religiösen Aufklärung im Islam sind glücklicherweise erkennbar.

Überforderung) und von Neugeburt (durch Bewusstwerdung) gebietet die Anerkennung dieser Möglichkeiten. Fortschritt *und* Vergessen sind mögliche Modi der Anwesenheit einer Erkenntnis. Die Paradigmen und Evolutionsstufen müssen koexistieren, nicht weil es keinen Fortschritt gäbe, sondern weil dieser tatsächliche Fortschritt menschlich und seelisch ungeheuer gebrochen und indirekt vor sich geht.

Alle diese drei strukturellen Weisen von Wandlung und Evolution ließen sich nun an den großen Abschnitten und Perioden der allgemeinen Religionsgeschichte wie der christlichen Kirchen-, Dogmen- und Theologiegeschichte als gebrochen fortschreitende Einsichten im Wechsel der Paradigmen und Plateaus gewinnbringend verstehen und durchdeklinieren, was ich hier nicht versuche. Sie ergeben freilich keine Generaltheorien, in die alles gepresst werden dürfte, aber sinnvolle heuristische Fragestellungen, die neues Licht auf bekannte Entwicklungen werfen und zu ungewöhnlichen Konzentrationen des Blicks zwingen. Auch solch disparate und scheinbar – in sich und gegenüber der traditionellen Interpretation der Evolutionstheorie – paradoxe Entwicklungsmodalitäten müssen Platz in der Theorie einer den menschlichen und kulturellen Notwendigkeiten und Fakten geöffneten Evolutionstheorie haben. Ersichtlich machen sich hier noch ganz andere Gesetzmäßigkeiten und Logiken als die von Selektion und Anpassung, die nicht oder kaum mehr schließende Schlüssel zum Verstehen dieser Evolution sind, geltend.

V. Schlussreflexionen

Damit komme ich zu meinen Schlussüberlegungen[53] und fasse das Gesagte zusammen:

a) Dem methodischen Ansatz, auch Religion, Moral, Geist als Elemente der biotischen Evolution und unter deren Gesetzen und Bedingungen entstanden zu denken, ist, wie gesagt, im Blick auf die Frühphase der Evolution m.E. umstandslos zuzustimmen; ebenso dass Religion und die entstehende religiöse Funktion der Hominiden zunächst – im Heranwachsen und Sich-Entwickeln – durchaus ein sekundäres, primär biologisch bestimmtes Epiphänomen waren. Damit kann und muss die Rekonstruktion der religiösen Frühgeschichte der Menschheit für diese Frühgeschichte völlig den wissenschaftsgeschichtlich approbierten und erfolgreich angewandten Kriterien der biologischen Evolution ausgesetzt und freigegeben werden, eingeschlossen alle denkbaren – und zu testenden – Kategorien von Religion als Wahrnehmungsorgan, Selektionsvorteil, Illusion, Placebo etc.[54], einschließlich auch der Möglichkeit tierischer

[53] Diese wurden in Aachen nur in Andeutung vorgetragen.

[54] Wobei allerdings erstaunlich bleibt, dass gerade die beispiellose Wirkungsgeschichte

Vorformen[55]. Vermutlich sind also die Frühformen heraufdämmernder, sich entwickelnder Religiosität tatsächlich zunächst als undefinierte und schillernde Formen dieser Funktionen herangewachsen. Wieweit allerdings Kulturanthropologie, biologische Anthropologie und Soziobiologie mit ihren Versuchen bzw. durchweg nicht wissbaren Phantasien über die *religiösen* Ursprünge von Religion bei Urhorden, Urmännern und Urfrauen erfolgreich sein können, bleibe offen und dahingestellt. Und wo in der langen Kette von Entwicklungen C. G. Jungs Annahme des kollektiven Unbewussten mit seinen durchaus religiösen Archetypen, die ihrerseits in Entwicklung, in Evolution sind und vermutlich/angeblich bis in tierische Frühformen zurückreichen, anzusiedeln ist, vermag ich nur zu fragen.

b) Irgendwann aber wurde, dies scheint zwingend vorauszusetzen und abzuleiten, die kulturelle Evolution – und mit ihr Religion – eine eigene Sphäre und eigene Kraft in der vielfach vernetzten und mit ihr interagierenden Gesamtwirkung der Evolution.[56] Dieser Gedanke, dass mit der kulturellen Evolution allmählich eine ganz neue Stufe entsteht und betreten wird, bedarf der Verdeutlichung. Denn die kulturelle Evolution scheint ja nicht einfach Fortsetzung der biologischen Evolution mit anderen Mitteln zu sein. Und was sich kulturell an Entwicklungen ergibt, ist Mutation des Bewusstseins, ganz offensichtlich nicht mehr – oder einstweilen noch nicht – Mutation des genetischen Erbes. Vielmehr hat hier ein Paradigmenwechsel eingesetzt, der Darwins Kriterien der Evolutionsbeschreibung überschreitet, sie – als Voraussetzung bleibend – sekundär macht und ein neues Paradigma von Gesetzmäßigkeit und Logik sowie ein eigenes, neues Verhältnis der kulturellen zur biologischen Evolution – vermutlich besonders durch Sprache und Symbolisierungsvermögen – entstehen ließ. Nichts also geschieht ohne die Grundlage der physikalisch-biologischen Evolution, vielleicht sogar nichts gegen sie, aber

von Religion in der Geschichte der Hominisation, die doch schwerlich – in den Kategorien der biologischen Evolutionstheorie – für die species als erfolgverhindernd angesehen werden kann, eine Illusion darstellen soll! Die Evolution, der doch sonst alles Leben befördernde zugetraut wird, soll nun gerade im Falle Religion nicht erhalten, weil sie „wahr" ist, sondern nur weil sie – wie ein blinder Irrläufer der Evolution – vererbt wird? Diese Annahme sagt vermutlich eher etwas über die religiöse Ratlosigkeit der Interpreten als über den Gegenstand „Religion in der Evolution" aus. Womit die kreative und manchmal lebensnotwendige Bedeutung von Illusionen nicht bestritten werden soll. Dass hier, im Blick auf Religion als Wahrheit, allein das sog. pragmatische Wahrheitsverständnis in Frage kommt, notiere ich nur.

[55] Diese scheinen sich jedoch, gerade auch im Blick auf Schimpansen und Bonobos, soviel mir bekannt, nicht zu bestätigen. Wenn, was wohl zu Recht vermutet wird, auch die religiöse Anlage im Menschen eine genetische Grundlage hat, dann wäre sie also in jenen merkwürdigen 2 % der genetischen Differenz zwischen Schimpansen und Hominiden zu suchen (wie auch Sprache und Symbolisierungsvermögen) ?

[56] Vgl. dazu oben Anm. 9.

nicht alles wird durch sie hinreichend erklärt, weil nicht mehr alles, was kulturell geschieht, aus ihr abzuleiten ist, sondern den eigenen Kreativitäten der Kultur sich verdankt. Religion lässt sich nicht einfach und direkt biologisch ableiten. Sehen wir zu.

Religion hat zum Beispiel, längst bevor dies im Zeitalter der Globalisierung nahegelegt und tatsächlich heute ein Selektionsvorteil wird, das generelle Tötungsverbot – genauer „Mordverbot" – allmählich entstehen lassen.[57] Hier wird im Blick auf die mächtig evolvierte Tötungsbereitschaft gegenüber Artgenossen und Nachwuchs ein deutlicher Gegenimpuls gesetzt, der sich seinerseits erst entwickeln und erst allmählich generalisiert werden musste. Hier wird kulturell eine neue Ebene betreten, die der Überlebens-, Stärke- und Fitness-Logik ein Korrektiv entgegensetzt. Selbst wenn die Annahme eines Tötungs- bzw. Mordverbots gegenüber Mitgliedern des eigenen Clans oder Stammes in der älteren Evolutionstheorie als Selektionsvorteil einer species wirken und verstanden werden konnte: das zunehmend generelle Tötungsverbot, wie die Religion es kreiert hat[58], war im bisherigen evolutionstheoretischen Sinne schwerlich schon ein Überlebens- und Selektionsvorteil[59]: es bedeutete keine Steigerung der Arterhaltung, eher eine Hemmung der biologisch-militärischen Stärke und des brutalen Überlebens. Das Tötungsverbot ist nicht mehr auf Verteidigung der Vermehrung, sondern auf Humanisierung – auch dem Fremden gegenüber – aus[60].

Auch das Gebot der Nächstenliebe[61] ist in seiner Logik und nach dem Gesetz seiner eigenen Wahrheit irgendwann in der Evolution des menschlichen Geistes oder der menschlichen Seele entstanden – ebenso wie das Sophokleische „Nicht mitzuhassen, mitzulieben bin ich da" der Antigone.

[57] Das alttestamentliche Gebot bedeutete ursprünglich „nicht (absichtsvoll) morden" und war nur bezogen auf die Autorität des pater familias im innerfamiliären Blutfall (Blutrache), vgl. E. Otto, Ethik des Alten Testaments. Erst allmählich, im Verlauf der weiteren Religionsgeschichte, ist es in seiner Radikalität und Generalität, mutationsartig und zunächst verloren-wirkungslos, aufgetreten, hat seither, unendlich oft übertreten, wie ein Virus das religiöse Bewusstsein infiziert und ist nicht mehr aus der Welt zu schaffen.

[58] Man denke auch an den Schutz jedes Fremden durch Zeus, den Schützer des Gastrechts, oder an Jahves Recht, welches „den Fremden in deinen Toren" zu schützen anweist.

[59] Das ist es erst heute geworden!

[60] Nicht anders kennt m. W. das Gebot, die Ehe nicht zu brechen, keine stammesgeschichtliche Grundlage, vielmehr betritt dieses Gebot angesichts der entwickelten Bereitschaft zu möglichst breiter Reproduzierbarkeit der eigenen Gene der Männchen eine neue, eben kulturelle Ebene.

[61] Mag es eine Übertreibung des dem Menschen Möglichen und von ihm Gewollten – daher notwendig immer als Forderung existierend! – gegen die „Natur" des Menschen und Relativierung seines biologischen Existierens sein.

Vielleicht gilt dies auch für das buddhistische Mitleid mit allen Kreaturen. Es ist generell und dient nicht nur dem eigenen Stamme, dem es eher abträglich ist, wie Kreon gegen Antigone genau wusste. Seither geht es durch die Welt, ist mehr als der evolutionstheoretisch plausible Altruismus, kann immerzu verletzt und verleugnet, aber nicht mehr verschwiegen und ungeschehen gemacht werden. Längst bevor jenes Tötungsverbot und dieses Liebesgebot als Kategorie biologischen Überlebens sinnvoll wurden – nämlich heute, im Zeitalter der Globalisierung und des Overkills unserer atomaren Waffenausstattung –, wurden sie erfunden, traten wie eine Offenbarung, wie ein Quantensprung und eine Mutation des Bewusstseins, nicht des Erbgutes, hervor und galten, weil sie unbedingt und religiös wahr waren, als göttlich und nicht umgekehrt! So wirkten sie als ständiges Ferment in die Kultur- und Seelengeschichte der Menschheit ein. Solidarität ist, soviel ich weiß, kein Merkmal der biotischen Evolution. Religion wurde schon wahr, als sie evolutionär noch nicht hilfreich und notwendig mithin zu erfinden war.

Ähnliches ist wohl zur Selbstreflexion und Subjektivität des Menschen, d.h. z.B. zu seiner Ehrlichkeit sich selbst gegenüber, zu sagen: sie bedeutet die ständige Möglichkeit, ggf. gegen sich selber aussagen zu müssen und so sich selber – in der Perspektive verstärkter Überlebenschancen – ggf. zu schwächen. In einem ganz anderen und neuen, in der älteren Evolution nicht vorgesehenen Sinne ist diese Ehrlichkeit eine Stärkung der Menschlichkeit und einer Kultur geworden, die nicht mehr nur in Überlegenheit und Überlebenswillen des Stärkeren besteht. Die Erkenntnis des Paulus „Das Gute, das ich will, das tue ich nicht, aber das Böse, das ich nicht will, das tue ich" (Römerbrief Kap. 7) offenbart die Erkenntnis des Gewissens und der „Schatten" (C. G. Jung). Als solches dient es schwerlich der Stärkung und Vermehrung einer species im biologischen Überlebenssinne durch Sieg und Stärke, schwächt sie eher, stärkt aber die Humanität und Evolution einer ganz eigenen Sphäre menschheitlicher Kultur und wird heute – nicht damals, als sich diese Einsicht dem Paulus aufdrängte – vermutlich zu einer Überlebensbedingung. Eine Gesellschaft, die die „Achse des Bösen" überall, nur nicht bei sich selber erkennt, mag sich vordergründig und biologisch-militärisch in ihrem Überlebenspotential stärken, verliert aber an menschlicher und seelischer Kraft und Wahrheit, inzwischen vermutlich auch an biologischer Überlebensfähigkeit in einem ganz neuen Sinne, weil sie durch ausschließliche Handhabung ihrer Stärke sich auslöschen würde. Aber *entstanden* sind diese Gesetzmäßigkeiten längst vor ihrer Bedeutung für die biologische Überlebensfähigkeit, die sie, durch Betonung von Sozialität und Solidarität mit dem Schwachen, in ihrer genetischen Potenz eher bedrohen, wie K. Lorenz im Blick auf die „Übersozialität" unserer Gesellschaft immer wieder sorgenvoll betonte. Derlei neue Kräfte und Gesetzmäßigkeiten scheinen für die kulturelle Evolution und das Überleben der Menschlichkeit inzwischen tatsächlich wichtiger zu sein als das Überleben des Stärkeren. So scheint es, als habe die kulturelle Evolution durchaus neue Gesetze ihrer Sphäre geschaffen, hinter denen das Gesetz der biologischen Evolution, das Gesetz des Stärkeren, der Überlegenheit und dominanten Verbreitung allmählich zurückzutreten, nicht allerdings zu verschwinden hatte.

Denn das Gesetz der biologischen Stärke als Bedingung politischen und gesellschaftlichen Lebens existiert unaufhebbar fort und wirkt weiterhin auch in diesen Zusammenhängen, auf der neuen kulturellen Ebene mit. Denn die Humanität einer Gesellschaft ist auf wirtschaftliche Stärke und Expansion wie auf die Möglichkeit militärischer Gewalt durchaus und bleibend *auch* angewiesen, nicht nur auf ihre Sozialität. Die kulturellen Möglichkeiten bleiben immer bedingt durch die Spielräume, die die Evolution der Stärke, des Siegens und des Überlebens herstellt und freigibt. Daher die ständige, notwendige und sinnvolle Konkurrenz von wirtschaftlicher Rationalität und humaner Sozialität, von Ethos und Egoismus, und die immer wieder notwendige Amoralität des Politischen; moralisierende statt human vernünftige Politik erweist sich als durchaus gefährlich[62]. Dies alles bedingt die, wie ich oben formulierte, nicht mehr primär leitende, wohl aber im Unter- oder Hintergrund des kulturellen Lebens als Voraussetzung fortwirkende Bedeutung der biologischen Evolution und ihrer Gesetze. Sie ist aber mit ihren Kriterien und Gesetzmäßigkeiten nicht mehr allein bestimmendes Gesetz der kulturellen Evolution, wohl aber deren produktive Vorbedingung. Beide Ebenen und Gesetzmäßigkeiten koexistieren miteinander.

Nicht anders ergibt und bewirkt erst die Gemeinsamkeit und Konkurrenz der biologisch-genetisch formierten Triebstrukturen des Menschen mit den biographisch-sozialisierten – kommunikativen, ethischen, religiösen – Komponenten der Seele den dialektisch-dialogischen Antagonismus und Reichtum, ja die Überlebensfähigkeit des Menschen. Es gibt eine Weisheit des Organismus und der Triebstruktur, die die Psyche nicht übersehen kann und übergehen darf. Dennoch tritt hier eine neue, andere Logik und Gesetzmäßigkeit als die der bloßen Stärke und Durchsetzungsfähigkeit in Kraft, die man nicht ohne Folgen auf Dauer verletzt: „Wer sein Leben erhalten will, der wirds verlieren; wer aber sein Leben verliert ..., der wirds finden“ (Matthäusevangelium 16,25). Dies ist nicht nur ein religiöser, vielmehr längst auch ein – im Blick auf zentrale seelische Aspekte – psychologisch und menschlich gültiger Satz, der als Kraft der Humanität auf den Aberglauben an biologische, militärische, ökonomische Stärke als einzig wesentlicher Kraft korrigierend zurückwirkt.[63]

[62] Die hier bestehende Konkurrenz der Motive ist es auch, die das Streben nach ökonomischer und militärischer Stärke vor dem eigenen Übermaß bewahrt, sie also reguliert; die sozialen Motive können nicht alleine bestehen wollen.

[63] Ich verweise hierfür auf Einsichten der humanistischen Psychologie, die in

Die Psyche des Menschen ist mehr als seine Triebstruktur, aber diese ist unerlässliches und nie zu übergehendes Potential ihrer seelischen und menschlichen Ausstattung, und sie stammt aus der vorkulturellen Stammesgeschichte des Menschen. Erst das spannungsreiche Miteinander imperativischer und integrativer Ethik repräsentiert dieses Kräftespiel[64]. Ethik ist – in diesem Kräftespiel – eine nur schwache, begrenzte Kraft, Religion eine leise, verdrängbare, aber auch die biologische Basis ist lebengewährende Schöpfung.

Natürlich ist, dies ist auch hier wieder zu beachten, die Tatsache des (nach älterer Theorie) in der biologischen Evolution im Tierreich bekannten Regeln moralanalogen Verhaltens in einer Gruppe weiterhin *auch* in der kulturellen Evolution der Menschheit glücklicherweise vorhanden und in Mitwirkung[65]. Die vorgeschichtliche Konstitution von Moral einer Gruppe oder Gesellschaft als kollektive Regulierung im soziobiologischen Sinne bleibt erhalten und koexistiert mit den neuen Elementen der über Anpassung und Fitness hinausführenden Subjektivität. Aber die neue Dimension kultureller Existenz führt in ihren religiösen, ethischen oder ästhetischen Aspekten wie ein ständig relativierender Vorbehalt und alterierendes Ferment über die etablierte – und weiterhin wichtige – Gruppenmoral und Gruppenreligiosität hinaus. Somit sind standardisierte und routinierte moralische Lebensformen, die vor jeder individuellen Entscheidung – als Anpassung – Gehorsam heischen und gesellschaftlich-moralisch gültig sind, und daher das Individuum entlasten, kulturell differenziert weiterhin in Geltung. Aber die Gesetzmäßigkeiten der biotischen Evolution sind in der inzwischen erweiterten kulturellen Evolution nicht mehr alleine gültig, wirksam und wichtig. Gewissen und Autonomie des Einzelnen nehmen von den gesellschaftlich gültigen und notwendigen Normen immer wieder Abstand, übersteigen, korrigieren und relativieren sie; daher entwickeln Gewissen und Autonomie sich immer erst in allmählicher Absetzung von gesellschaftlichen und familiären Normen. Ethik ist – auf dieser Stufe – mehr als Wahrung der Stammesnormen und ihrer Interessen, auch mehr als die sehr vernünftige und interessengeleitete Gegenseitigkeit der goldenen Regel. Und diese kulturelle Möglichkeit ist eine neue Ebene der humanen Evolution, die zunächst wie eine Fitnesseinbuße (im alten Sinn) scheinen und wirken mag. Aber jene neue Ebene und ihre Spannung mit der alten ergibt die vermutlich

verschiedenen Formen alle Traditionen humaner Entwicklung – also auch der Religionen – in sich aufgenommen hat, vgl. A. Maslow, E. Fromm, R. C. Cohn oder C. Rogers.

[64] Daher auch die essentiell fortbestehende Konkurrenz des „Du sollst nicht ehebrechen“ mit der biologisch verankerten und vitalen, nicht ohne weiteres ethik- oder beziehungsgebundenen Sexualität.

[65] Sollte es diese moralanalogen Vorstufen im Tierreich nicht geben, wie derzeit immer wieder angenommen wird, tritt die Innovation des Ethos in der kulturellen Evolution erst recht hervor.

überlebensnotwendige Kreativität in der ethischen und politischen Gestaltung unserer Umwelt, die auf ganz andere Anpassungen bedacht sein muss als die bloß stammeskonforme Orientierung.[66] Es würde die Entwicklung und Überlebensfähigkeit humaner Gesellschaften mindern und bedrohen, wenn sie nur nach den Gesetzen der biologischen Evolution sich regulierten und richteten: nur zu siegen trachteten[67]. Das individuelle und subjektive Ethos des generellen Nicht-Tötens, der Liebe, der subjektiven, selbst-reflexiven Ehrlichkeit und Gewissenhaftigkeit, die wie ein ständiger Sprengsatz und Ferment in die jeweils gesellschaftlich gültigen moralischen Systeme als neues Ethos eingeführt sind, gehört zur kulturellen Evolution, überschreitet das traditionelle Verständnis der Evolution, gehört aber in ein Verständnis der humanen Evolution, die inzwischen zu einer Bedingung des Überlebens auf diesem Globus geworden ist, essentiell hinein.

Hierher gehört ein weiterer, eigens zu nennender Gesichtspunkt. Bekanntlich ist der Sinn und Zweck biologisch-evolutiver Prozesse nicht identisch mit, sondern oft oder meist konträr zu subjektiven Zwecken und Motiven; die species hat hier deutlich und sinnvoll Vorrang. Im Übergang zur kulturellen Evolution aber dürfte sich dies geändert haben. Denn es tritt neben jene bleibend biologisch-arterhaltende in spannungsreicher, aber lebenserhaltender Konkurrenz eine zweite neue: die subjektive und individuelle Komponente ganz eigenen Rechts und Gewichts. Denn all das in diesem Abschnitt Angedeutete verlangt zunehmend nach der konstitutiven Wichtigkeit des Individuums und seiner Subjektivität, welche sich in Ichbewusstsein und Sprache ausdrückt. Diese Entstehung und auch gesellschaftlich konstitutive Bedeutung des subjektiven Individuums ist, gemessen an der grundlegenden, ehemals alleinigen Bedeutung von Familie, Clan, Stamm, eine vergleichsweise späte, jedoch konstitutive Erscheinung in der kulturellen Evolution.[68] Gewiss bedarf auch das Individuum der in der biologischen Evolution konstitutiven Überlebensfähigkeit und Kräfte; insofern koexistieren auch hier die Kriterien der biologischen Evolution des Stammes, der Familie, des Clans weiterhin. Aber

[66] Über den Selektionsdruck zugunsten der Kurzlebigkeit (sc. der Individuen) in schnell sich wandelnden Umwelten vgl. C. Fr. v. Weizsäcker, Die Einheit der Natur, 4. Auflage München 1972, S. 331f.

[67] Am immer wieder – implizit oder explizit – durchbrechenden Sozialdarwinismus kann man die Wirkung dieser Möglichkeit, wenn derlei Kategorien politisch leitend werden, studieren.

[68] Diese konstitutive Dimension der Individualität und Subjektivität kommt daher auch in dem von E. Voland benutzten Schema Mystik/Ethik/Mythos/Rituale als Medium der Arterhaltung und des Selektionsvorteils auf kulturellem Niveau nicht vor. Daher seine m. E. nur auf Übergangs- und Frühphasen der vorgeschichtlich-kulturellen Evolution beschränkte, hier allerdings wohl plausible Bedeutung, die in der weiteren Entwicklung der Differenzierung unterliegen würde.

der Einzelne ist doch Sitz und Instanz jener ganz individuellen und subjektiven Bewusstheit und Gewissenhaftigkeit; er bekommt hier eine der Familie, dem Stamm, der Horde, der Gesellschaft gleichrangige und gleichursprüngliche Bedeutung, die er vorher, in der biotischen Evolution, nicht hatte. Das Interesse der Familie, des Stammes, der Gesellschaft und deren moralischen Ritualen, mit denen er kollidieren kann, hat in dieser Perspektive und Logik nicht ohne weiteres mehr Vorrang; die hier entstehende Spannung und die gegenüber Familie und Gesellschaft notwendige Einsamkeit ist es, die einen ganz eigenen Wert darstellt und einen ganz eigenen Prozess der Weiterentwicklung humanen Bewusstseins in Gang zu setzen in der Lage ist. Die Bedeutung des Individuums, der Subjektivität und seiner Moral, besser: seines Ethos, seines Gewissens und seiner Möglichkeit eines reflektierten Verhältnisses zu seinem Tode und zu seinen Ängsten wird zu einer konstitutiven Größe in der kulturellen Evolution der sich humanisierenden Menschheit.[69]

An dieser Stelle entsteht auch die Bedeutung von Schuld und Verantwortung, und mit ihm das Bewusstsein des Bösen, wie immer man es beschreiben und konstituiert sehen will. Schuld und Böses sind mehr als das Vergehen gegen die Regeln der Horde/Gruppe und deren Vorteil, sie sind mehr als das Schlechte, welches dem Stamm/Clan widerfahren kann. Das Tier und der Mensch im Übergang kennen, soviel mir bekannt ist, nur Schlechtes, der Mensch kennt Schuld, Verantwortung und Böses. Das individuelle und subjektive Bewusstsein von Verantwortung und Schuld dürfte demgegenüber eine neue Stufe der Lebensentfaltung und -erhaltung darstellen. Es ist mehr und anderes als Stärke, Überlebensinteresse und Arterhaltung, dem sich der Einzelne zu fügen hat – oder eben dies unter veränderten Bedingungen und Modalitäten. Auch die Entstehung und Entwicklung des verantwortlichen Individuums und seiner Subjektivität ist vielleicht Anpassung an eine neue Stufe der kulturellen Evolution und deren kulturelle Umwelt, ohne die es kein Überleben gibt. Dann wären Verantwortung und Schuldfähigkeit geradezu Bedingungen einer humaner werdenden Gesellschaft – so verwundbar und fragil sie neurologisch sein mögen. Sind in der biologischen Evolution individuelle Zwecke und subjektive Motive sekundär und unterliegen sie ganz anderen Wichtigkeiten der species und des Stammes, so werden eben jene Kräfte der inneren subjektiven Erlebniswelt hier wichtig, sie gewinnen einen durchaus neuen und essentiellen Status. Eben das, was neurobiologisch – wie wir oben sahen – nicht darstellbar ist, das Ich mit seiner Innenseite, seiner Erlebniswelt und seiner ganzen Welt kommunikativer, moralischer und religiöser gemeinschaftlicher wie individueller Zwecke und Vorgänge ist hier

[69] Zu alledem vgl. den meisterhaften Vortrag C. Fr. v. Weizsäckers „Der Tod“, in: Der Garten des Menschlichen, Kap.I.9, S. 145ff, speziell 150-152 über den in der Evolution erst allmählich entstehenden Tod.

wichtig geworden und verlangt danach, als Kategorie der – kulturellen – Evolution ernstgenommen und als Element einer erweiterten Evolutionstheorie gedacht zu werden.[70] Natürlich wiederholt sich auch in dieser Perspektive die Koexistenz und Konkurrenz des in subjektivem Schuldbewusstsein wahrgenommenen Bösen mit dem stammesgeschichtlichen Horden- oder Gruppenbewusstsein des Schlechten bzw. des entsprechenden Guten/Nützlichen, und das nicht nur, weil Gemeinschaft und Gemeinsamkeit gleichursprünglich mit der subjektiven Individualität/Individualismus des Einzelnen entsteht und existiert. Das stammesgeschichtlich entstandene unethisch Gute und Nützliche meldet sich gesellschaftlich wie national immer wieder gegen das individuell und ethisch Gute und Böse und setzt sich bekanntlich immer wieder als das „Gute des Bösen“ – zu unserem Wohl oder Wehe – durch. Daher war von C. G. Jung zu lernen, dass das Böse nicht – wie christlich meist verstanden – auszutreiben, sondern zu integrieren und die Integration des ethisch Bösen (der Schatten) in die Person als Bedingung ihrer Ganzheit und Kraft produktiv und unersetzlich ist; denn das uns innewohnende Böse ist, so heißt es bei den Chassiden, eine unabweisliche Kraft, mit der wir „Gott dienen sollen“ (Buber).[71] Dies anzuerkennen mag sich – nach einem verengten Begriff des Ethischen – unethisch anhören, aber dem Gesamtkräfteparallelogramm der im Menschen wirkenden Potenzen, zu denen auf kulturellem Niveau Ethos, Schuldfähigkeit und Verantwortung gehört, entspricht es nur zu genau. All diese längst bekannten Erfahrungen und Einsichten dürften auf die evolutionäre Frühgeschichte zurückverweisen und sich – auch – aus ihr erklären.

Abschließend setze ich – nur andeutend – als letzten Punkt dieser Reihe von Faktoren, die die kulturelle Evolution allmählich zu konstituieren beginnen, die Entstehung des Transzendenzbewusstseins, auch dieses – relativ früh oder spät, je nach dem – in der Menschheitsgeschichte, um die Wende vom 2. zum 1. vorchristlichen Jahrtausend: sei es dass man an die Vedanta-Traditionen Indiens oder an den allmählich entstehenden Monotheismus Israels denkt. Hier hat offensichtlich das Gehirn und Denken des Menschen die Möglichkeit gehabt, über die Ebene des diskursiven Verstandes hinaus in der Meditation die Ebene des nicht-gegenständlichen Einen, „jenseits von Sein und Nichtsein, Denken und Nichtdenken, Gut und Böse“ (Indien) zu entdecken, ohne sich ein Bild von ihm zu machen, also bildlos zu bleiben (Israel), und dies, obwohl

[70] Es kommt hier jenes Ich ins Spiel und in den Blick, welches über die minimale Spanne einer Biographie Kontinuität gewährt, obwohl der Zellbestand seiner biologischen Basis alle 8 Jahre längst ausgetauscht ist. Westliches Denken über die Realität des Ich grenzt sich hier – und ich meine zu Recht – gegen die hinduistisch-buddhistische Anatman-Lehre ab.

[71] M. Buber, Die Geschichten des Rabbi Nachmann, Fischer-tb104, Frankfurt 1955, S.40 und passim, auch des öfteren in den „Erzählungen der Chassidim“.

dieses Jenseits begrifflich nicht denkbar und bildlich nicht vorstellbar bleibt. Es entsteht mithin hier das Begreifen einer selbsttranszendenten Möglichkeit und Dimension, welche neurobiologisch nicht determiniert, aber ermöglicht ist, denn Primaten und Primitive kennen diese Möglichkeit nicht. Was damit gemeint ist, beschreibt in moderner Sprache C. Fr. v. Weizsäcker so: „Die Wissenschaft führt an die Schwelle einer Erfahrung, die sich der Meditation, aber nicht der Reflexion erschließt. Dies ist vernünftig. Das begriffliche Denken kann einsehen, dass es den Grund seiner Möglichkeit nicht begrifflich bezeichnen kann."[72] Dies zu begreifen und damit die Grenzen des eigenen Verstandes zu erkennen, stellt eine Möglichkeit dar, die ohne eine bestimmte Befähigung des menschlichen Gehirns zu Abstraktion und Erkenntniskritik nicht möglich war. Die prophetische Kritik an der kanaanäischen Identifikation von Natur und Gott/Göttern weist auf dieselbe Entwicklung. Das Entstehen dieser Möglichkeit aus ursprünglich biologischen Ermöglichungen – zunächst als Wahrnehmung des Nichteinordbaren – wäre zu beschreiben.

Seit dies alles so ist, ist „Anpassung" ein notwendigerweise ambivalenter Begriff geworden: sie ist notwendig als lebensdienliche Anpassung an strukturelle (biologische und gesellschaftliche) Umstände und als Bedingung des Überlebens, ohne die kein Organismus überleben kann. Sie ist aber auch – als bloße Nur-Anpassung – zugleich verdächtig, kurzsichtige und bequeme, politisch wie menschlich uneinsichtige Überanpassung zu sein, die gerade dem notwendig zu suchenden Lebensentwurf und der Weiterentwicklung nicht genügen kann. Sowohl Konkurrenz wie auch Kooperation, Aggression und Sympathie, Eigennutz und Solidarität, gesellschaftliche Norm (Konsens) und individueller vorgreifender Widerspruch, immer wieder moralüberschreitendes Vergehen und ethisches Bewusstsein, grenzüberschreitende Autonomie und Schuldbewusstsein, Egoismus und Verantwortung gemeinsam machen vermutlich heute die Evolution der Humanität aus. Mit alledem überschreitet die kulturelle Evolution die Interessen, Motive und Bedingungen der biotischen Evolution, welche konkurrierend im Hinter- und Untergrunde fortdauert, und sie folgt neu sich ergebenden Möglichkeiten und Gesetzen religiösen und ethischen Verhaltens in der immer neu sich wandelnden kulturellen Evolution. Beide koexistieren – kooperativ (Wilson: interaktiv) wie antagonistisch – miteinander. Es steht also mit allen diesen Elementen der kulturell-religiösen, von den kulturell-künstlerischen nicht zu reden, die Entwicklung neuer Dimensionen von Evolution zur Integration in das Verständnis der Evolutionstheorie zwingend an, Dimensionen, die mit den Bedingungen biologischen Überlebens nicht mehr identisch sind, wie ich sie in einigen entscheidenden Grundlinien z.B. bei E. O. Wilson annäherungsweise durchaus finde. Dabei könnte es sein,

[72] C. Fr. v. Weizsäcker, Der Garten des Menschlichen (vgl. Anm.11) S.166.

dass eben diese Entwicklungen sich letztlich wiederum den Kriterien der Arterhaltung auf kulturellem Niveau in Selektion und Anpassung fügen und ihnen genügen – und sie insofern bestätigen –, was ich nicht beurteilen kann; denn eine Entwicklung, die sich diesen kulturell neu entstandenen Bedingungen einer sekundären, menschlich erschaffenen Umwelt nicht stellt und entspricht, könnte vielleicht wirklich ihrer eigenen Benachteiligung oder gar Minderung (langfristig Selektion?) in die Hände arbeiten. Nur sind die Kriterien und Modalitäten dieser Prozesse und Überlebensbedingungen offensichtlich fundamental andere geworden als in der klassischen, rein biologisch orientierten Evolutionstheorie angenommen; sie sind um grundlegende neue Möglichkeiten und Notwendigkeiten neuer Umwelten erweitert: auf Siegenwollen und Überlegenheit, alleinige Logik von Waffen und Töten, politischen wie individuellen Egoismus zu verzichten, Angst des Gegners mit einzubeziehen, Projektionen des Bösen zurückzuziehen und durch das Bewusstsein der letztlichen Nichtmachbarkeit des Lebens den technischen wie militärischen Machbarkeitswahn zu zügeln, *so* zu überleben und auf diese neue Weise „the fittest“ zu werden. Das sind doch neue Gesetzmäßigkeiten und Modalitäten, die der Anpassung und Entwicklung, mag sein der Selektion des Humanen dienen, aber dies doch in einem durchaus neuen Sinne und mit ganz anderen Mitteln als den klassischen der biotischen Evolution.[73]

Dies bedingt eine, z.B. bei Wilson u.a. durchaus sich abzeichnende, Veränderung und Erweiterung des Evolutionsbegriffs. Mag Religion ursprünglich Gesundheit bestärkt und gefördert haben und daher zunächst – in der biologischen-vorkulturellen Evolution – einen Selektionsvorteil bedeutet haben: heute – seit irgendwann in der Entstehung der kulturellen Evolution – gehört Gesundheit mit Sicherheit nicht mehr zu den konstituierenden und legitimierenden Zwecken und Zielen von Religion; jene mag noch immer ein willkommener, inzwischen vielfach belegter, Nebeneffekt von dieser sein, Sinn von evolvierter Religion ist sie nicht mehr.[74] Gesundheit ist, auf fortge-

[73] Könnte es sein, dass Sympathie, Kooperation, Attraktion und Altruismus zu den Kräften der Stärkung einer species gehören, die als Übergang zu den eigentlich humanen Kräften der Evolution dienen und Vorstufen bilden? Gewiss, sie sind noch immer biologisch, nicht kulturell verstanden und das Gebot der Liebe (jüdisch-christlich) oder des Mitleids mit allen Kreaturen (buddhistisch) ist nicht identisch mit dem Altruismus der biologischen Evolutionstheorie. Aber das Vorspiel des Übergangs und einer Theorieerweiterung des Evolutionsverständnisses sind sie vielleicht doch? Vgl. G. Hüther, Die Evolution der Liebe. Was Darwin bereits ahnte und die Darwinisten nicht wahrhaben wollen, Göttingen 1999, und Fr. Cramer, Symphonie des Lebendigen, Frankfurt 1998.

[74] Dergleichen Bezogenheit auf primäre Gesundheitsabsicht zeigt sich z.B. heute in Woodoo-Kulten u.a., womit die biotisch-früh-kulturelle Prägung von Religion durchaus demonstriert ist.

schrittenen religiösen Niveaus, nur noch ein sekundärer Nebeneffekt geworden. Nur solange Religion nicht in diesem Sinne funktionalisiert wird, ist sie genuine Religion, die jene funktionellen Nebeneffekte der biologischen Lebensdienlichkeit nur noch *auch* miterzeugt[75]. „Religion macht gesund, also machen wir Religion, werden wir religiös" – dies wird glücklicherweise nicht möglich sein, und diese Unmöglichkeit wird die Rache an allen sein, die sich der Machbarkeit aller Dinge verschrieben haben und in den Kategorien der – sei es biologischen, sei es psychischen, sei es ökonomischen – Funktionalisierbarkeit aller Dinge denken. Nicht anders dürfte es mit der angenommenen religiösen Bedeutung der Sexualität, wie im Referat von Herrn Euler dargestellt, stehen[76]: mag sie einst – wenn es denn so gewesen sein sollte – in ihrer leuchtend-optimistischen Ausstrahlung des werbenden Mannes einen Vorteil bei der Partnerwahl bedeutet haben, heute würde diese Logik mit Sicherheit zu einem letztlich destruktiven, weil frustrierenden Leitbild des strahlenden Helden führen, der sein Versprechen auf Dauer ja doch nicht einlösen kann. Nur solange Evolution als biologische Fortpflanzung im Blick ist, kann diese Annahme – soweit sie erwiesen oder plausibel wäre – gelten. Die hier zu entdeckende und zu wahrende Entfunktionalisierung von Religion und Geist dürfte das Neue gegenüber jenen Frühstadien der biotischen und frühkulturellen Evolution sein. Was in der biotischen Evolution primär war, wird in der kulturellen Evolution sekundär, bleibt aber in ihr als solch sekundärer Effekt erhalten und wirksam. Das könnte von Religion noch mehr als von Moral und Ethos gelten; denn Religion ist primär weder Moral noch Ethik; diese sind für genuine Religion nur Folge. Religion erhellt ganz andere existenzielle Dimensionen. Sie ist denn auch im Tierreich (Schimpansen, Bonobos), soviel mir bekannt, einstweilen nicht nachzuweisen[77].

Religion also bleibt – das sei meine Essenz – nicht reduzierbar auf ihr – immer unverzichtbares – biologisches Substrat. Sie ist von ihr nicht determiniert, sondern ermöglicht, als Potenz bereitgestellt, freigesetzt, und sie entwickelt sich, obwohl noch immer und weiterhin von ihm getragen, bedingt und ermöglicht – als Realität eigenen Rechts nach eigenen Gesetzen, mit denen sie Anpassung und Selektion realisiert. Als solche tritt sie der biologischen Evolution dialektisch-dialogisch gegenüber, wirkt auf sie zurück und verändert und gestaltet sie ihrerseits. Gedanke und Denken, Geist und Seele – ich bleibe bei diesen altmodischen Ausdrücken – sind auf Dauer nicht determinierte

[75] Man kann diesen Vorgang der funktionalen Depotenzierung genuiner Religion an dem heute vielfach zu einer reinen Sportart degenerierten, spiritualitätslos gewordenen Yoga studieren.

[76] In diesem Bande oben S. 83ff

[77] Im Unterschied zu (Vor-) Formen quasi-moralischem Verhaltens, die es im Tierreich nach bisheriger Theorie bereits deutlich gibt (Fürsorge, Schonung des Unterwürfigen, Einfügen in die hierarchische Struktur etc.).

Folge der Gehirntätigkeit[78], sondern sie sind vom Gehirn ermöglichte und freigesetzte Möglichkeiten und – biologisch immer angebundene – Eigentätigkeiten. Sollte es also tatsächlich eine Stelle im Gehirn geben, die für die religiöse Funktion im Menschen zuständig und verantwortlich ist, dann legt sich zwar – so war schon in den ersten Publikationen hierzu süffisant zu lesen[79] – die Meinung, mit dieser hirnphysiologischen Funktion der Religion endlich habhaft geworden zu sein, sie dingfest gemacht und dem eigenen Naturalismus eingeordnet zu haben, naiv nahe. Ich würde, da ich dem wunderbaren Satz Augustins „Du hast uns zu dir geschaffen und unser Herz ist unruhig, bis dass es ruhet in dir“ durchaus traue, nichts gegen die Annahme solch einer biologischen Stelle im Menschen einzuwenden finden[80]. Aber diese biologische Funktion ist und bleibt nur Substrat einer anthropologisch-geistigen Funktion und diese nur Gefäß, Organ und Antenne für jenes unnennbare Geheimnis. Die biologischen Entwicklungen beschreiben nur das Organ, nicht den Inhalt dessen, was von diesem entworfen und wahrgenommen wird. So ist mit der Feststellung einer Gehirnaktivität noch nichts über ihre religiöse Bedeutung und über deren mögliche Inhalte ausgesagt und ausgemacht.

[78] Hier scheint sich immer wieder in der Interpretation der Vorgänge ein m.E. durch keine experimentelle Grundlage berechtigter Denkfehler einzuschleichen: dass psychische und geistige (heute: emotionale und kognitive) Vorgänge immer neurobiologisch bedingt und also im beobachtbaren Krankheitsfall (einer Schizophrenie etc.) mit ihrer Verletzung/Vernichtung hinfällig werden, bedeutet nur, dass mit Hinfälligwerden jener auch diese hinfällig werden. Dies berechtigt nicht den Umkehrschluss: Was durch „gesunde“ neurobiologische Grundlage und Voraussetzung ermöglicht wird, ist deswegen noch lange nicht identisch mit dem biologisch Ermöglichten; es bleibt – obwohl bedingt durch es – mehr als Biologie und biologisch Determiniertes, weil freigesetzt und ermöglicht – s. Mozart, s. Rose, so auch Religion. Der negative Befund einer Vernichtung der biologischen Voraussetzung erlaubt nicht den Schluss auf das „Dass“ und das „Wie“ des Ermöglichten im gesunden Falle. Jede Messung von Gehirnströmen erreicht noch nicht die ganze infragestehende Person. Hier greifen offensichtlich deutende – gedanklich nicht konsistente und philosophisch nicht durchreflektierte – Interpretationen in die Darstellung des experimentellen Befundes ein. Freilich weiß ich einstweilen keine Antwort auf jenes bekannte Experiment, in dem messbare Gehirnströme jeweils schon vor der bewussten Gedankentätigkeit und deren Äußerung festgestellt wurden. Sollte es sich um die Bereitstellung von Energie für die gedankliche Vorarbeit handeln, die ohnehin komplexer und früher, im Unbewussten verankert, in mehrfacher Hinsicht ständig aus Vorbewusstem gespeist und entstanden sein dürfte? Man darf gespannt auf die Erweiterung des nachdenkenden Blickes sein.

[79] SPIEGEL 7/2001, S.182ff.

[80] Ob wohl an dieser Stelle die Annahme der Jung'schen Archetypen noch weiter führt als die hirnphysiologische Lokalisierung religiöser Bewusstseinsfunktionen, sie aber möglicherweise ergänzt?

Entsprechend ist kein Reduktionismus für die Theologie und Geisteswissenschaften akzeptabel und sinnvoll, der geistige Phänomene nur zu sekundären Epiphänomenen der biologischen Evolution macht, als wäre jeder Gedanke „nichts als" mehr oder minder determinierter Ausfluss einer Gehirntätigkeit und Religion „nichts weiter" als Sekundärphänomen des in biologischer Entwicklung entstandenen psychischen Apparats.[81] Erst eine Fassung der Evolutionstheorie, die den geistigen und religiösen Phänomenen ihre eigene Weise und Dignität zuerkennt, anerkennt und sie nicht nur neuro- oder verhaltensbiologisch ableiten will, ist zustimmungsfähig. Allzu vieles an jener klassischen Fassung der Theorie erinnert an die Debatten des *undialektischen* Materialismus, Geist und Bewusstsein seien nur Epiphänomene der primären ökonomischen Basis. Der hier liegende Denkfehler[82] ist inzwischen – im Abstand der Jahre – leichter erkennbar und durchschaubar. In den alten, allein biologisch an Überleben und Vermehrung orientierten Begriff von Evolution lässt sich Religion, so sehr man derzeit dies offensichtlich versucht, nicht einordnen, wohl aber ihm zuordnen.

Es ist also auf dem zu beharren, was mehr ist als die Nicht-Rose des Gehirns; dabei dass hirnphysiologische oder hormonelle Prozesse weder Freude noch Liebe vollgültig erklären und dass, wie unsere Gespräche wiederholten, Mozart-Musik zwar die Produktion von Milch befördert, aber mehr als diese Förderung darstellt. Die Rose bleibt mehr, als was das Gehirn wahrzunehmen und abzubilden vermag, Liebe und Freude mehr als ihre biologisch-hormonelle Basis und Mozarts Musik mehr als ihre Funktionalisierbarkeit, das Ich und seine individuelle Subjektivität mehr als das, was neurobiologisch darstellbar ist, Religion mehr und anderes als das, was jede neuro- oder verhaltensbiologische Verankerung zu erzeugen vermag. Dabei scheint einstweilen, soviel ich sehen kann, nicht bündig geklärt, wie das genaue Verhältnis von Gehirn und Geist, von Körper, Geist und Seele zu bestimmen ist, ob man dieses Verhältnis mit Popper/Eccles als dualistischen Interaktionismus oder mit O. Creutzfeldt als konsequenten Perspektivendualismus oder sonstwie

[81] An dieser Stelle scheint es unter den Naturwissenschaftskollegen selber gewisse Differenzen zu geben. Während E. O. Wilson meint, „Kein ernstzunehmender Wissenschaftler hat das je getan", nämlich die genetische Festlegung von Kultur zu behaupten (aaO wie oben Anm. 9, S.184), findet sich eben derlei Annahme unter dem Stichwort Determination (die Wilson abwies, oben Anm. 9) – nicht nur gesprächsweise (auch in unserem Kolloquium) – allewege. Nach E.-L. Winnacker ist der „Biologismus pur zur neuen Religion geworden" (lt. SPIEGEL vom 24.2.03 S.168). Vielleicht stimmt es wirklich: „Jede Epoche hat ihre eigene Antwort auf die Frage nach dem Verhältnis von Umwelt und Genen... In den sechziger und siebziger Jahren wurde fast alles der Umwelt zugeschrieben, in den achtziger und neunziger Jahren den Erbanlagen... Derzeit schlägt das Pendel wieder zurück" (R. Jaenisch lt. SPIEGEL ebd. S.170).

[82] Vgl oben Anm. 39.

anders angemessen beschreibt. Diese Frage übersteigt mein Beurteilungsvermögen. Ich spreche daher einstweilen, bis auf bessere Belehrung, zwischen der Skylla des Determinismus und der Charybdis des Dualismus: von der unlöslich dialektisch-dialogischen Komplementarität und Bezogenheit wie Unterschiedenheit beider Sphären.[83]

In dieser Bezogenheit und Angewiesenheit beider Sphären aufeinander aber lässt sich durchaus die Erwartung formulieren, dass eine Aktivierung der bekanntlich weithin ungenutzten Ressourcen des Gehirns durch bessere kulturelle Umstände – der frühkindlichen und weiteren Erziehung und Entwicklung – stattfinden könnte und dass auf solche Weise – rückwirkend von der kulturellen Evolution auf das Gehirn des Menschen? – dieses sich vielleicht wirklich, da die Evolution nicht an ihrem zu Ende ist, noch einmal weiterentwickeln und neue Areale in sich aktivieren könnte. All solche biologischen – und natürlich auch sprachlich-symbolisierenden -- Entwicklungen wären nicht unmittelbar Entwicklung von Humanität und Religion, wohl aber Entwicklung von Voraussetzungen, von Organen und Instrumenten, die der sich weiterentwickelnden Humanität und Geistigkeit des Menschen zur Basis dienen könnten. Denn es gibt keinen Raum geistiger und religiöser Entwicklung jenseits der biologischen Anbindung; es gibt kein Jenseits der biologischen Evolution, welches der evolutionären Genese entzogen wäre, sondern mitten in der biologisch-kulturellen Evolution ist die religiöse Funktion zu verankern und die Erfahrung der Unbedingtheit zu entdecken.[84]

An einer bestimmten Stelle und Stufe dieser – auch religiösen – Evolution stehen wir heute. Unsere religiösen Organe – Denken, Empfinden/Fühlen, Seele, Erkenntniskritik, vorreflexive Meditation – sind in der Entwicklung begriffen und – hoffentlich – noch längst nicht zum ihrem Ende gekommen. Diese sich selber in Evolution ständig verwandelnde Religion ist nicht statisch und immer gleich zu beschreiben und zu interpretieren. Ihre Erscheinungsformen sind komplexer und differenzierter, als es in soziobiologischen und psychologischen Schematisierungen oft genug den Anschein hat.[85] Ich, Selbstbewusst-

[83] Zu den Formulierungen Eccles' und Creutzfeldts vgl. U. Barth, Gehirn und Geist (wie oben Anm. 4) S.118.121.123. Möglicherweise meint O. Creutzfeldts Begriff des konsequenten Perspektivendualismus (bei Barth aaO S.123) etwas der bezogenen Komplementarität ganz analoges, denn er grenzt seinen Begriff sowohl gegen das interaktionsdualistische wie gegen das materialistisch-monistische Modell ab. So gesehen, wäre nur der von ihm gewählte Begriff des Dualismus unglücklich gewählt.

[84] Man vgl. die analoge Figur oben S. 120, dass es kein Jenseits des historischen Relativismus gebe und dass wir zu lernen haben, die Unbedingtheit mitten in der historischen Relativität zu suchen und zu erkennen.

[85] Würde dem Phänomen Religion ebenso viel teilnehmende und empathische Wahrnehmung wie auch nur der letztern Graugans zuteil, würde man sehr viel Eigenes und Anderes (als bei der Graugans und den phantasierten Urhorden der frühevo-

sein, Geist und Religion sind Realitäten eigener Valuta und neurobiologisch nicht darstellbar, dennoch eine ganz eigene Realität. Die Tatsache dieser Grenze müsste der neurobiologischen Bewusstseinstheorie inhärent werden.

Dabei ist das, was in einer kulturellen Evolutionstheorie der Religion zur Anerkennung gelangen muss und zur Brücke des Verstehens zwischen den Disziplinen werden kann, nicht der Glaube an einen Gott, sondern Begriff und Phänomen der Religion. Christlich-monotheistischer „Gottesglaube" bzw. „Schöpferglaube" und das persönlich/personale und theistische Gottesverständnis stellen nur *eine* der möglichen Lösungen und Gestaltungen dessen dar, was Religion ist. Über Leistungen und Grenzen dieser Konzepte mag und muss innerhalb der kulturellen und religiösen Evolution gestritten werden, aber das Grundlagenphänomen, welches einer generellen Wissenschaftstheorie erschließbar sein muss, kann nur „Religion" sein. Nicht dass die biologische Evolutionstheorie Begriffe, Kriterien und Gesetzmäßigkeiten der kulturellen Evolution beurteilen oder verifizieren/falsifizieren sollte, sie müsste nur deren Möglichkeit als evolutionstheoretisch denkbar ansehen und – als außer ihrer Urteilskompetenz – stehen und gelten lassen. Als wissenschaftliche Arbeitsform kann Evolutionstheorie immer nur begrenzte Aussagen, die ihrer begrifflichen und heuristischen Versuchsanordnung entsprechen, machen. Nie kann sie Gesamtaussagen über das Ganze von Welt machen, ohne illegitim zur Weltanschauung zu werden. Solange sie nicht aus ihren methodischen Aussagen beiläufig durch persönliche Credo-Sätze unter der Hand eine weltanschauliche – oder doch weltanschaulich versetzte und imprägnierte – Theorie macht, bleibt sie legitime Wissenschaft, mit der die Theologie – äußerst koproduktiv – koexistieren und zusammengehen kann. Ihre gemeinsame Perspektive ist die fundamentale Zeitlichkeit aller nur denkbaren – der kosmologischen wie der biologischen und kulturellen – Phänomene, und die Arbeit von Theologie bzw. die Funktion von Religion (und Kunst) beginnt an der Stelle, an der die Wissenschaft mit ihren Möglichkeiten endet: beim Überschritt auf eine andere Ebene. Weder Norm- noch Sinnsetzungen oder Symbolisierungen liegen im Bereich wissenschaftlicher Möglichkeiten. Ich erinnere hierzu an das oben bereits wiedergegebene Argument C. Fr. v. Weizsäckers, dass selbst-kritische und selbst-reflexive Wissenschaft an die Schwelle einer Erfahrung führt, die sich nur der Meditation, nicht der Reflexion erschließt: „Dies ist vernünftig. Das begriffliche Denken kann einsehen, dass es den Grund seiner Möglichkeit nicht begrifflich bezeichnen kann."[86]

Denn jene Fragen nach dem Ganzen und dem Sinn – nenne man sie religiös, existenziell, spirituell oder sonst wie – stellen sich dem menschlichen

lutionären, stammesgeleiteten vorgeschichtlichen und vorsubjektiven Menschlichkeit) zu Gesicht bekommen.

[86] Vgl. oben bei Anm.72.

Bewusstsein unablässig, unvermeidlich, ohne dass sie (schein-)wissenschaftlich beantwortet werden könnten und dürften. Die Unstillbarkeit und Unvermeidbarkeit solcher Fragen scheint zur biologischen Grundausstattung des Menschen zugehören, wie man neuerdings wohl annimmt, die Antworten auf sie dagegen entziehen sich wissenschaftlicher Möglichkeit und Kompetenz. Hierfür gibt es, abgesehen vom subjektiven Recht jedes Individuums, welches eine deutende Gesamtanschauung zu unternehmen strebt, Philosophien, Religionen und künstlerische Lebensvollzüge, die allesamt – vor dem Vorhang, hinter den niemand schaut – im Sinne des pragmatischen Wahrheitsverständnisses erfahrungsgeleitete Entwürfe und Projektionen wagen, welche orientierenden Charakter haben, sich aber nicht als Argumente von Wissenschaft ausgeben dürfen. Es sind Entwürfe, die in menschheits- und generationenlanger Lebens- und Sterbeerfahrung ihre Substanz gewonnen haben und daher – ohne darum letztgültig und unkritisierbar zu sein, vielmehr auch sie, wie gezeigt, in stetem Wandel und daher dem autonomen Urteil der Menschen ausgesetzt, – von weiter her begründet sind, als der Kleinstrahmen aktueller Gedanken, Gefühle und Impressionen aus momentanen Teilen unserer individuellen Biographien es hergibt. Diese längerfristigen Lernprozesse und Erfahrungen, Wahrnehmungen und Dialoge, die über Generationen und Kulturen hin gewachsen sind, dürften größere Reichweite und solidere Basis haben als die punktuelle Ergiebigkeit des „Mein Bauch [oder Kopf] gehört mir“, was zwar unbestreitbar ist, aber als bedrohlich kurzfristig eingesehen werden kann. Auch hier gibt es, wie im biologischen Wissen der Evolution, über Generationen hin angesammeltes Wissen und Weisheit, welche das individuelle Wissen übersteigt. Die religiöse Rede, meint daher Jürgen Habermas,

> „behält ihr Recht, solange wir für die in ihr konservierten Erfahrungen und Innovationen eine überzeugendere Sprache nicht gefunden haben... So glaube ich nicht, dass wir als Europäer Begriffe wie Moralität und Sittlichkeit, Person und Individualität, Freiheit und Emanzipation... ernstlich verstehen können, ohne uns die Substanz des heilsgeschichtlichen Denkens jüdisch-christlicher Herkunft anzueignen. Andere finden von anderen Traditionen aus den Weg... Aber ohne eine sozialisatorische Vermittlung irgendeiner der großen Weltreligionen könnte eines Tages dieses semantische Potential unzugänglich werden.“[87]

All diese Versuche und Potentiale der kulturellen Evolution gehören, samt ihren Irrungen und Wirrungen, unabweislich in die Geschichte des menschlichen Geistes, also auch in die der Religionen und Religiositäten, welche unabdingbares Elixier und Element der Evolution sind. Genügt der Evolutionsbegriff diesen Inhalten, Bedingungen und Möglichkeiten? Bleiben Wahrheit und Wahrhaftigkeit, Religion und Spiritualität in Konzept und verräterischem Sprachgebrauch der Evolutionstheorie Größen, die, trotz theoretischer Aner-

[87] J. Habermas, Nachmetaphysisches Denken, stw 1004, Frankfurt 1992, S.19ff.33f, 23.

kennung der kulturellen Evolution, faktisch den Kriterien der biologischen Evolution unterworfen und weiterhin in ihrem Schema verstanden werden? Oder hat er Raum für jene kulturell erweiterte Welterfahrung und versteht er deren ganz eigenes Recht – immer, versteht sich, in Beziehung auf die biologische Voraussetzung eben dieses Geistes? Erst dann wäre er ein fundamentaler Begriff von Evolution, der auch der humanen Evolution genügt und nicht vor ihr, an ihrer vorgeschichtlichen Schwelle stehen bleibt. Mit ihm wäre ein wichtiger Schritt in der Überwindung des Zwiespalts unserer beiden Kulturen getan.

Aus der Sicht der Religionswissenschaft:

Das Evolutionsparadigma und östliche Religionen

VON WOLFGANG GANTKE

1. Zum Vorverständnis

In der m. E. sehr anregenden Diskussion zwischen den Natur- und den Geisteswissenschaftlern während dieses Symposions zeigte sich recht deutlich, dass die Offenlegung des eigenen, immer schon mitgebrachten Vorverständnisses von Religion und Evolution von entscheidender Wichtigkeit ist. Es gilt, sich über die eigenen Prämissen, Zielsetzungen, Bedingtheiten und Konsequenzen in höchstmöglichem Maße aufzuklären, auch wenn immer ein nicht ganz aufzuklärender Rest bleibt. Ich will daher zunächst mein Vorverständnis kurz darlegen. Als ein am heute unvermeidlichen interdisziplinär-interkulturellen Dialog interessierter vergleichender Religionswissenschaftler werde ich in meinem Beitrag den Schwerpunkt auf nicht-theologische und nicht-naturalistische Ansätze legen, die in die Richtung einer „spirituellen Evolution" weisen. Auf die fortdauernde traditionelle Diskussion zwischen „Kreationisten" und „Darwinisten" werde ich in meinem Beitrag nicht gezielt eingehen. In der Religionswissenschaft vertrete ich eine heute in die Defensive geratene religionsphänomenologische Position, die für sich nicht in Anspruch nehmen kann, repräsentativ zu sein. Die Programmatik einer Naturalisierung von Religion wird heute auch von vielen Religionswissenschaftlern unterstützt, wohingegen für die meisten Religionsphänomenologen die Religion nach wie vor ein Phänomen sui generis ist, das nur aus sich selbst heraus angemessen verstanden und nicht vollständig auf nicht-religiöse Phänomene zurückgeführt werden kann. In der Diskussion um „Religion und Evolution" geht es also auch um die philosophische Frage nach der Reichweite und den Grenzen einer rein naturwissenschaftlichen Betrachtungsweise von Religion.[1] In Orientierung an einer problemorientierten, geschichts- und transzendenzoffenen Religionsphänomenologie vertrete ich eine antireduktionistische, antinaturalistische und bei aller Anerkennung unseres unvermeidlichen Verstricktseins in Konstruktionen auch eine antikonstruktivistische Position, da ich davon ausgehe, dass

[1] Zu dieser Diskussion vgl.: Janich, P.: Grenzen der Naturwissenschaft. Erkennen als Handeln. München, 1992; Dürr, H. P. (Hg.): Physik und Transzendenz. Bern u. a., 1986.

es für den Menschen Möglichkeiten gibt, sich aus dem Käfig unserer selbstfabrizierten Konstruktionen – jedenfalls teilweise – zu befreien.

Der Sache nach kann diese religionswissenschaftliche Position bis zu Friedrich Daniel Schleiermacher zurückgeführt werden, der Religion gegen Moral und Metaphysik, mithin gegen alle rationalistischen Reduktionsversuche von Religion, abgegrenzt hat und der sie als „Sinn und Geschmack für das Unendliche" bestimmte.[2] Diese sehr weite, interkulturell verallgemeinerbare Religionsbestimmung scheint mir auch *heute* noch unter dem Gesichtspunkt der Abwehr aller Versuche einer Verabsolutierung endlicher Teilwahrheiten über die Religion unüberholt. Eine Gefahr der heutigen Diskussion um „Evolution und Religion" scheint mir in der Versuchung einer vorschnellen Verabsolutierung relativer Wahrheiten über die religiöse Dimension der Wirklichkeit zu liegen. In der Nachfolge des erfahrungstheoretischen Ansatzes Schleiermachers spricht Rudolf Otto in seinem berühmten Buch über das Heilige vom doppelgesichtigen, einerseits faszinierenden, andererseits furchterregenden Numinosen als dem Kern von Religion.[3] Das Numinose ist das Heilige minus seines sittlichen Gehaltes. In antireduktionistischer Absicht arbeitet Rudolf Otto „das Irrationale in der Idee des Göttlichen" heraus. Freilich kann Ottos Ansatz auch umgekehrt als eine Form von Reduktionismus, etwa als „Sakralreduktionismus" (Jürgen Mohn), kritisiert werden. Für die Religionsphänomenologie ist jedenfalls das Phänomen des Heiligen das nicht-reduzierbare Proprium der Religion, mithin der gemeinsame Nenner aller Religionen. Durch die Anerkennung von Heiligem unterscheiden sich die Religionen von allen innerweltlichen Ideologien ohne Transzendenzbezug. In dieser Perspektive könnte das interkulturell nachweisbare Phänomen des Heiligen als gemeinsame Basis für den Dialog der Religionen dienen. Ottos Schüler Gustav Mensching definiert

[2] Zu Schleiermacher vgl. Gladigow, B.: Friedrich Schleiermacher (1768- 1834). In: Michaels, A. (Hg.): Klassiker der Religionswissenschaft. Von Friedrich Schleiermacher bis Mircea Eliade., München, 1997, S. 17- 27. Schleiermacher kann als ein Gründervater der hermeneutischen Religionswissenschaft betrachtet werden. Zum wissenschaftstheoretischen Hintergrund vgl.: Hinrichs, W.: Standpunktfrage und Gesprächsmodell. Das vergessene Elementarproblem der hermeneutisch-dialektischen Wissenschaftstheorie seit Schleiermacher, in: Kurt-Victor Selge (Hg.): Internationaler Schleiermacher-Kongress, Berlin, 1984 (Schleiermacher-Archiv, Bd. 1), Berlin; New York 1985, S. 513 - 538. Eine interkulturelle Betrachtungsweise kann dem Problem der unvermeidlichen Standortgebundenheit nicht ausweichen und im Hinblick auf die Standpunktfrage scheint mir Schleiermacher nach wie vor aktuell.

[3] Otto, R.: Das Heilige. Über das Irrationale in der Idee des Göttlichen. Breslau, 1917.

Religion so: „Religion ist erlebnishafte Begegnung mit dem Heiligen und antwortendes Handeln des vom Heiligen bestimmten Menschen.“[4]

Nach religionsphänomenologischer Auffassung entzieht sich das unergründlich-unverfügbare, nicht-objektivierbare Heilige a priori der vollständigen wissenschaftlichen Erfassung. Dies ist eine Voraussetzung, die im Gespräch zwischen den Disziplinen schon deswegen wichtig ist, weil in dieser Perspektive das wissenschaftlich Erfassbare an der Religion nicht das Ganze der Religion sein kann. Es sind immer nur Epiphänomene, die wissenschaftlich problemlos erkannt werden können. Natürlich ist Religion immer *auch* ein Naturprodukt, mithin immer *auch* eine Hervorbringung der biologischen Evolution, der natürlichen und möglicherweise *auch* der sexuellen Selektion, aber Religion ist in religionsphänomenologischer Sicht eben mehr als nur dies. Es mögen noch so viele überzeugende komplexitätsreduzierende Gründe für derartige Interpretationen sprechen, aber dennoch bleibt die Rückfrage immer möglich: Erschöpft sich das religiöse Phänomen wirklich darin, ein selektiver Evolutionsvorteil (oder Nachteil) zu sein? Erschöpft es sich darin, ein Interpretations-, Wunsch- und Gehirnkonstrukt, letztlich also eine reine „Kopfgeburt“ zu sein?[5] Gegen alle „Nichts-anderes-als“-Reduktionismen wird von der Religionsphänomenologie das „Prinzip des Etwas-anderes-als“ ins Spiel gebracht. Es wird also angesichts der rein innerweltlich-naturalistischen Erklärungsversuche von Religion zurückgefragt: Könnte Religion nicht auch etwas anderes sein als *nur* eine evolutionär nützliche Lebens- bzw. Überlebensstrategie, etwas anderes als *nur* ein Selektionsvorteil? Ich betone ausdrücklich, dass sich meine antireduktionistische Kritik nur gegen jene unreflektierten Voreingenommenheiten und Reduktionismen richtet, die den Schein der Alternativlosigkeit um sich herum verbreiten. Ein solch naiver Reduktionismus wurde in der m. E. ausgesprochen gesprächsoffenen und problembewussten Atmosphäre dieses Symposions von keinem der beteiligten Wissenschaftler vertreten. Ich betone das Reduktionismusproblem auch nur deswegen so stark, weil es gleich-

[4] Mensching, G. Die Religion. Erscheinungsformen, Strukturtypen und Lebensgesetze. Stuttgart, 1959, S. 18. Zur „neueren“ Diskussion um das Heilige vgl. Gantke, W.: Der umstrittene Begriff des Heiligen. Marburg, 1998. Zu Gustav Menschings Ansatz vgl. neuerdings: Yousefi, H. R./Braun, I: Gustav Mensching - Leben und Werk. Ein Forschungsbericht zur Toleranzkonzeption. Bausteine zur Mensching-Forschung Bd. 1. Würzburg 2002.

[5] Zu dieser Diskussion vgl. auch das interessante Buch des Bonner Neurophysiologen Detlef B. Linke: Religion als Risiko. Geist, Glaube und Gehirn. Hamburg, 2003. Für Linke genügt es nicht, die Wirklichkeit als Konstruktion des Gehirns zu betrachten. Am Beispiel der Angst vor einem Terroranschlag zeigt er, dass es gilt, die Gefahr in der Wirklichkeit zu beseitigen und nicht nur in den Gehirnkonstruktionen. Vgl. S. 13.

sam zur Programmatik der „unzeitgemäßen" Religionsphänomenologie gehört, alle „zeitgemäßen" Versuche, Religion ausschließlich auf nicht-religiöse, natürliche Ursachen zurückzuführen, entschieden in Frage zu stellen. Für die Religionsphänomenologie bleibt stets ein unergründlicher und unkontrollierbarer Rest, auch wenn dies unserem „natürlichen" Vereinfachungsstreben widerspricht.

Freilich ist auch für die neueren Formen der Religionsphänomenologie unbestreitbar, dass es *in* der Welt eine Evolution gibt und dass hinter diese Erkenntnis nicht mehr zurückgefallen werden darf, auch wenn dadurch viele der liebgewonnenen traditionellen religiösen und metaphysischen Positionen in Frage gestellt werden.[6] Die traditionelle „Naturvergessenheit"[7] kann sich die Religionsphänomenologie heute nicht mehr leisten. Sie muss sich der Herausforderung durch die Naturwissenschaften stellen. Wenn alles, was ist, *in* der Zeit ist und wenn alles gleichsam evolviert, muss dann nicht auch das Heilige – im Unterschied zur klassischen Religionsphänomenologie – im Horizont der Zeit gedacht werden? Muss aber ein verzeitlichtes Heiliges sofort im Sinne einer naturalistisch-materialistischen Evolutionslehre gedeutet, also gleichsam „entzaubert" werden? Ich werde im Folgenden gegen die naturalistischen Interpretationen anhand einiger ausgewählter Beispiele auf die Interpretationsmöglichkeit einer spirituellen Evolution hinweisen und zu zeigen versuchen, dass auch Religionen ohne personalen Gott wie der Buddhismus und der Taoismus den Evolutionsgedanken durchaus sinnvoll in ihre Vorstellung vom Kosmos integrieren können. Auch aus der Naturwissenschaft selbst stammen heute einige Ansätze, die den Gedanken einer spirituellen Evolution nahelegen und die über einen naturalistischen Denkrahmen weit hinausgehen. Die im folgenden behandelten Ansätze sind, dies ist freimütig zuzugestehen, empirisch kaum oder nur teilweise bestätigungsfähig. Sollten sie aber deshalb von vornherein aus der Diskussion um Religion und Evolution ausgeklammert werden? Ich bin der festen Überzeugung, dass es im heutigen Kontext des unvermeidlichen Aufeinandertreffens ganz unterschiedlicher Menschen- und Weltbilder notwendig ist, sich auch mit fremden, nichtwissenschaftlichen Vorstellungen von der Stellung des Menschen in der Evolution ernsthaft auseinander zu setzen und auch die Frage nach der Kulturbedingtheit und Überholbarkeit naturwissenschaftlicher Betrachtungsweisen nicht zu unterdrücken. Für

[6] In dieser stärkeren Berücksichtigung der zeitlichen, geschichtlichen und evolutiven Aspekte von Religion scheint mir eine der entscheidenden Differenzen zwischen der klassischen und der neueren Religionsphänomenologie zu liegen. Vgl. dazu: Gantke, W.: Die neuere Diskussion um das Heilige. In: Klimkeit, H.-J. (Hg.): Vergleichen und Verstehen in der Religionswissenschaft. Wiesbaden, 1997, S. 13- 25.

[7] Vgl. Altner, G.: Naturvergessenheit. Grundlagen einer umfassenden Bioethik. Darmstadt, 1991.

Georg Picht etwa ist die moderne Wissenschaft „angewandte Metaphysik, die ihre eigenen Voraussetzungen verdrängt hat.“[8] Die vergleichende Religionswissenschaft ist heute geradezu genötigt, sich mit grundverschiedenen Menschenbildern auseinander zu setzen, weshalb ich meine Aufgabe darin sehe, auf die Breite und Fülle der Interpretationsmöglichkeiten einer spirituellen Evolution hinzuweisen, ohne dass ich mich mit einer dieser Möglichkeiten identifizieren würde. Vor dem Hintergrund reduktionistischer Methodenmonismen könnte es ein Beitrag zur Horizonterweiterung sein, wenn in einem interkulturellen Kontext auf die Pluralität der heutigen Denkmöglichkeiten in der Diskussion um Religion und Evolution hingewiesen wird, die zunächst einmal wahrgenommen werden sollte. Der unbestreitbare Hinweis auf das Fehlen einer soliden empirischen Datenbasis im Falle nicht-naturalistischer Betrachtungsweisen sollte m. E. nicht sofort zu einer Eliminierung religiöser Interpretationen der Evolution führen, da bekanntlich auch viele empirisch gesichert scheinende Erkenntnisse im Laufe wissenschaftlicher Revolutionen wieder relativiert und nicht selten aufgegeben werden mussten. So kann z. B. in den Geisteswissenschaften die Entdeckung neuer Quellen oder neuer archäologischer Funde jederzeit eine weltbildverändernde Bedeutung haben.[9] Zudem gibt es keine völlig uninterpretierten empirischen Fakten. Im erweiterten Rahmen eines veränderten Vorverständnisses können sich die Interpretationen empirischer Fakten schlagartig ändern. Für die Religionsphänomenologie besitzen reduktionistische Verfahrensweisen durchaus ein relatives Recht, solange der Preis für das Ausgrenzen anderer, ganzheitlicherer Interpretationsmöglichkeiten mitreflektiert wird. Gefährlich wird es immer dann, wenn für die eigenen, zuweilen sehr restriktiven Erkenntnisbedingungen ein Ausschließlichkeitsanspruch erhoben wird, der einen offenen Dialog zwischen gleichberechtigten Gesprächsteilnehmern behindert.

II. Überlegungen zum veränderten Kontext

Das sicherlich nach wie vor brisante Thema der vieldeutig interpretierbaren Beziehung zwischen Religion und Evolution soll gemäß dem Wunsch der Veranstalter in „transdisziplinärer Offenheit“ aus verschiedenen Blick-

[8] Picht, G.: Von der Zeit. Stuttgart, 1999, S. 395.

[9] Vgl. Stolz, F.: Weltbilder der Religionen. Kultur und Natur. Diesseits und Jenseits. Kontrollierbares und Unkontrollierbares. Zürich, 2001., bes. 227 ff: Das „naturwissenschaftliche Weltbild“. Vgl. auch: Kuhn, Th. S.: Die Struktur wissenschaftlicher Revolutionen, Frankfurt/M., 1981. Kuhn zeigt, dass sogar bei Paradigmenwechseln in der Naturwissenschaft irrationale Faktoren eine entscheidende Rolle spielen können.

winkeln in einer Weise behandelt werden, die ein „interessantes interdisziplinäres Gespräch“ ermöglicht. Wenn ich nun als vergleichender Religionswissenschaftler einen produktiven Beitrag zu diesem schwierigen Thema leisten soll, dann scheint es mir angesichts des veränderten heutigen Kontextes wenig sinnvoll, die bekannten Argumente und Posititionen dieser langen Debatte einmal mehr zu wiederholen. Es ist ja unbestreitbar, dass die moderne wissenschaftliche Evolutionstheorie fundamentale Vorstellungen des biblischen Weltbildes radikal in Frage stellt. Die Evolutionstheorie wird daher immer noch gerne als Paradebeispiel für die Unvereinbarkeit von Wissenschaft und Religion angeführt. Zwischen den „harten“ Vertretern eines religionskritischen naturalistischen Szientismus und eines antievolutionistischen Kreationismus gab und gibt es eine fundamentale Übereinstimmung: die Unvereinbarkeitsthese. Für den Religionswissenschaftler ist dabei interessant, dass die Auseinandersetzungen zwischen Evolutionisten und Kreationisten nach wie vor zuweilen Züge eines erbitterten Glaubenskampfes annehmen. In dieser m. E. „unproduktiven“ Auseinandersetzung werden Evolution und Religion als sich gegenseitig ausschließende Alternativen betrachtet. Entweder Evolution oder Religion: tertium non datur, wobei zumeist eine materialistische Theorie der biologischen Evolution gegen eine die Bibel und ihre weltbildbedingten Einkleidungen allzu wörtlich interpretierende Form des Christentums ausgespielt wird. Der Kampf gegen eine Evolutionslehre, nach der der Mensch mit dem Affen verwandt sein oder gar von ihm abstammen sollte, war sicherlich ein Grund für das Entstehen des protestantistischen Fundamentalismus in den USA und antimodernistischer Strömungen im Katholizismus. Religiöse Menschen waren und sind zumeist entschiedene Gegner der „entzaubernden“ Evolutionstheorie, die die Entstehung der Welt und des Menschen rein immanent ohne den Rückgriff auf einen Schöpfergott zu erklären versucht. In der gegenwärtigen historischen Situation, die durch die Begegnung und gegenseitige Durchdringung, aber auch durch eine zunehmende Abgrenzung und einen offenbar nicht mehr nur auf geistige Auseinandersetzungen beschränkten „Kampf der Kulturen“[10] charakterisiert werden kann, scheint es mir durchaus sachangemessen, die Evolutionsdiskussion nicht mehr ausschließlich eurozentristisch-traditionsimmanent, sondern im erweiterten Rahmen eines interkulturell offenen Horizonts zu führen.

Dass sich die Dinge dadurch komplizieren und dabei viele liebgewordene Denkgewohnheiten relativiert werden müssen, ist wiederum unbestreitbar, zumal sich in religionswissenschaftlicher Perspektive die Frage nach der historischen Bedingtheit spezifisch abendländischer Vorstellungen vom

[10] Vgl. Huntington, Samuel: Der Kampf der Kulturen (The Clash of Civilizations). Die Neugestaltung der Weltpolitik im 21. Jahrhundert. München/Wien, 1996.

Menschen und seiner Stellung im Kosmos aufdrängt. Ich werde mich daher im Folgenden vor allem auf jene nicht-naturalistischen und nicht-theologischen Interpretationsmöglichkeiten der Evolution beschränken, die in der Diskussion zwischen Theologie und Naturwissenschaft zumeist etwas zu kurz kommen. Dabei scheint mir beachtenswert, dass auch in der gegenwärtigen wissenschaftstheoretischen Grundlagenreflexion in einem veränderten Kontext über das uralte Thema „Glauben und Wissen" neu nachgedacht wird.

So scheut sich der Wissenschaftstheoretiker Kurt Hübner nicht, in diesem Zusammenhang auch die wissenschaftlichen Grundannahmen der „biologischen Evolutionstheorie" zu problematisieren[11] und selbst Jürgen Habermas hat sich für eine Rehabilitierung der Religion und eine Selbstrelativierung des szientistischen Säkularismus ausgesprochen. Habermas wendet sich gegen eine „Naturalisierung des Geistes", gegen „ein wissenschaftliches Bild vom Menschen in der extensionalen Begrifflichkeit von Physik, Neurophysiologie und Evolutionstheorie, das auch unser Selbstverständnis völlig entsozialisiert." Weiter schreibt er: „Der szientistische Glaube an eine Wissenschaft, die eines Tages das personale Selbstverständnis durch eine objektivierende Selbstbeschreibung nicht nur ergänzt, sondern ablöst, ist nicht Wissenschaft, sondern schlechte Philosophie."[12] Insbesondere die philosophischen Voraussetzungen eines naturalistischen Materialismus werden neuerdings in den Wirbel radikaler Fraglichkeit hineingerissen und fordern das wissenschaftliche Nachdenken neu heraus. Meine These lautet daher, dass eine Diskussion, die den „traditionellen" Denkrahmen, in dem der Naturalismus gegen die Religion ausgespielt wird, nicht transzendiert, in der heutigen Situation Gefahr läuft, geradezu „kontraproduktiv" zu werden. Eine schöpferische, wirklich weiterführende Evolutionsdiskussion scheint mir heute ohne die Provokation einer grundsätzlichen Infragestellung sowohl streng naturalistischer als auch streng biblizistischer Standpunkte kaum möglich.

Unter Naturalismus verstehe ich hier eine letztlich naturphilosophische Position, die die Methoden, die zur Erklärung der Welt zugelassen werden, a priori beschränkt. Für diese Strömung sind es die objektivierenden, „exakten" naturwissenschaftlichen Methoden, die allein zu einer verlässlichen Erkenntnis wissenschaftlicher Wahrheit führen. Diese, von der „klassischen" Physik herkommende Programmatik scheint der (immer seltener

[11] Hübner, Kurt: Glaube und Denken. Dimensionen der Wirklichkeit. Tübingen, 2001, S. 49 ff. Natürlich ist eine Gegenkritik möglich, aber dies würde in diesem Beitrag zu weit führen.

[12] Habermas, Jürgen: Glauben und Wissen: In: Dialog. Zeitschrift für interreligiöse und interkulturelle Begegnung. 1/1(2002), S. 68 f.

ernsthaft vertretenen) These von der universellen naturwissenschaftlichen Erklärbarkeit des Weltgeschehens zugrunde zu liegen.[13] Das Definitionsmonopol für Wirklichkeitserkenntnis besitzt heute allerdings eindeutig die Naturwissenschaft und nicht mehr die Religion. Nach C. F. von Weizsäckers prägnanter Formulierung spielt „der Glaube an die Wissenschaft" die „Rolle der herrschenden Religion unserer Zeit".[14] Es kann durchaus von einem Universalitätsanspruch des Naturalismus gesprochen werden, der, sehr verkürzt gesagt, alles auf eine natürliche Weise ohne Rückgriff auf Gott, das Heilige oder sonstige höhere Gewalten, zu erklären versucht. Eine Evolutionslehre, die nicht naturalismusförmig formuliert ist, besitzt daher keinerlei Anspruch auf wissenschaftliche Glaubwürdigkeit. Unter Wissenschaft wird hier wie selbstverständlich die auf einen homogenisierten, experimentell reproduzierbaren Erfahrungsbegriff festgelegte Naturwissenschaft verstanden. Die für die Religionswissenschaft unentbehrliche Hermeneutik, der es um das Verstehen fremder, auch nicht-rationaler Erfahrungswelten geht, wird auf diese Weise aus dem Bereich strenger Wissenschaft ausgegrenzt. Geisteswissenschaftler, die sich dem nach C. F. von Weizsäcker „machtförmigen", einseitig auf Verfügungswissen zielenden naturwissenschaftlichen Methodenideal immer noch nicht angepasst haben, wehren sich freilich gegen die Übertragung dieses Methodenideals auf die Welt des Geistes, der Kultur und der Religion. Trotz seiner unbestreitbaren praktischen Erfolge ist die Frage, ob der Naturalismus die Welt richtig erklärt, empirisch nicht entscheidbar. Die Legitimität des modernen Naturalismus scheint sehr stark von seinen Erfolgen abzuhängen. Nun scheint aber angesichts der ökologischen Krise die bisherige Erfolgsgeschichte des modernen Naturalismus an eine Grenze zu stoßen. In diesem Kontext sei daher an eine provozierende Formulierung des Religionsphilosophen Georg Picht erinnert: „Eine Wissenschaft, die die Natur zerstört, kann keine wahre Erkenntnis der Natur sein."[15] Diese Relativierung des Naturalismus scheint mir insofern für die Evolutionsdiskussion wichtig zu sein, als dadurch allererst die Offenheit für jene nicht-naturalistischen Interpretationen der Evolution ermöglicht wird, mit denen ich mich im Folgenden auseinandersetzen werde. Genau hier, jenseits naturalistisch-materialistischer Deutungsversuche

[13] Zu den Voraussetzungen des Naturalismus vgl.: Keil, G./Schnädelbach, H. (Hg.).: Naturalismus. Philosophische Beiträge. Frankfurt/M., 2000. Es muss grundsätzlich zwischen einem seine Grenzen eingestehenden methodischen und einem ontologischen Naturalismus unterschieden werden, obwohl es hier fließende Übergänge gibt. Die gegenwärtige Tendenz zu einer Verabsolutierung des naturalistischen Standpunktes (nicht nur in den Naturwissenschaften) scheint mir unbestreitbar.

[14] Weizsäcker, Carl Friedrich: Die Tragweite der Wissenschaft, Stuttgart, 1990, S. 203.

[15] Picht, G.: Der Begriff der Natur und seine Geschichte, Stuttgart, 1990, S. 15.

der Evolution, deren relatives Recht keineswegs bestritten wird, sind jene Deutungen der Evolution anzusiedeln, in denen es zu einem bemerkenswerten Zusammendenken von Religion und Evolution auf *religiöser* Grundlage kommt.[16] Hier werden Religion und Evolution als gleichberechtigte Phänomene betrachtet, die in der Tat „koproduktiv" sind und sich nicht gegenseitig ausschließen. In der enggeführten Perspektive eines Denkens in unzulänglichen Alternativen werden viele Interpretationsmöglichkeiten a priori ausgeblendet, die mir für eine weiterführende Diskussion von besonderer Bedeutung zu sein scheinen. So kommt durch die nach wie vor vorherrschende, den „Kampf ums Dasein" und die "natürliche Auslese" betonende darwinistische Deutungsvormacht die Denkmöglichkeit einer spirituellen Evolution, wie sie von vergleichsweise vielen religiösen Denkern entwickelt wurde, zumeist zu kurz. Es geht hier im Kern um die Frage nach dem Menschenbild. Ist der Mensch wirklich nur das Zufallsprodukt einer biologischen Evolution, entstanden durch eine rein mechanische Entwicklung aus der Materie, so dass auf die Hypothese eines Schöpfergottes verzichtet und die Entstehung der Welt, des Lebens und des Menschen auf ganz natürliche Weise erklärt werden kann? In meinem Beitrag geht es mir vor allem um das Stellen einiger für die Evolutionsdiskussion wichtiger Grundfragen in einem interkulturell offenen Horizont, ohne sofort auf eine eindeutige Beantwortung dieser Fragen zu zielen.[17]

Auf diese Weise könnte es vielleicht gelingen, die verhärteten Fronten in der Diskussion um Religion und Evolution etwas aufzuweichen. Für eine geisteswissenschaftliche Fragehermeneutik in der Tradition Gadamers ist das Stellen von Fragen und insbesondere das ständige, hartnäckige Nach- und Weiterfragen von besonderer Wichtigkeit. Meine Überlegungen bewegen sich themenbedingt zumeist auf einem ideengeschichtlichen Felde, auf

[16] Hier scheint mir eine entscheidende Differenz zu jenen Versuchen zu liegen, Religion und Evolution auf *naturalistischer* Grundlage zusammenzudenken. Auch bei diesen Versuchen kann von „Koproduktivität" gesprochen werden und es wird unter Zuhilfenahme gezielt ausgewählter religionswissenschaftlicher Erkenntnisse sogar die Universalität des religiösen Phänomens anerkannt, aber eine auf rein innerweltlich-naturwissenschaftliche Grundlage nicht zurückführbare religiöse Sphäre wird eben a priori *nicht* anerkannt. Hier muss beachtet werden, dass bereits durch die Wahl des methodischen Ausgangspunktes das, was eigentlich untersucht werden sollte, verfehlt werden kann. Ob die Suche nach „Datenverarbeitungsmechanismen", nach „Darwinischen Algorithmen", „auf denen religiöses Verhalten beruht", die numinosen Erfahrungswelten wirklich zu erschließen vermag? Vgl. dazu: Söling, C.: Der Gottesinstinkt. Bausteine für eine evolutionäre Religionstheorie. Im Internet publiziert unter http//bibd.uni-giessen.de/ghtm/2002/uni/d020116.htm, S. 169.

[17] Zum „Prinzip der offenen Frage" vgl.: Gantke, W.: Der umstrittene Begriff des Heiligen, Marburg, 1998, S. 272 ff.

dem eine unmittelbare empirische Bestätigung kaum möglich ist. Im Folgenden werde ich in knapper Form auf einige Ideen aus unterschiedlichen Kulturen eingehen, in denen eine Versöhnung von Evolution und Religion möglich scheint, weshalb durchaus von einer Koproduktivität gesprochen werden kann.

III. Ansätze einer möglichen Versöhnung von Religion und Evolution

III. 1. Buddhismus und Evolution

In der traditionellen abendländischen Metaphysik wurde Gott, wieder etwas verkürzt gesagt, mit dem Ewigen, dem unbeweglichen Sein, der unbewegten Identität, identifiziert. Die Idee eines noch unfertigen, werdenden Gottes, die eine Versöhnung von Sein und Werden, Geist und Leben, Religion und Evolution erlaubt, schien in ihrem relativ festgefügten Denkrahmen undenkbar. Insbesondere der Evolutionsgedanke ließ sich in den Rahmen der klassischen Metaphysik nicht problemlos einfügen und erwies sich als geradezu paradigmensprengend. Georg Pichts Gedanke, dass alles, was ist, in der Zeit ist und daher auch im Horizont der Zeit gedacht werden muss, sprengt das Ewigkeitsparadigma der traditionellen Substanzmetaphysik.[18] Wenn alles, was ist, in den Verzeitlichungs- und Vergeschichtlichungsprozess hineingerissen wird, dann kann sogar von der Evolution und Geschichtlichkeit des Universums gesprochen werden, und westliches Prozessdenken im Sinne A. N. Whiteheads rückt in der Tat in die Nähe des buddhistischen Wirklichkeitsverständnisses, für das sich die gesamte empirische Wirklichkeit in unstetigen Zusammenballungen unterschiedlicher Daseinsfaktoren (Dharmas) auflöst.[19] Es gibt nichts Beständiges und Festes in dieser Welt, weder ein festes Ich noch einen unbewegten personalen Gott bzw. ein ruhendes Sein. Alles ist in ständiger Bewegung. In einer fluktuierenden, chaotischen Welt werden von einigen radikalen modernen Strömungen auch die wenigen Inseln der Ordnung als Projektionen und Konstruktionen entlarvt, die der Mensch allererst in die Welt hineininterpretiert. Es kann nicht überraschen, dass es heute philosophische Richtungen gibt, die in antirealistischer Wendung die gesamte Wirklichkeit als Interpretationsgeschehen ohne „archimedischen Punkt“, ohne einen „festen Halt“ in-

[18] Zu Pichts Zeitphilosophie vgl.: Picht, G.: Von der Zeit, Stuttgart, 1999

[19] Zum Prozessdenken Whiteheads vgl.: Process and Reality. An Essay in Cosmology. New York, 1978. Zum Buddhismus: Brück, M.v.: Buddhismus. Grundlagen – Geschichte – Praxis. Gütersloh, 1998; Schlieter, J.: Buddhismus zur Einführung. Hamburg, 1997.

terpretieren.[20] Auch diese Auffassung nähert sich dem buddhistischen Wirklichkeitsverständnis in erstaunlicher Weise an. Die Differenz liegt darin, dass es sich beim Buddhismus im Unterschied zum modernen Interpretationismus um eine Heilslehre handelt, für die das Anhaften an der vergänglichen Werde- und Wandelwelt unheilverursachend ist. Alle bedingten Daseinsfaktoren sind leidvoll. Nur ein einziger Daseinsfaktor ist unbedingt und leidlos: das Nirvana (Verlöschen). Das Erreichen des Nirvana ist das Heilsziel des Buddhismus. Die irdische Welt als Ganzes wird als ein immer wiederkehrender Prozess der Kombination verschiedener Daseinsfaktoren gedeutet, wenn man so will, als ein anfang- und endloses „ewiges Werdendes". Für die Ideen einer *einmaligen* Schöpfung aus dem Nichts oder eines *einmaligen* Ur-Knalles, aber auch für die traditionelle Substanz- und die moderne Subjektphilosophie gibt es in der buddhistischen Lehre eines anfanglosen, ewigen Weltkreislaufes keinen Ansatzpunkt. Der Buddhismus geht aus von der Idee einer ewigen Wiederkehr der Vielheitswelt, die als Ganzes in ihrer sich immer neu aus Einzelfaktoren zusammensetzenden, fluktuierenden Gestaltenfülle als eine Wahnvorstellung (Maya) erscheint, die die eigentliche Wirklichkeit verdeckt und aus der sich der Mensch befreien muss und auch aus eigener Kraft befreien kann. In diesen sehr weiten, beweglichen buddhistischen Denkrahmen ohne einen ein für allemal feststehenden „archimedischen Punkt" lässt sich der Evolutionsgedanke relativ problemlos als *eine* Teilwahrheit einbauen. Die buddhistische Religion ohne Schöpfergott und die naturwissenschaftliche Evolutionsidee müssen sich also nicht von vornherein ausschließen. Evolutionstheorie und Buddhismus gehen im Unterschied zu allen zeitlosen Substanz- und Subjekttheorien gleichermaßen vom Vorrang des Werdens vor dem Sein aus, doch fehlt im Buddhismus die (anthropozentrische) Fortschrittsperspektive. Kurzfristige Aufwärtsentwicklungen sind zwar möglich, aber der Verblendungszusammenhang kann in der empirischen Vielheits- und Wandelwelt auch mit den Mitteln der fortgeschrittensten Wissenschaften und Techniken nicht überwunden werden. Nicht im Rahmen eines linear-anthropozentrischen Fortschrittsdenkens, sondern im Rahmen eines an der Idee der ewigen Wiederkehr orientierten Kreislaufdenkens wäre also die Evolution im Buddhismus zu deuten.

Die gegenwärtige Evolution wird gleichsam angesichts der ewig dem Wandel unterworfenen, ewig unvollendeten und unvollkommenen Welt relativiert. Es gibt keinen andauernden Fortschritt, weshalb auf Fortschritte auch immer wieder Rückschritte folgen werden. In verschiedenen Weltaltern gibt es verschiedene Auf- und Abstiege. Dass neo-buddhistische Den-

[20] Vgl. Abel, G.: Interpretationswelten. Gegenwartsphilosophie jenseits von Essentialismus und Relativismus. Frankfurt/M. 1995.

ker wie Nishitani[21] vor diesem Hintergrund das lineare anthropozentrische Fortschrittsdenken als einseitige Teilwahrheit kritisieren, kann daher nicht verwundern.

III. 2. Die spirituelle Evolution beim Neo-Hinduisten Aurobindo Ghosh

Dass sich das traditionelle indische Unendlichkeitsdenken und der moderne Evolutionsgedanke im Sinne einer kontinuierlichen Aufwärtsentwicklung nicht ausschließen müssen, zeigt der neo-hinduistische Denker Aurobindo Ghosh, der westliches und östliches Gedankengut, Evolution und Religion, in einer harmonischen Weise zu verbinden versucht. Es kann hier vom Versuch einer Koproduktivität und einer indo-europäischen Kultursynthese gesprochen werden.[22] Aurobindo grenzt sich gegen die traditionelle indische Vorstellung einer unveränderlichen Wiederkehr gleicher Erscheinungen ausdrücklich ab, wenn er fragt:

> „Ist diese Welt eine stets unveränderliche Folge von gleichen Erscheinungen, oder gibt es in ihr ein evolutionäres Drängen, eine evolutionäre Wirklichkeit, irgendwo eine Leiter des Anstiegs aus einem einst scheinbaren Unbewussten in ein immer mehr entwickeltes Bewusstsein, von jeder erreichten Entwicklungstufe weiter ansteigend und auf den höchsten Höhen, die noch außerhalb unserer normalen Reichweite liegen, auftauchend? Wenn es so ist, was ist der Sinn, das grundlegende Prinzip, der logische Ausgang dieses Vorwärtsschreitens? Denn alles scheint auf ein derartiges Vorwärtsschreiten als Tatsache hinzudeuten – auf eine spirituelle und nicht nur physische Evolution."[23]

Unabhängig von seinem französischen Zeitgenossen Teilhard de Chardin hat Aurobindo die Idee einer religiösen Evolution entwickelt, aber im Unterschied zu dem christlichen Evolutionsdenker gibt es für Aurobindo keinen fixen Anfang und auch kein fixes Ende. Während Teilhard de Chardin ein lineares Fortschrittsdenken bevorzugt, ordnet Aurobindo seine spirituelle Evolutionslehre trotz der zugestandenen Aufwärtsentwicklung des Menschen vom Animalischen zum Göttlichen schließlich doch wieder in die uralte indische Idee der ewigen Wiederkehr ein. Wie so viele indische Denker versucht er, die Unendlichkeit zu be- und umgreifen und greift dafür auf spekulativ-dichterische Formen des Sagens zurück, die für die nüchterne wissenschaftsförmige Rationalität der Moderne wie ein Fremdkörper wirken müssen.

[21] Nishitani, Keji: Was ist Religion? Frankfurt/M., 1986.

[22] Zu Aurobindo vgl.: Gantke, W.: Aurobindo - ein neo-hinduistischer Denker zwischen Tradition und Moderne. In: ZRGG 48/1(1998), 1- 19.

[23] Sri Aurobindo: Alles Leben ist Yoga. Ein Kompendium der wesentlichen Aussagen aus seinem umfangreichen Werk. Bern, München, Wien, 1975, S. 219.

„Das Experiment, das das Leben des Menschen auf einer Erde bedeutet, wird jetzt nicht zum erstenmal unternommen. Es ist schon millionenmal zuvor vollzogen worden, und das lange Schauspiel wird sich weitere millionenmal wiederholen. In allem, was wir jetzt tun, in unseren Träumen, unseren Entdeckungen, in dem, was wir rasch oder unter Schwierigkeiten errungen haben, ziehen wir unterbewusst aus der Erfahrung unzähliger Vorgänger unseren Nutzen, und unsere Bemühungen werden auf Planeten, die uns unbekannt sind und in Welten, die noch nicht erschaffen wurden, ihre Früchte tragen. Der Plan, die plötzlichen Wendungen, die Abwicklung sind stets verschieden, doch werden sie stets von den selben Regeln einer ewigen Kunst bestimmt: Gott, Mensch und Natur sind drei immerwährende Symbole. Die Vorstellung einer ewigen Wiederkehr lässt jene Gemüter, die sich in der Minute, der Stunde, hinter den Jahren, den Jahrhunderten und all den unwirklichen Barrikaden des Endlichen verschanzt haben, vor Furcht erzittern. Aber jene Seele, die stark ist, die sich ihrer eigenen unsterblichen Beschaffenheit und des unerschöpflichen Ozeans ihres nie versiegenden Kräftestroms bewusst ist, lässt sich von dieser Vorstellung ergreifen und erbebt dabei in unvorstellbarer Entrückung. Hinter dem Gedanken vernimmt sie das Kindeslachen und die Ekstase des Unendlichen.“[24]

In diesem Unendlichkeitsdenken, in dem jeder Zentrismus, also auch Anthropo-, Geo- und Heliozentrismus, als „Barrikaden des Endlichen“ erscheinen, gehören Evolution und Religion untrennbar zusammen. Materie ist gleichsam ein schlafwandelndes, noch nicht zu sich selbst gekommenes Bewusstsein, was an Schellings idealistischen Gedanken erinnert, demzufolge „die Natur der Geist ist, der sich nicht als Geist kennt“. Evolution *ist* gleichsam Religion. Spirituelle Evolution bedeutet für Aurobindo Vergeistigung der Materie, Vergöttlichung des Menschen, der gewissermaßen der Kreuzungspunkt von Materie und Geist ist, ein unfertiges Wesen, das seine Norm, sein ihm gemäßes „supramentales“ Maß noch gar nicht gefunden hat. Der gegenwärtige, unvollkommene Mensch ist für Aurobindo keineswegs das Ziel und der Höhepunkt der Evolution, aber er ist auch kein „Irrläufer“ und „Fehlschlag“ der Evolution, kein zum Untergang verurteiltes „Untier“ (Ulrich Horstmann).[25]

Die Reinkarnation wird von Aurobindo im Unterschied zur indischen Tradition durchaus positiv als eine Evolutionshilfe, die den Aufstieg des Bewusstseins auf Erden fördert, gedeutet. Das Heil liegt für den Neo-Hinduisten nicht in einer Flucht aus dieser Welt, sondern vielmehr in der heute unvermeidlichen Bewusstseinstransformation in dieser Welt, weshalb die Evolution selbst als ein sehr langer, teilweise mühsamer Heilsweg und ein großes Bewusstseinsabenteuer interpretiert wird. Dabei ist interessant,

[24] zit. nach: Satprem: Sri Aurobindo oder das Abenteuer des Bewusstseins. Weilheim, 1970, S. 228.
[25] Zu den heutigen Negativutopien vgl.: Gantke, W.: Häretische Endzeitdenker im Kontext des modernen Fortschrittsglaubens. In: Hutter, M./Klein, W./Vollmer,U. (Hg.): Hairesis. FS für Karl Hoheisel. Münster, 2002, 511- 538.

dass Aurobindo den Evolutionsprozess zwar als eine Folge von Auf- und Abstiegen deutet, doch wird für ihn das Wesentliche des einmal Erreichten bewahrt. Erkenntnisse und Erfahrungen, die im Verlaufe der Evolution vorübergehend vergessen wurden, können zu einem späteren Zeitpunkt in veränderter Form wieder auftauchen. Nichts geht völlig verloren. Aurobindo spricht in diesem Zusammenhang von „Zyklen der Evolution". Dass das ganze „Welt-Spiel" wieder von vorne beginnt, wenn Gott sich durch die tätige Mithilfe des Menschen auf dieser Erde wiedergefunden und verwirklicht hat, wenn also der Vergeistigungsprozess vollendet und nach langem Ringen mit den aufstiegshemmenden Gegenkräften endlich ein göttliches Leben auf Erden möglich geworden ist, ist wieder ein typisch indischer Gedanke.

Das freiwillige Hinabtauchen Gottes in die Materie bezeichnet Aurobindo als Involution. Evolutionen und Involutionen lösen sich immerwährend ab. Der Gedanke eines mit sich und dem Menschen spielenden, im Menschen erst wieder zu sich selbst findenden Gottes, der Unwissenheit, Täuschung, Unvollkommenheit auf dem Weg zu seiner Vervollkommnung gleichsam in Kauf nimmt, ist der abendländischen Geistigkeit eher fremd und angesichts der scheinbar unüberwindbaren Realität des Bösen und des Leidens in der Welt auch kaum zu vermitteln.

Wenn Aurobindo Gott als Spieler und die Erde als seinen Spielplatz bezeichnet, dann drängt sich angesichts der gegenwärtigen „Wiederkehr des Bösen", die nach der Aufklärung so nicht mehr für möglich gehalten wurde, die Frage auf, ob Gott ein so grausames Spiel, in dem auch so viele Unschuldige und Gerechte leiden müssen, nicht hätte vermeiden können, ja vermeiden müssen. Der alte hinduistische Gedanke eines göttlichen Welt-Spiels (Lila) schließt die Idee einer Evolution nicht aus, scheint aber das auch für uns Heutige noch ungelöste Problem des Bösen zu verharmlosen. Freilich bereitet auch die traditionelle abendländische Idee eines allmächtigen Gottes nach „Auschwitz" nicht nur dem Religionswissenschaftler und Ethiker Hans Jonas große Schwierigkeiten, weshalb er gegen die Tradition die Vorstellung eines ohnmächtigen Gottes entwickelt hat, eine Vorstellung, die sich wieder mit dem religiösen Evolutionsgedanken vereinbaren lässt, denn auch für Jonas kann ein Gott, der Auschwitz zulässt, noch nicht fertig sein. Der Stachel des unerklärlichen Bösen in der Welt bleibt. Wo bei Jonas und anderen westlichen Denkern gerade angesichts der Theodizee-Problematik noch viele „offene Fragen" bleiben, da glaubt Aurobindo „letzte" Antworten geben zu können, was in problemorientierter Perspektive skeptisch stimmen muss. Grundsätzlich wäre an Aurobindo die Frage zu richten, woher er so genau weiß, wohin das evolutive Abenteuer des Bewusstseins führt. Da Wahrheit für Aurobindo bewusstseinszustandsrelativ ist, würde er sich sicherlich auf seine höhere Bewusstseinsstufe berufen, die ihm eine integrale Schau des Ganzen ermöglicht. Der Religionswissenschaftler kann hier diesen unbescheidenen Wahrheitsanspruch des Neo-Hinduisten nur konstatieren und auf einige zentrale Übereinstimmungen mit anderen religiösen Evolutionsdenkern hinweisen. Das Vernunftinteresse an intersubjektiver und interkultureller Verallgemeinerbarkeit stößt freilich bei einem Denker, der die rationale Bewusstseinsstufe grundsätzlich relativiert, an eine Grenze. Aurobindo glaubt das Ziel der Evolution genau zu kennen. Er weiß, für welche Ziele uns Gott in den Dienst stellt, was unsere eigentliche Aufgabe auf Erden und der tiefere Sinn des menschlichen Lebens ist. Alles Leben ist Yoga und Gottesdienst, mithin Religion. Für unsere Fragestellung bedeutet dies: Die Religion ist nicht etwa ein überlebensdienliches und zweckmäßiges Produkt der Evolution, die Religion existiert nicht um der Evolution willen, sondern umgekehrt: die Evolution existiert um der Religion willen, genauer: um Gottes willen, sie dient dem werdenden, sich in dieser Welt vervollkommnenden Gott. Die der modernen Wissenschaft innewohnende Anthropozentrik wird in dieser „gottzentrierten“ Perspektive transzendiert.

Der sich von der Unendlichkeit, vom Ganzen, von Gott absondernde anthropozentrische Selbstbehauptungswille wird nach Aurobindo zwar kurzfristige Erfolge erzielen können, längerfristig aber scheitern. Wie viele andere Neo-Hinduisten (Gandhi, Vivekananda, Tagore, Radhakrishnan u.v.a.) hat Aurobindo den Westen, aber auch das sich einem westlich-säkularistischen Bewusstsein immer stärker öffnende Indien, eindringlich vor den Gefahren eines einseitigen Materialismus und Kommerzialismus gewarnt und die alten spirituellen Werte Indiens zu erneuern und als Gegenmittel einzusetzen versucht. Wie viele religiöse Lehrer gibt Aurobindo dabei Antworten auf Fragen, die im Rahmen der endlichen Vernunft grundsätzlich nicht beantwortet werden können. Dennoch scheint es mir auch für westliche, nichtreligiöse Evolutionstheoretiker nicht ganz uninteressant, die gewaltige kosmische Schau dieses neo-hinduistischen Philosophen zur Kenntnis zu nehmen. Die jüngsten weltpolitischen Entwicklungen scheinen allerdings dem optimistischen Glauben Aurobindos an die Heraufkunft eines neuen, spirituellen Zeitalters eher zu widersprechen.

Ich betone nochmals, dass es mir in meinem Beitrag in erster Linie um die Berücksichtigung schöpferischer Versuche geht, Religion und Evolution in einer Weise in Beziehung zu setzen, die die altbekannten Entgegensetzungen transzendiert, und dies unabhängig von der Frage der praktischen Umsetzbarkeit. Aurobindo hat jedenfalls einen derartigen Versöhnungsversuch vor dem Hintergrund seiner hinduistischen Tradition gewagt und ist insofern durchaus eine repräsentative Gestalt, als auch andere Neo-Hinduisten wie Radhakrishnan, aber auch einige westliche, den Gedanken einer spirituellen Evolution aufnehmende und weiterführende Denker wie

Jean Gebser[26] und Ken Wilber[27] sich gerne auf Aurobindo als wichtigen Vordenker berufen.

III. 3. Philosophische Versöhnungsversuche zwischen Religion und Evolution

Für den vergleichenden Religionswissenschaftler ist besonders spannend, dass die Idee einer spirituellen Evolution von verschiedenen Denkern in verschiedenen Religionen und Kulturen offensichtlich unabhängig voneinander entwickelt wurde, was für den Durchbruch einer nicht nur kulturbedingten Wahrheit sprechen könnte. So finden sich auch in Max Schelers philosophischer Anthropologie einige spekulative Gedanken, die an Aurobindos spirituelle Evolutionstheorie erinnern. Hier wäre insbesondere die Idee eines „werdenden Gottes“, der gleichsam im Menschen zu sich findet, zu nennen:

> „Es ist der alte Gedanke Spinozas, Hegels und vieler anderer: Das Urseiende wird sich im Menschen seiner selbst inne in demselben Akt, in dem sich der Mensch in ihm gegründet schaut. Wir müssen nur diesen bisher viel zu einseitig intellektualistisch vertretenen Gedanken dahin umgestalten, dass dieses Sich-gegründet-Wissen erst eine Folge ist der aktiven Einsetzung unseres Seinszentrums für die ideale Forderung der Deitas und des Versuches, sie zu vollstrecken und in dieser Vollstreckung den aus dem Urgrunde werdenden ‚Gott‘ als die steigende Durchdringung von Geist und Drang allererst mitzuerzeugen. Der Ort dieser Selbstverwirklichung, sagen wir: gleichsam jener Selbstvergottung, die das Durch-sich-seiende-Sein sucht und um deren Werden willen es die Welt als eine 'Geschichte‘ in Kauf nahm – das eben ist der Mensch, das menschliche Selbst und das menschliche Herz. Sie sind der einzige Ort der Gottwerdung, der uns zugänglich ist – aber ein wahrer Teil dieses transzendenten Prozesses selbst.“[28]

Auch der späte Max Scheler kann also als ein Beispiel für den Versuch eines harmonischen Zusammendenkens von Evolution und Religion angeführt werden. Die eigentliche Selbstverwirklichung, die von einer Egoverwirklichung unterschieden werden muss, ist, wie bei Aurobindo, die Selbstverwirklichung Gottes im Menschen. Der Mensch wird als Mitarbeiter des werdenden Gottes betrachtet: darin liegt seine Würde. Mensch und Welt, Geist und Leben sind noch unfertig: „Geist und Drang, die beiden Attribute

[26] Gebser, J.: Ursprung und Gegenwart, 3 Bde., Stuttgart, 1986.
[27] Wilber, K.: Halbzeit der Evolution. Der Mensch auf dem Weg vom animalischen zum kosmischen Bewusstsein. Eine interdisziplinäre Darstellung der Entwicklung des menschlichen Geistes. Bern u.a., 1987.
[28] Max Scheler: Die Stellung des Menschen im Kosmos. Bern und München, 9. Aufl. 1978, S. 91 f.

des Seins, sie sind, abgesehen von ihrer erst werdenden gegenseitigen Durchdringung – als Ziel –, auch in sich nicht fertig: sie wachsen an sich selbst eben in diesen ihren Manifestationen in der Geschichte des menschlichen Geistes und in der Evolution des Lebens der Welt.“[29] Scheler selbst führt den Einwand an, dass es dem Menschen nicht möglich sei, einen noch unvollkommenen, werdenden Gott zu ertragen:

> „Meine Antwort darauf ist, dass Metaphysik keine Versicherungsanstalt ist für schwache, stützungsbedürftige Menschen. Sie setzt bereits einen kräftigen, hochgemuten Sinn im Menschen voraus. Darum ist es auch wohlverständlich, dass der Mensch erst im Laufe seiner Entwicklung und seiner Selbsterkenntnis zu jenem Bewusstseins seines Mitkämpfertums, seines Miterwirkens der Gottheit kommt.“[30]

Der Gedanke eines werdenden Gottes legt sich weiterhin auch von Whiteheads Prozessphilosophie her nahe. Sein nicht unumstrittenes Gottesbild wird insbesondere innerhalb der Prozesstheologie in den USA heftig diskutiert. Whiteheads letztlich religiös fundiertes Prozessdenken, das mit seiner Betonung der „wirklichen Ereignisse“ (actual entities) als den nicht substanzhaft zu denkenden Bausteinen des Kosmos stark an die buddhistische Geistigkeit erinnert, kann wiederum als ein Versöhnungsversuch von Evolution und Religion auf recht hohem Niveau interpretiert werden. Alles, was in der Welt ist, ist Prozess. Gott ist auch, aber eben nicht nur, in diesem Prozess gegenwärtig, er ist gleichsam in die Evolution verstrickt. Whiteheads Gottesbegriff ist zweigeteilt in eine Ur- und eine Folgenatur Gottes. Als nichtzeitliche Ur-Natur garantiert Gott gleichsam die formale Ordnung und das schöpferisch-evolutive Element im Kosmos. Die Folgenatur ist die Handlungsnatur Gottes, der durchaus in die Welt, in das menschliche Leben eingreift und der umgekehrt auch durch die menschlichen Handlungen beeinflusst werden kann. In Whiteheads in vielerlei Hinsicht an die Lebensphilosophie erinnernde „Philosophy of Organism“ gibt es wie bei Aurobindo und Scheler eine Wechselwirkung zwischen dem Menschen und einem leidensfähigen, mitfühlenden Gott, der auf die Mitwirkung des Menschen angewiesen bleibt. In der Prozessphilosophie wird ein allmächtiger und allwissender, fertiger Gott, der „aus dem Nichts“ eine fertige Welt schafft, und mit ihm alle Formen einer in sich geschlossenen Substanz- und Subjektmetaphysik verabschiedet. Diese Verabschiedung ermöglicht eine religiöse Evolutionstheorie, denn Gott wirkt nun inmitten der Evolution. In dieser Überwindung der Substanzmetaphysik und ihres unbewegten Gottes berühren sich so unterschiedliche religiöse Denker wie Heidegger und Whitehead sehr eng.

[29] Ebd., S. 92.
[30] Ebd., S. 92.

In ideengeschichtlicher Perspektive erlaubt diese in der Lebensphilosophie, bei Whitehead und Heidegger nachweisbare antiplatonische Wende vom unbewegten Sein zum Werden eine Versöhnung von Religion und Evolution, da Religion nicht mehr einseitig in die Nähe von Ewigkeit, Zeitlosigkeit, Jenseitigkeit und Unbewegtheit (im Sinne einer streng dualistischen Zwei-Welten-Theorie) gerückt wird. Auch die innerweltliche Evolution kann dann im Sinne einer „immanenten Transzendenz" religiös interpretiert werden. Schon bei Goethe findet sich, wenn man so will, eine den Vorrang des Werdens betonende „lebensphilosophische" Betrachtungsweise der Beziehung zwischen Religion und Evolution: „Die Gottheit ist wirksam im Lebendigen, aber nicht im Toten; sie ist im Werdenden und sich Verwandelnden, aber nicht im Gewordenen und Erstarrten. Deshalb hat auch die Vernunft in ihrer Tendenz zum Göttlichen es nur mit dem Werdenden, Lebendigen zu tun, der Verstand mit dem Gewordenen, Erstarrten, dass er es nutze."

III. 4. Der Taoismus und die Evolution

Goethes religiöse Deutung des Werdenden und Lebendigen berührt sich eng mit dem chinesischen Taoismus, einer Religion ohne personalen Gott, die ebenfalls den ständigen Wandel betont.[31] Den numinosen Urgrund der Welt bezeichnet Lao-Tse als das Tao, das er auch als das Unnennbare, das Unerfassbare und das Eine umschreibt:

> „Der Sinn, der sich aussprechen lässt,
> ist nicht der ewige Sinn.
> Der Name, der sich nennen lässt,
> ist nicht der ewige Name.
> ‚Nichtsein' nenne ich den Anfang von Himmel und Erde,
> ‚Sein' nenne ich die Mutter der Einzelwesen.
> Darum führt die Richtung auf das Nichtsein
> zum Schauen des wunderbaren Wesens,
> die Richtung auf das Sein
> zum Schauen der räumlichen Begrenztheiten.
> Beides ist eins dem Ursprung nach und nur verschieden durch den Namen.
> In seiner Einheit heißt es das Geheimnis."[32]

[31] Zum Taoismus allgemein: Kaltenmark, M.: Lao-Tzu und der Daoismus. Frankfurt/M., 1981; Malek, R.: Der Taoismus, Freiburg/Br. u. a., 1996; Walf, K.: Religion – aber wie? Das Angebot „Asiens" am Beispiel des Daoismus. In: Schlette, H. R. (Hg.): Religion – aber wie? Religionsphilosophische Perspektiven. Würzburg, 2002. S. 137-149.

[32] Laotse: Tao te king. Das Buch vom Sinn und Leben. Übersetzt und mit einem Kommentar von Richard Wilhelm. München, 1998, S. 41.

Hier ist von der verstandesmäßig unbegreiflichen übergegensätzlichen Einheit (Tao) die Rede, die Sein und Werden, Ewigkeit und Zeit, umgreift. Es ist dies eine nicht-dualistische Sicht der Wirklichkeit. Das Unheil des Menschen liegt darin, dass er unter Verzicht auf den Unendlichkeitsbezug sich ganz auf das Endliche beschränkt und sich in ihm gleichsam „taovergessen" eigenmächtig einzurichten versucht. Dies erinnert an Heideggers ontologische Differenz zwischen dem unverfügbaren Sein und dem verfügbaren Seienden und die von ihm beklagte „Seinsvergessenheit" des modernen Menschen. Das numinose Eine (Tao) drückt sich in der Gestaltenfülle der Vielheitswelt aus. Die Einzelwesen gehen aus dem Tao, aus der unbegreiflichen Ur-Einheit hervor und sie kehren, nachdem sie gleichsam ihre Blütezeit, ihren Höhepunkt, erlebt haben, wieder in diese Einheit zurück. In der taoistischen Weltsicht bleibt der Mensch gleichsam eingebunden in die vorgegebene kosmische Ordnung, aus der er sich nicht herausstellen darf und mit der er verbunden bleibt durch seine unauslöschbare „Sehnsucht nach dem Ursprung". Auch dies ist ein religiöser Ansatz, der nicht notwendig in einen Gegensatz zu einer spirituellen Evolution geraten muss. Es kann von einer lebensimmanenten Transzendenz, von einem ewigen Stirb und Werde, gesprochen werden, wodurch wiederum ein lineares Fortschrittsdenken ausgeschlossen wird. Einige recht modern wirkende naturphilosophische Überlegungen finden sich in dem Buch mit dem Titel „Das wahre Buch vom quellenden Urgrund", das von Lie-Tse (3. Jh. v. Chr. ?) stammt und in dem sich bereits erste Ansätze einer Evolutionslehre erkennen lassen. Es ist interessant, dass sich alle bisher behandelten Ansätze, die eine Versöhnung von Religion und Evolution auf religiöser Grundlage erlauben, nicht am Paradigma der vom Menschen selbst hergestellten Maschine, sondern eher am Paradigma des Organismus, zu dem Geborenwerden, Altern und Sterbenmüssen gehören, orientieren. Evolution und Involution, Aufstieg und Abstieg, Geburt und Tod gehören offenbar in einer am Lebensparadigma orientierten Betrachtungsweise untrennbar zusammen. Könnte es nicht sein, dass die Einseitigkeit des modernen linearen Fortschrittsdenkens darin liegt, die zum Lebensparadigma gehörenden Phänomene des Alterns, Verfallens und des Todes zu wenig berücksichtigt zu haben? Könnte nicht hierin die Einseitigkeit einer mechanistischen Interpretation der Evolution liegen?

Für den Taoismus gilt jedenfalls, dass alles, was ist, mindestens zwei Seiten hat und dass daher Ungleichgewichte, Einseitigkeiten und Disharmonien zu vermeiden sind. Harmonie kann daher als ein Schlüsselwort des ökologieförmigen Taoismus bezeichnet werden. Der Begriff Tao steht gewissermaßen für eine sich in einem fließenden Gleichgewichtszustand befindliche, harmonische natürliche Ordnung, in die künstliche Eingriffe des Menschen nur sehr „maßvoll" erfolgen sollten. Das nicht-anthropozentrische Maß ist das Tao, die vorgegebene kosmische Harmonie. Der Gedanke, dass der Mensch ab einer gewissen Bewusstseinsstufe die Evolution in eigener Verantwortung nach eigenen Spielregeln vorantreiben kann und soll, liegt dem Taoismus, der als Einfügungsreligion betrachtet werden kann, fern. Der Gedanke eines menschlichen Eingriffes in die natürliche Evolution zum Zwecke ihrer Verbesserung oder gar der Gedanke einer Perfektion des Menschen durch eine „künstliche" Menschenzüchtung hätte im Weltbild des an einer idealen Urzeit orientierten Taoismus gar nicht erst entstehen können. In der auf weiteres Wachstum notwendig angewiesenen, fortgeschrittenen Industriegesellschaft, die die Natur in erster Linie als „objektivierbaren" Bestand betrachtet, muss diese taoistische Wirklichkeitssicht wieder hoffnungslos „romantisch" und wirklichkeitsfern wirken, aber auch hier ist zu bedenken, dass die moderne „humanegoistische Anthropozentrik" (Meyer-Abich) in der Religionsgeschichte ein ausgesprochener „Sonderfall" ist, über deren langfristige Zukunftschancen noch kein endgültiges Urteil gefällt werden kann. So schreibt K. M. Meyer-Abich m. E. zu Recht: „Ich kenne keine Religion, nach deren Menschenbild alles, was nicht Mensch ist, nichts als für den Menschen da ist. Insbesondere ist das industriegesellschaftliche Verhältnis zur Natur auch buddhistisch nicht zu rechtfertigen."[33] Das moderne anthropozentrische Naturverhältnis ist, wie gezeigt wurde, auch vom Taoismus her nicht zu rechtfertigen. An anderer Stelle lesen wir bei diesem entschiedenen Vertreter eines physiozentrischen Holismus: „Letztlich aber hängt das Verhalten des Menschen zur Mitwelt immer von einer im weitesten Sinn religiösen – oder existenziellen – Orientierung ab, die allen Argumenten vorausliegt."[34] Genau deshalb scheint mir auch im Hinblick auf das Thema Religion und Evolution eine vergleichende Menschenbildforschung wichtig. Auch hier geht es letztlich um ein interkulturell verallgemeinerbares Orientierungswissen, das das rein empirische naturwissenschaftliche Verfügungswissen transzendiert.

III. 5. Neue Ansätze in den Naturwissenschaften

Schließlich gibt es auch im Rahmen der Naturwissenschaften neue Versuche, Religion und Evolution in einer Weise zusammenzudenken, die den Gedanken einer spirituellen Evolution nicht a priori ausschließt. Aus Mangel an naturwissenschaftlicher Fachkompetenz kann ich hier nur schlagwortartig auf einige neue Ansätze hinweisen, die sich mitunter eng mit den

[33] Meyer-Abich, Klaus Michael: Wege zum Frieden mit der Natur. Praktische Naturphilosophie für die Umweltpolitik. München, Wien, 1984, S. 69.
[34] Ebd., S. 22.

bisher behandelten Betrachtungsweisen berühren. So plädiert der Astrophysiker Erich Jantsch für eine neue Sichtweise der Evolution. Er spricht von der „Selbstorganisation des Universums" und begreift die Selbstorganisation von Systemen als dynamisches Grundprinzip nicht nur aller Formen der biologischen Evolution, sondern auch aller Formen von Kultur. Das Wirksamkeitsprinzip der Evolution liegt nach Jantsch in der „glorreichen Unvollkommenheit des Lebens". Es kann hier von einer in nuce religiösen Evolutionstheorie gesprochen werden, wobei sich auch Jantsch auf Gedanken von Hans Jonas und von Alfred North Whitehead beruft:

> „Hans Jonas hat dieser evolutionären Gottesidee den vielleicht großartigsten Ausdruck verliehen in seinem Gedanken, dass Gott sich in einer Abfolge von Evolutionen immer wieder selbst aufgibt, sich in ihr transformiert mit allen Risiken, die Unbestimmtheit und freier Wille im Spiel evolutionärer Prozesse mit sich bringen. Gott ist also nicht absolut, sondern er evolviert selbst – er ist die Evolution. Da wir aber die Selbstorganisations-Dynamik jedes Systems seinen Geist genannt haben, können wir nun sagen, Gott sei zwar nicht der Schöpfer, wohl aber der Geist des Universums."[35]

Gott als die Selbstorganisationsdynamik des Universums, als die Evolution selbst: das ist fürwahr eine faszinierende Interpretation der Beziehung zwischen Religion und Evolution, die freilich den von seiner Schöpfung getrennten personalen Gott systemimmanent auflöst. Auch hier fallen wieder einige erstaunliche Übereinstimmungen mit Aurobindos spiritueller Evolutionslehre auf. Gott riskiert sich in der Evolution, er setzt sich gleichsam selbst aufs Spiel. Freilich fallen auch die unhaltbaren Überdehnungsansprüche des Selbstorganisationsparadigmas auf, das gleichsam alles, vom Urknall bis zum menschlichen Geist, erklären zu können glaubt und von Jantsch fraglos von der Natur- auf die Kultursphäre übertragen wird. Die Gottesidee wurzelt nach Jantsch, der hier weitgehend der Prozessphilosophie Whiteheads folgt, im Ursprung der noch unenfalteten Evolution:

> „Tiefer als bis zu dieser Ebene der Stille, in der sich unenfaltete Evolution ballt, hat der Mensch, soweit wir wissen, auch in Augenblicken höchsten mystischen Erlebens niemals zu blicken vermocht. In ihr wurzeln Kunst und Wissen und über-

[35] Jantsch, Erich: Die Selbstorganisation des Universums. Vom Urknall zum menschlichen Geist. München, 1979, S. 412. Zu Jonas vgl.: Jonas, H.: The Phenomenon of Life. New York, 1969. Auch in seiner vielbeachteten Zukunftsethik hat Jonas den Boden des Naturalismus transzendiert. Vgl. Ders.: Das Prinzip Verantwortung. Versuch einer Ethik für die technologische Zivilisation. Frankfurt/M., 1984. Zum Selbstorganisationsparadigma vgl. auch: Prigogine, I./Stengers, I.: Dialog mit der Natur. Neue Wege naturwissenschaftlichen Denkens. München, 1981. In diesem Buch wird eine dialogoffene naturwissenschaftliche Konzeption entwickelt, die sich in vielerlei Hinsicht mit den in diesem Beitrag behandelten Ideen eng berührt.

haupt jeder schöpferische Prozess. An den Horizonten unseres rationalen, emotionalen und spirituellen Wissens stehen wir immer vor der Entscheidung zwischen zwei metaphysischen Alternativen: zwischen einem im Grunde unfassbaren Sinn, der einem Ordnungsprinzip entspricht und oft als Gottesidee seinen Ausdruck findet – und einer im Grunde ebenso unfassbaren Sinnleere."[36]

Jantsch lehnt die Annahme zufälliger Anfangsbedingungen einer letztlich ziellosen und sinnleeren Evolution ab und entscheidet sich für den Gedanken einer spirituellen Evolution, der ein für den Menschen unfassbarer Sinn innewohnt. Wenn dem Menschen die Selbsttranszendenz gelingt, dann vermag er das Gefühl des Eingebettetseins in die universale Selbstorganisationsdynamik wahrzunehmen, das dem Menschen einen tieferen Sinn verleiht als alle seine anthropozentrisch-eigensüchtig ausgerichteten Sinngebungsversuche. Jantschs viele neue naturwissenschaftliche Erkenntnisse verarbeitender Ansatz erinnert in seiner Betonung eines dynamischen Gleichgewichts und der „Ordnung durch Fluktuation" stark an den Taoismus. Der Glaube an einen logischen Aufbau der Welt und damit an die vollständige Berechenbarkeit und Kontrollierbarkeit einer von unwandelbaren Naturgesetzen regierten Welt ist durch neuere naturwissenschaftliche Erkenntnisse, denenzufolge nach Jantsch auch eine makroskopische Unbestimmtheit anzuerkennen ist, zutiefst erschüttert worden. Das Selbstorganisations- bzw. Evolutionsparadigma scheint dem Versuch einer durchgängigen Bestimmbarkeit und Mathematisierbarkeit der Welt unüberschreitbare Grenzen zu setzen. Der Versuch, alle Erscheinungen der Evolution durch unveränderliche Naturgesetze erklären zu wollen, scheint zu scheitern. Wenn nach Jantsch das gesamte Universum evolviert, wenn also von einer „kosmischen Evolution" gesprochen werden kann, können dann die unveränderlichen Naturgesetze dem Vergeschichtlichungsprozess entzogen bleiben?[37]

Könnte es nicht auch zu unvorhersehbaren evolutionären Neuerungen kommen, die vermeintlich ewige Naturgesetze in Frage stellen? Sind nicht auch evolutionäre Neuerungen denkbar, die sich nicht durch genetische Zufallsmutation und natürliche Auslese erklären lassen? Ich stelle hier wie-

[36] Ebd., S. 413.

[37] Vgl. dazu auch die Überlegungen von Sheldrake, R.: Die Wiedergeburt der Natur. Wissenschaftliche Grundlagen eines neuen Verständnisses der Lebendigkeit und Heiligkeit der Natur. Bern u. a., 1990, bes. S. 145 ff.: „Ewigkeit und Evolution". Es muss an dieser Stelle freilich darauf hingewiesen werden, dass Sheldrakes revolutionäre Thesen in der Naturwissenschaft, wenn sie denn überhaupt rezipiert werden, äußerst umstritten und kaum zustimmungsfähig sind. Für das Gespräch mit religiös geprägten Kulturen, in denen die provozierende Rede von der „Heiligkeit der Natur" auch heute noch verstanden wird, bietet Sheldrake freilich einige interessante Anknüpfungspunkte.

der nur einige Grundfragen, die sich durch den heutigen Siegeszug des evolutionären Wirklichkeitsverständnisses, in dem alles in Bewegung gerät, nahe legen. Radikal gefragt: Kann es in einer Welt, in der sich alles zu entwickeln und zu verändern scheint, überhaupt etwas geben, das für alle Zeiten von sich selbst her feststeht bzw. von uns Menschen her festgelegt werden kann? Oder gibt es vielleicht doch grundsätzliche Grenzen des Evolutionsparadigmas?

IV. Ausblick

In den Naturwissenschaften scheint gegenwärtig eine Tendenz vom Sein zum Werden konstatierbar zu sein.[38] Auch die Erde hat eine Geschichte. Schon durch eine erdgeschichtliche Betrachtungsweise, wie wir sie bei Ernst Jünger finden, wird jedes technokratische Planungsdenken relativiert.[39] Alle anthropozentrischen Zukunftsfestlegungsversuche scheitern am Unvorhersehbaren, an der Offenheit der Zukunft, die heute auch in den Naturwissenschaften immer stärker berücksichtigt wird. Nach Hermann Haken, der in seiner Lehre vom Zusammenwirken (Synergetik) der Frage nachgeht, wie Ordnung aus dem Chaos entsteht und dabei ähnlich wie Jantsch das lebensförmige Selbstorganisationsparadigma zugrundelegt, sind alle Versuche, das traditionelle mechanistische Weltbild zu retten, gescheitert: „Der Zufall, als Nichtvorhersehbares, steht in krassem Widerspruch zu der Vorstellung von ein für allemal fest vorgegebenen Abläufen des Geschehens."[40] Haken spricht in diesem Zusammenhang von „Grenzen der Erkenntnis":

> „Immer wieder mussten wir bei der Entstehung neuer Ordnungszustände mit zufälligen Ereignissen rechnen, ja oft wurde der neue Zustand erst durch diese endgültig bestimmt. (...) Hier erkennen wir eine erste Grenze unserer Erkenntnisse, die meiner Ansicht nach eine fundamentale Grenze ist. Wie es immer deutlicher wird, gibt es in den Naturwissenschaften und wohl erst recht im philosophischen oder soziologischen Bereich Probleme, die prinzipiell nicht oder nicht eindeutig lösbar sind."[41]

[38] Prigogine, I: Vom Sein zum Werden. Zeit und Komplexität in den Naturwissenschaften. München, 1979.
[39] Vgl. dazu: Gantke, Wolfgang: Die Welt ist wunderbar im Ganzen: Literatur und Religion am Beispiel Ernst Jüngers. In: Zeitschrift für Religions- und Geistesgeschichte 52, 2(2000), 126 - 140.
[40] Haken, Hermann: Erfolgsgeheimnisse der Natur. Synergetik: Die Lehre vom Zusammenwirken. Frankfurt/M, Berlin, Wien, 1984.
[41] Ebd., S. 248.

Auch für den Biochemiker Alfred Gierer führt die moderne Naturwissenschaft heute an unüberwindliche Grenzen jeder Erkenntnis:

„Physikalische Unbestimmtheit, mathematische Unentscheidbarkeit, Grenzen einer naturwissenschaftlichen Theorie der Leib-Seele-Beziehung – die Reflexion der Grundlagen der Wissenschaft mit ihren eigenen Mitteln zeigt schließlich prinzipielle Grenzen möglichen Wissens auf. (...) Die Grenzen der Erkenntnis, die sich aus der Reflexion der Voraussetzungen der Wissenschaft mit ihren eigenen Mitteln ergeben, zeigen uns (...) insgesamt die metatheoretische Mehrdeutigkeit der erfahrbaren Welt auf, mehrdeutig besonders hinsichtlich der Beziehung von Erkenntnis und Realität. Das Interpretationsspektrum ist weit, und es führt schließlich auf die charakteristischen Deutungsalternativen, in denen sich verschiedene Philosophien, Kulturen und Religionen unterscheiden. Sie betreffen sehr allgemeine Züge des menschlichen Selbst- und Weltverständnisses, wie Vorstellungen von Geist und Materie, vom Wesen der Zeit und von der Einheit des ‚Selbst' im Bewusstsein. Man kann in Übereinstimmung mit wissenschaftlichen Tatsachen und logischem Denken der Evolution des Menschen, seiner Geschichte und dem Leben des Einzelnen den einen oder anderen – oder auch gar keinen – Sinn unterlegen, die Welt atheistisch oder theistisch deuten, das Bewusstsein als eine Urgegebenheit oder als bloße Begleiterscheinung von Gehirnprozessen ansehen, die Zukunft für wirklich offen oder letztlich doch vorherbestimmt halten. Wissenschaftliches Denken kann die Rätselhaftigkeit und Mehrdeutigkeit der Welt auf keine Weise überwinden; es bleibt offen für sehr unterschiedliche – wenn auch natürlich nicht für alle – kulturelle, philosophische und religiöse Interpretationen. Diese in ihrer inneren Logik begründete Selbstbescheidung der Wissenschaft gebietet Toleranz gegenüber verschiedenen Auffassungen, entbindet uns aber nicht von der Suche nach einem menschengerechten Selbst- und Weltverständnis."[42]

Diese sehr tolerante, an das cusanische Wissen des Nicht-Wissens anknüpfende und sich ausdrücklich auf neue naturwissenschaftliche Erkenntnisse berufende Position Gierers erlaubt vielleicht auch ein Ernstnehmen der hier behandelten Denkversuche einer „spirituellen Evolution". Gierers Ansatz scheint mir ein überzeugendes Beispiel dafür zu sein, dass sich eine für den interkulturellen Dialog offene Naturwissenschaft und die Religionswissenschaft in der heutigen historischen Situation durchaus fruchtbar ergänzen können. Ich würde in diesem Kontext durchaus von der Möglichkeit einer Koproduktivität von Religions- und Naturwissenschaft bzw. von Religion und Evolution sprechen. Für die Vertreter beider Seiten gilt es, sich die Grenzen der eigenen Betrachtungsweise einzugestehen und nicht zu vergessen, dass auch die Wissenschaft unterwegs und die Zukunft offen bleibt.

[42] Gierer, Alfred: Die gedachte Natur. Ursprung, Geschichte, Sinn und Grenzen der Naturwissenschaft. München, 1991, S. 46 ff.

Evolution und Reduktionismus

Ein Klärungsversuch aus naturwissenschaftlicher Sicht

VON JÜRGEN SCHNAKENBERG

Wenn von *der* Evolution die Rede ist, also ohne jede weitere Eingrenzung, wird darunter gemeinhin wie auch im Titel des vorliegenden Bandes die *biotische* Evolution verstanden, also die Entstehung und Weiterentwicklung des Lebens auf unserem Planeten Erde. Diese biotische Evolution ist jedoch nur eine kleine, nämlich räumlich und zeitlich begrenzte Episode in dem umfassenden Evolutions-Geschehen des Kosmos. Ob es nämlich auch auf anderen Planeten von Sternen im Kosmos „Leben" gibt, ist eine viel diskutierte Frage. Es gibt Untersuchungen, die die Wahrscheinlichkeit dafür sehr hoch einschätzen. Allerdings dürften die Entfernungen zwischen Planeten mit „Leben" so groß sein, dass Kommunikation faktisch nicht möglich ist. Das zeitliche Fenster des Lebens auf der Erde reicht in seinen Anfängen zwar um eine oder zwei Milliarden Jahre zurück, nimmt also einen ganz beträchtlichen Teil der Erdgeschichte ein, das Alter des Menschen beträgt darin jedoch nur einige Millionen Jahre, was eine sehr kurze Zeitspanne auf der kosmischen Zeitskala ist. Aber auch die Dauer des Lebens in der Zukunft ist begrenzt. Spätestens dann, wenn die Sonne in einigen Milliarden Jahren nach der Erschöpfung des Wasserstoff-Vorrates durch Fusion ihr jetziges Strahlungs-Gleichgewicht verlieren, sich zu einem roten Riesen aufblähen und ihre Planeten ausglühen oder verschlucken wird, ist auch das irdische Leben beendet.

Das umfassende Evolutions-Geschehen im Kosmos besteht aus einer Vielzahl von einzelnen Teil-Evolutionen, deren jede ihre speziellen Regeln und Dynamiken besitzt. Da sind die frühen Evolutionen der ersten Bruchteile von Sekunden nach dem Anfang, den wir „Urknall" nennen, die der ersten Sekunden und Minuten, die Evolutionen der Sterne, der Galaxien, der schweren Elemente jenseits von Wasserstoff und Helium, der Planeten der Sterne wie unserer Erde, ihrer Atmosphäre und ihrer Oberfläche, und schließlich eben auch die biotische Evolution auf der Erde. Es liegt nahe, auch die menschliche kulturelle Evolution in diese Reihe einzufügen. Die Teil-Evolutionen hängen nicht nur dadurch zusammen, dass die eine die Voraussetzungen für die zeitlich folgende liefert, sondern sie beeinflussen sich gegenseitig während ihres Ablaufs. So geht die Entstehung einer sauerstoffreichen Erdatmosphäre, also eine geoklimatische Evolution auf die Fotosynthese zurück, also auf die biotische Evolution eines bestimmten Typs von Pflanzenzellen. Ein anderes Beispiel ist die drohende geoklimatische Veränderung, z.B. der Treibhaus-Effekt durch anthropogene Eingriffe, also durch die Ergebnisse der kulturellen Evolution.

Der Ablauf der Evolutionen und die Strukturen, Phänomene und Prozesse, die sie hervorgebracht haben, sind die Gegenstände der Naturwissenschaften, soweit sie sich mit naturwissenschaftlichen Methoden erfassen lassen. Dazu gehört allem voran das Experiment, eine Fragestellung an die Natur unter bestimmten Bedingungen. Experimente müssen reproduzierbar sein, d.h. sie müssen unter denselben Bedingungen dieselben Ergebnisse bzw. Antworten liefern. Ist das nicht der Fall, gilt die jeweilige Situation als ungeklärt. Darin ist die Möglichkeit eingeschlossen, dass sich die betreffende Problematik naturwissenschaftlich nicht oder vielleicht noch nicht erfassen lässt. Sehr häufig jedoch kann eine solche Situation durch den Nachweis geklärt werden, dass die Bedingungen für ein Experiment verschieden waren.

Die naturwissenschaftliche Forschung erschöpft sich nun nicht darin, Beobachtungen und Aussagen zu sammeln, die in Experimenten gewonnen wurden. Sie versucht vielmehr, sie miteinander in Beziehung zu setzen. Das geschieht durch Reduktion, nämlich durch die gedankliche Zurückführung einer beobachteten Gesetzmäßigkeit auf eine elementarere und umfassendere Gesetzmäßigkeit. Zurückführen bedeutet hier, dass die beobachteten Strukturen und Abläufe als logisch mögliche Konsequenzen der allgemeineren Gesetzmäßigkeit vorstellbar sind. Wenn eine solche Zurückführung gelingt, dann gilt das betreffende Phänomen als „verstanden".

Diese für die Naturwissenschaften typische Reduktion sei an einem Beispiel erläutert. Das Phänomen, dass Lebewesen sehen können, wird logisch zurückgeführt auf die Funktionen in einer speziellen Lichtsinneszelle, durch die Licht in diejenige Form der Information, nämlich in elektrische Signale umgesetzt wird, in der sie anschließend im Nervensystem weiter verarbeitet werden kann. Die dafür in der Lichtsinneszelle verwendeten Funktionen lassen sich ihrerseits wieder auf die physikalisch-chemischen Prozesse in der Zelle zurückführen. Zum Sehen gehört jedoch nicht nur die optisch-elektrische Umsetzung von Information, sondern auch die Verarbeitung der Signale, z.B. die Extraktion gewisser Merkmale aus dem Gesehenen, die für das betreffende Lebewesen von Bedeutung sind, von denen es also sein eigenes Verhalten abhängig machen kann. Diese Verarbeitung wird logisch zurückgeführt auf die Funktion von Vernetzungen von Nervenzellen, die wiederum auf die Eigenschaften einzelner Nervenzellen, den Neuronen und ihrer Verbindungen zurückgeführt werden.

Oft wird an diesem zurückführenden Verstehen kritisiert, dass es *Emergenzen* ausgrenzen könnte, also Eigenschaften, die erst dem gesamten System zukommen und nicht seinen isolierten Elementen, im Beispiel also erst dem gesamten Nervensystem und nicht seinen einzelnen Neuronen. Eine solche Ausgrenzung findet aber tatsächlich nicht statt. Damit nämlich eine emergente Eigenschaft in einem System auftreten kann, müssen die Elemente, die das System konstituieren, gewisse Eigenschaften besitzen. Es ist heute in der Hirnforschung eine der spannendsten Fragestellungen, wie ein einzelnes Neuron und seine Verbindung zu anderen Neuronen beschaffen sein müssen, damit das System gewisse Leistungen erbringen kann. Diese Forschung hat durch Computer-Simulationen auf entsprechend leistungsfähigen Rechnern einen ungeheuren Auftrieb erhalten. Im Übrigen ist die Frage nach emergenten Eigenschaften eines Systems und ihrer Zurückführung auf seine Elemente ein Thema, das die gesamte statistische Physik seit ihrem Beginn durch Ludwig Boltzmann durchzieht.

Die naturwissenschaftliche Reduktion verläuft in der Weise, dass jeweils eine Vielzahl von Phänomenen auf einzelne, allgemeine Grundprinzipien zurückgeführt wird. Die im obigen Beispiel erwähnte Lichtsinneszelle oder auch das ebenfalls erwähnte Neuron besitzen neben ihren speziellen Funktionen ganz ähnliche Strukturen und Abläufe wie jede andere Zelle auch, und die physikalisch-chemischen Prozesse, die die Funktionen der Zelle tragen, findet man auch in nicht-biotischen Systemen. Um noch ein physikalisches Beispiel für diese Art der Reduktion hinzuzufügen: es ist dasselbe Gravitations-Gesetz, das die Bewegungen auf der Erde, die Bahnen der Himmelskörper oder die Prozesse bei der Sternentwicklung bestimmt. Es bietet sich das Bild eines „hierarchischen" Netzwerkes an, dessen Linien aus einem „Ursprung" hervorgehen und sich von dort ausgehend fortwährend verzweigen, gelegentlich auch wieder berühren. Die Reduktion bildet einen gedanklichen Weg von irgendeinem Punkt des Netzwerkes zurück in Richtung seines Ursprungs. Dort, an seinem Ursprung müsste ein allgemeines Natur-Prinzip stehen, aus dem sich in umgekehrter Richtung zur Reduktion das Verständnis der Natur nachvollziehen lassen sollte. Dieses allgemeine Natur-Prinzip ist heute noch nicht formuliert, doch wird in der Physik der Elementarteilchen darum gekämpft. Es scheint so, dass die Entwicklung dahin bis kurz vor den letzten logischen Schritten bereits gegangen worden ist.

Ein allgemeines Natur-Prinzip, eine Zielvorstellung, seitdem Physik betrieben wird, müsste nach unseren heutigen Vorstellungen die Gestalt einer allgemeinen Quanten-Feldtheorie für Materie haben, und diese Theorie würde die Prozesse im Anfang unserer Welt, also die ersten Bruchteile von Sekunden nach dem Urknall beschreiben. Mit zunehmender Entwicklung der Welt würden sich diese Prozesse verzweigen und jeweils mit Theorien beschreibbar sein, die als Teil-Theorien aus dem allgemeinen Natur-Prinzip logisch ableitbar sind. Das hier in aller Kürze mit dem Bild des hierarchischen Netzwerkes gezeichnete Szenario zeigt nun ganz deutlich, dass die naturwissenschaftliche Reduktion den Weg der Evolution zurückverfolgt.

Die Evolution ist die Entfaltung der Welt aus ihrem Anfang, die naturwissenschaftliche Reduktion versucht, diese Entfaltung auf der Grundlage der uns bekannten und vielleicht noch neu zu entdeckenden Natur-Gesetze zu rekonstruieren.

Mit dem Bild des Netzwerkes soll keineswegs gesagt werden, dass die Entfaltung der Welt ein eindeutiger, determinierter Prozess ist. Was sich logisch zurückverfolgen lässt, muss nicht umgekehrt in einer Hochrechnung vorhersagbar sein. Das zeigt sich besonders deutlich in der biotischen Evolution, in der der Zufall der Mutation die weitere Entwicklung sehr stark beeinflusst. Wir können zu verstehen versuchen, wie zufällig eine Struktur oder Funktion entstanden ist, die besser an die jeweilige Umgebung angepasst war und sich damit durchgesetzt hat. Wir können aber keineswegs ausschließen, dass eine andere Mutation nicht ebenfalls, vielleicht sogar noch besser angepasst gewesen wäre und die gesamte Entwicklung ganz anders hätte verlaufen lassen. Um es ganz deutlich zu machen: wenn man in einem Gedanken-Experiment die biotische Evolution neu starten würde, wäre es extrem unwahrscheinlich, dass sie denselben oder auch nur einen ähnlichen Verlauf nehmen würde. Auch die Frage, ob dabei auch wiederum Menschen aus der Evolution hervorgegangen wären, muss völlig offen bleiben.

Wenn jetzt die Soziobiologie, eine naturwissenschaftliche Disziplin, die der naturwissenschaftlichen Arbeitsweise verpflichtet ist, die Frage stellt, ob das religiöse Verhalten von Menschen aus der biotischen Evolution hervorgegangen sein könnte, wird sie die Antwort darauf mit dem Aufweis von Reduktionen auf elementarere Verhaltensweisen versuchen. Das geschieht in dem Beitrag von Voland und Söling in diesem Band mit dem Versuch der Reduktion auf Mystik, Mythos, Ethik und Ritual. Eine solche logische Reduktion als „Nichts-Anderes-Alserei“ hinzustellen, ist fehl am Platz, denn es wird die Frage nach dem Ursprung von religiösem Verhalten gestellt und es kann geradezu erwartet werden, dass sich das religiöse Verhalten aus diesem Ursprung heraus in der kulturellen Evolution ganz wesentlich zu seinem heutigen Erscheinungsbild weiterentwickelt hat. Es geht also wiederum um die Frage, ob wir ein komplexeres Verhalten als durch Evolution aus elementareren Verhaltensweisen entstanden verstehen können. Natürlich verlangt dieser Ansatz, dass Mystik, Mythos, Ethik und Ritual ihrerseits reduktiv verständlich gemacht werden können, im Fall von Ethik z.B. durch die evolutionäre Ethik.

Wenn die Soziobiologie mit naturwissenschaftlichen Methoden und unter den oben genannten naturwissenschaftlichen Kriterien Ergebnisse erzielt, die die Hypothese von der Herkunft des religiösen Verhaltens aus der biotischen Evolution stützen, trifft sie der Reduktionismus-Vorwurf: sie hätte dann eine reduktive gedankliche Linie von einem kulturellen, hier sogar einem weltbild-gebundenen Verhalten des Menschen zu einem natürlichen, letztlich sogar physikalisch zu beschreibenden Ausgangspunkt gezogen. Die Konsequenz aus diesem Vorwurf könnte nur darin bestehen, die Ergebnisse der Soziobiologie als marginal und bereits vorher ihre naturwissenschaftlichen Methoden und die von ihr verwendeten Begriffe als inadäquat für das religiöse Verhalten zu behaupten. Das religiöse Verhalten und mit ihm möglicherweise sogar die Gesamtheit kultureller Leistungen des Menschen, so müsste man fortfahren, spielten sich in einer Welt ab, die mit naturwissenschaftlichen Methoden kaum erfassbar sei.

Diese dualistische These bietet jedoch keinen Ausweg aus dem Dilemma. Eine solche naturwissenschaftlich nicht fassbare Welt müsste ja Verbindung zur naturwissenschaftlich beschreibbaren Welt haben, denn religiöses Verhalten sollte sich im Reden und Handeln des Menschen äußern können, und Reden und Handeln sind neuronal gesteuerte Prozesse, die sich heute durch bildgebende Verfahren nachweisen lassen. Es müsste also, um es in der Computer-Sprache auszudrücken, eine „Schnittstelle" zwischen den beiden Welten geben, in der Sprache der Physik eine *Wechselwirkung* zwischen physikalisch fassbaren und physikalisch nicht fassbaren Entitäten. Diese Annahme widerspricht nicht nur aller physikalischer Erfahrung, dass nämlich physikalisch beschreibbare, also materielle Objekte nur mit solchen in Wechselwirkung treten können, sondern sie würde naturwissenschaftliche Forschung schlichtweg gegenstandslos machen, weil man nun für die Erklärung jedes naturwissenschaftlich beobachteten Phänomens die Einwirkung der anderen, physikalisch nicht fassbaren Welt heranziehen könnte. Die dualistische These würde sich als monistisch in dem Sinne offenbaren, dass sie eine naturwissenschaftlich beschreibbare Welt völlig ausschließen würde.

Ein gelegentlich verwendetes Gegenargument gegen diese Konsequenz ist der Hinweis darauf, dass Begriffe wie etwa Idee, Vorstellung oder Bedeutung keine materielle Basis hätten, aber eben doch auf menschliches Handeln und Reden einwirkten. Solche Begriffe lassen sich, wenngleich sehr grob, unter dem Begriff der Information fassen, weil sie als solche kommuniziert und beim Reden, Hören und Verstehen gedanklich verarbeitet werden, und dabei jeweils eine materielle Codierung benutzen. Information ist in der Physik der komplementäre Begriff zur *Entropie*. Die physikalische Disziplin der Thermodynamik lässt sich ausschließlich auf dem Begriff der Information gründen. Es gibt also durchaus eine reduktive gedankliche Linie von solchen Begriffen wie Idee, Vorstellung oder Bedeutung zu einer physikalischen Variablen. Es sei aber an dieser Stelle nochmals betont, dass die Reduktion nicht in dem Sinne umkehrbar ist, dass nun etwa eine physikalische Theorie dieser Begriffe oder vielleicht sogar eine Determination ihrer Inhalte als möglich behauptet wird. Die Vielfalt von möglichen Varianten von Information sprengt bereits jede denkbare Möglichkeit einer systematischen Codierung, die Voraussetzung für eine Theorie, erst recht für eine determinierende Theorie wäre.

Das Fazit dieses Nachwortes: dem Theologen Matthias Kroeger ist zuzustimmen, wenn er in seinem Beitrag sagt, es gebe kein Jenseits der biotischen Evolution. Um es noch offener zu sagen: die kulturelle Evolution des Menschen und mit ihr sein religiöses Verhalten ereignen sich in derselben einen Welt, die durch die kosmische Evolution erst entstanden ist und in der es zumindest auf unserer Erde auch zu einer biotischen Evolution gekommen ist. Der Reduktionismus-Vorwurf ist ebenso fehl am Platz wie die Arroganz der Naturwissenschaftler, dass allein ihre Methoden zum Verständnis dieser einen Welt führten. Selbst dann, wenn wir eine gedanklich reduktive Linie von einem beobachteten kulturellen Phänomen wie dem religiösen Verhalten zu seinen evolutionären Ursprüngen gezogen hätten, bedeutet das keineswegs, dass das betreffende kulturelle Phänomen naturwissenschaftlich *beschreibbar* oder gar *vorherbestimmbar* wäre, sondern lediglich, dass seine Entwicklung aus naturwissenschaftlich beschreibbaren Ursprüngen verständlich, d.h. logisch nachvollziehbar wäre. Dem Bild des hierarchischen Netzwerkes von Phänomenen entspricht ein evolutiv gegliedertes Netz von wissenschaftlichen Disziplinen, die auf der jeweiligen evolutiven Stufe ihres Gegenstandes ihre eigenen Begriffe und Methoden verwenden und mit ihnen ihre Aussagen erarbeiten. Die evolutive Linie aus dem Ursprung heraus bzw. die gedankliche Reduktion in Richtung auf den Ursprung hin verlangt allerdings, dass auf keiner Stufe der Wissenschaften Hypothesen verwendet werden, die den Ergebnissen auf einer evolutiv elementareren Stufe widersprechen, sondern dass versucht wird, die verwendeten Hypothesen an die Aussagen auf der evolutiv elementareren Stufe logisch anzuknüpfen.

Es bedarf also der Fortsetzung und der Intensivierung der interdisziplinären Arbeit von Kultur- und Naturwissenschaftlern, die das Verständnis der Sprache der jeweils anderen Seite einschließen muss, ebenso die Anerkennung ihrer Methoden und ihrer gesicherten Ergebnisse.

Die Autoren

Euler, Harald A., Ph.D., geb. 1943 in Mechernich/Eifel, seit 1974 Professor für Psychologie an der Universität Kassel. Studium der Psychologie in Bonn sowie als Fulbright Stipendiat an der Washington State University; Promotion (Ph.D.) 1972. Derzeitige Forschungstätigkeit in der Evolutionären Psychologie, Stottertherapie und bildgebende Verfahren bei Stotternden. Buchveröffentlichungen: Emotionspsychologie (Mit-Hg.) (1983); Warum Mädchen und Frauen reiten (1994); Emotionspsychologie. Ein Handbuch (Mit.Hg.)(2000). Veröffentlichungen zu Verhaltensmodifikation, Lernpsychologie, Emotionspsychologie, Stottertherapie, Aggression, brain imaging, Neugeborenen-Hörscreening, evolutionäre Psychologie von Familienbeziehungen, Spermienwettbewerb, kulturvergleichende Psychologie.

Gantke, Wolfgang, Dr. phil., geb. 1951 in Bad Königshofen, seit 1999 Apl. Professor für Vergleichende Religionswissenschaft in Bonn; 1994 Habilitation, Lehrstuhlvertretungen in Bonn (1999, 2000) München (WS 2001/2002, Guardini-Lehrstuhl) und Frankfurt/Main (2003). Arbeitsgebiete: Grenzfragen zwischen Religionswissenschaft, Philosophie und Theologie. Buchveröffentlichungen: Der umstrittene Begriff des Heiligen. Eine problemorientierte religionswissenschaftliche Untersuchung (1998); Religion, Wissenschaft und Leben. Zur Bedeutung der Hermeneutik O. F. Bollnows für die heutige Religionswissenschaft (1998); Religionsbegegnung und Kulturaustausch in Asien. Studien zum Gedenken an Hans-Joachim Klimkeit. (Mit-Hg.) (2002); Religionswissenschaft im historischen Kontext. Zum 100. Geburtstag von Gustav Mensching. (Mit-Hg.) (2003).

Matthias Kroeger, Dr. theol. geboren 1935 in Riga, von 1971 bis 1998 Professor für neuzeitlichen Theologie- und Kirchengeschichte an der Universität am Fachbereich Evangelische Theologie der Universität Hamburg. Arbeitsschwerpunkte: Theologie Martin Luthers und Frühgeschichte der deutschen Reformation, Theologie- und Kirchengeschichte des 18. bis 20. Jahrhunderts, hier speziell Theologiegeschichte der Aufklärung, Wilhelminische Zeit, Weimarer Zeit (Geschichte der Dialektischen Theologie u. a.) und Kirchenkampf in der nationalsozialistischen Zeit, Vorgeschichte aktueller Fragen wie das Verhältnis von Religion/Glaube und Politik, Wandlungsgeschichte der Zweireichelehre, Friedens- und Abrüstungsthematik sowie religiöse Verfassung und Bedeutung der kirchenfernen („distanzierten") Christlichkeit. Buchveröffentlichungen u.a.: Rechtfertigung und Gesetz. Studien zur Entwicklung der Rechtfertigungslehre beim jungen Luther, Forschungen zur Kirchen- und Dogmengeschichte Bd. 20 (1968); Themenzentrierte Seelsorge (1973); Theologische Klärung unseres Friedensverhaltens (1984); Die religiöse Innenseite der distanzierten Kirchlichkeit (1986); Die Notwendigkeit der unakzeptablen Kirche (1997); Friedrich Gogarten, Leben und Werk in zeitgeschichtlicher Perspektive, Bd. 1 (1997).

Lüke, Ulrich, Dr. theol., geb. 1951 in Münster/Westf., seit 2001 Professor für Katholische Theologie/Systematische Theologie an der Philosophischen Fakultät der

RWTH Aachen. 1980-1992 StR./OstR. für Biologie und Religion an einem Gymnasium im Ruhrgebiet; 1992-1998 Seelsorger/Pfarrer im Münsterland; 1998-1999 Professor für Philosophie und Fundamentaltheologie an der Kath. Fachhochschule Freiburg i. Br.; 1999-2001 Professor für Geschichte der Philosophie und Theologische Propädeutik an der Theologischen Fakultät Paderborn. Arbeitsgebiete/Veröffentlichungen: Grenzfragen zwischen Theologie, Philosophie und Naturwissenschaften, Homiletik. Buchveröffentlichungen: Evolutionäre Erkenntnistheorie und Theologie, 1990; Erregung öffentlichen Umdenkens, 1993; Nachdenkliche Ruhestörung, 1995; Bio-Theologie. Zeit, Evolution, Hominisation, 1997; Fahrlässige Tröstung?, 1998; Gesellschaft mit beschränkter Hoffnung?, 1999; Mit anderen Worten, 2002; Mensch – Natur – Gott. Biologische Beiträge und theologische Erträge, 2002.

Pöltner, Günther, Dr. phil., geb. 1942 in Wien, Professor für Philosophie an der Universität Wien, 1976 Habilitation, 1981 Professur, 1983 – 1986 Vorstand des Instituts für Philosophie, 1988 – 1998 Lehrtätigkeit an der kathol.-theol. Fakultät der Universität Wien, Gastprofessuren und Vorlesungstätigkeit in Münster (1989, 1994), Graz (1994, 1995), Tokio (1993, 2000), Kyoto (1993, 2000). Veröffentlichungen u.a.: Zu einer Phänomenologie des Fragens (1972); Schönheit. Eine Untersuchung zum Ursprung des Denkens bei Thomas von Aquin (1978); Personale Freiheit und pluralistische Gesellschaft (Hg.)(1981); Wahrheit und Wirklichkeit (Mit-Hg.)(1983); Naturwissenschaft und Glaube (Mit-Hg.)(1984); Theologie und Ästhetik (Mit-Hg.)(1985); Leben zur Gänze. Das Leib-Seele-Problem (Mit-Hg.)(1986); Verantwortung. Beiträge zur praktischen Philosophie (Mit-Hg.)(1987); Auf der Spur des Heiligen. Heideggers Beitrag zur Gottesfrage (Hg.)(1991); Evolutionäre Vernunft (1993); Kant im Lichte gegenwärtiger Fragestellungen (japanisch) (1995); Nietzsche und die Musik (Mit-Hg.)(1997); Phänomenologie der Kunst (Hg.)(2000); Grundkurs Medizin-Ethik (2002); Sobre el pensiamento de lo bello en Tomás de Aquino (2002).

Schnakenberg, Jürgen, Dr. rer.nat., geb. 1937 in Bremen, 1972-2002 Professor für Theoretische Physik an der RWTH Aachen; 1969 Habilitation an der Universität zu Köln, sodann Grundlagen-Forschungsstipendium des Battelle-Memorial-Institute in Frankfurt/Main, Gastdozent an der Universität Würzburg und Dozent an der Universität Frankfurt/Main. 1994-1998 Dekan der Mathematisch-Naturwissenschaftlichen Fakultät der RWTH Aachen. Forschungstätigkeit und wissenschaftliche Veröffentlichungen auf den Gebieten Festkörper- und Halbleiterphysik, Biophysik, Statistische Physik und Computional Physics. Buchveröffentlichungen: Thermodynamische Netzwerkanalyse biologischer Systeme, 1977, ^{2}1981; Algorithmen in der Quantentheorie und Statistischen Physik, 1995; Thermodynamik und Statistische Physik, 2000, ^{2}2001; Elektrodynamik, 2003.

Söling, Caspar, Dr. theol., Dr. rer. nat., geb. 1965 in Wuppertal-Elberfeld, seit 1996 theologischer bzw. persönlicher Referent des Bischofs von Limburg. 1990-1994 Assistent am Lehrstuhl für Dogmatik und Dogmengeschichte (Prof. Dr. H. Vorgrimler), 2000-2003 freier Mitarbeiter am Lehrstuhl für Biophilosophie (Prof. Dr. E. Voland) an der Justus-Liebig-Universität, Gießen. Freier Mitarbeiter an der Katholischen Akademie Die Wolfsburg, Mülheim und an der Katholischen Akademie Franz Hitze-Haus, Münster. Arbeitsgebiete/Veröffentlichungen: Grenzfragen zwischen Theologie und Naturwissenschaften. Buchveröffentlichungen: Menschenrechte für Menschenaffen? Was Mensch und Tier unterscheidet (Mit-Hg.) (2003); Der Gottesinstinkt. Bausteine für eine evolutionäre Religionstheorie. Internetveröffentlichung unter: http://bibd.uni-giessen.de/ghtm/2002/uni/d020116.htm (2002); Die Evolution verbessern? Utopien der Gentechnik (Mit-Hg.) (2002); Ich mache Fortschritte. Altern als Entwicklung (Mit-Hg.) (2000); Wie böse ist der Mensch? (Mit-Hg.) (1999); Herausforderung Klonen (Mit-Hg.) (1998); Das Gehirn-Seele-Problem (1994).

Souvignier, Georg, Dr. rer.nat., geb. 1963 in Aachen, seit 1993 Dozent der Bischöflichen Akademie des Bistums Aachen für den Fachbereich Naturwissenschaft-Technik-Ethik; 1997-2001 Referent für Ethik in der Medizin an der Katholischen Hochschulgemeinde Aachen; Studium der Physik an der RWTH Aachen, Diplom 1988; 1988-1992 wissenschaftlicher Mitarbeiter am Max-Planck-Institut für Ernährungsphysiologie, Dortmund; 1991 Dissertation an der Ruhr-Universität Bochum; Arbeitsschwerpunkte: Grenzfragen von Naturwissenschaft und Theologie, Medizin- und Bioethik.

Voland, Eckart, Dr. rer.nat., geb. 1949 in Hann. Münden, seit 1995 Professor für Philosophie der Biowissenschaften an der Universität Gießen. Studium der Biologie und Sozialwissenschaften an der Universität Göttingen. Promotion zum Dr. rer. nat. mit einer Arbeit zum Sozialverhalten von Primaten. DFG-Stipendiat. 1992 Habilitation (Uni Göttingen) für Anthropologie mit dem Thema „Historische Demographie und Soziobiologie“. 1993/94 Senior Research Fellow im Dept. of Anthropology, University College London. Forschungsarbeiten vorrangig auf den Gebieten der Evolutionären Anthropologie (Soziobiologie, Verhaltensökologie, Evolutionäre Ethik, Evolutionäre Ästhetik) und historischen Demografie. [www.uni-giessen.de/~gm10] Bücher: Grandmotherhood – The Evolutionary Significance of the Second Half of Female Life. New Brunswick (Rutgers Uniersity Press) 2004 [Hrsg. zusammen mit Athanasios Chasiotis und Wulf Schiefenhövel]; Evolutionary Aesthetics. Heidelberg (Springer) 2003 [Hrsg. zusammen mit Karl Grammer]; Angeber haben mehr vom Leben. Heidelberg (Spektrum Akademischer Verlag) 2002 [zusammen mit Matthias Uhl]; Grundriss der Soziobiologie, 2. Aufl. Heidelberg (Spektrum Akademischer Verlag) 2000; Evolution und Anpassung, Stuttgart (Hirzel) 1993 [Hrsg.]; Fortpflanzung: Natur und Kultur im Wechselspiel, Frankfurt/M. (Suhrkamp) 1992 [Hrsg.]; The Sociobiology of Sexual and Reproductive Strategies. London & New York (Chapman & Hall) 1989 [Hrsg. zusammen mit A. E. Rasa und C. Vogel].

Wolfgang Walkowiak, Dr. rer.nat., geb. 1952 in Oer-Erkenschwick, NRW, seit 1989 Universitätsprofessor für Zoologie an die Universität zu Köln. Studium der Biologie an der Universität Bonn, Promotion 1978. Anschließend Assistent am Zoologischen Institut in Bonn. 1987 Habilitation und Verleihung der Venia legendi für Zoologie. Forschungstätigkeit und wissenschaftliche Veröffentlichungen auf dem Gebiet der neuronalen Grundlagen der Verhaltenssteuerung, insbesondere der akustischen Kommunikation, der sensomotorischen Integration und der Verhaltensselektion. Zahlreiche Vorträge und Veranstaltungen zum Thema Gehirn und Kognition. Buchveröffentlichungen: Fritzsch, Ryan, Wilczynski, Hetherington, Walkowiak (Eds.) The Evolution of the Amphibian Auditory System. Wiley (1988); Reiss, Walkowiak, Zenner, Plinkert, Legnhardt (Hrsg.) Das Stato-Akustische Organ. Ein Bildatlas zur Evolution, Physiologie und Morphologie. Duphar (1989); Veröffentlichungen zur kognitiven Neurobiologie: Neurobiologie des Lernens. In: Schmidt (Hrsg): Lernen im Zeitalter des Internets – Grundlagen, Probleme, Perspektiven (2001); Welches Weltbild entwerfen die Biowissenschaften. In: Henrix (Hrsg.): Fenster zur Welt. Fünfzig Jahre Akademiearbeit in Aachen (2003).

Namensregister